Beirat für
Wirtschafts- und Sozialfragen

Herausforderungen in der Energiepolitik

Weißbuch der österreichischen Sozialpartner

Nr. 82, 2009

Wirtschaftskammer Österreich
Bundesarbeitskammer
Österreichischer Gewerkschaftsbund
Landwirtschaftskammer Österreich
DIE SOZIALPARTNER ÖSTERREICH

BEIRAT FÜR WIRTSCHAFTS- UND SOZIALFRAGEN

ISBN 978-3-901466-13-7

Medieninhaber: Beirat für Wirtschafts- und Sozialfragen, Wiedner Hauptstraße 63, 1045 Wien,
Tel. (0) 5 90 900/4270; Prinz-Eugen-Straße 20-22, 1041 Wien, Tel. (01) 501 65/2284; http://www.sozialpartner.at
Hersteller und Kommissionsverlag: Ueberreuter Print und Digimedia Ges.m.b.H., 2100 Korneuburg,
Industriestraße 1; e-mail: aboservice@ueberreuter.com

VORWORT

Die Amplitude der Preisschwankungen bei Erdöl war noch nie so groß wie zwischen dem Peak im dritten Quartal 2008 und dem Low im ersten Quartal 2009. Vor diesem Hintergrund ist die Erfüllung der klassischen Aufgabenstellung der Energiepolitik, die Verbraucher verlässlich und preiswert mit der benötigten Energie zu versorgen, nicht mehr so selbstverständlich. Hinzu tritt die neue Herausforderung durch die Klimapolitik, die die CO_2-Emissionen reduzieren möchte, welche unser in hohem Ausmaß auf der Verbrennung fossiler Energieträger basierendes Energiesystem produziert.

Wie lassen sich die auf europäischer Ebene festgelegten Ziele der Reduktion des Gesamtenergieverbrauchs und der CO_2-Emissionen sowie der Veränderungen des Energieträgermix zugunsten erneuerbarer Energieträger ohne Wettbewerbsnachteile für den Wirtschaftsstandort erreichen? Wie ist das Interesse des privaten wie gewerblichen Verbrauchers an sicherer, erschwinglicher Energieversorgung am besten abzusichern? Kann der Umbau auch so gestaltet werden, dass er die Wirtschaftsentwicklung fördert und nicht bremst?

Innovative Technologien zur breiten Anwendung zu bringen, sie marktreif zu machen, ist ein wichtiger Hebel für einen „sanften" Umbau. Neue Technogien zu entwickeln und bestehende noch weiter zu optimieren, ist ein anderer. Der Technologiemix ist ein Schlüssel zur Zielerreichung.

Die Politik wird eine proaktive, gestaltende Rolle spielen müssen. Greift sie erst ein, „wenn der Hut brennt", geht es meist nur noch um Schadensbegrenzung.

Das vorliegende Weißbuch der Sozialpartner liefert Empfehlungen zu einem ganzheitlich und langfristig angelegten, planmäßigen Umbau des gegenwärtigen zu einem nachhaltigeren Energiesystem, der sich am gesamten Zielsystem der Energiepolitik, nicht nur an einem Teilziel, orientiert.

Der Beirat dankt allen Expertinnen und Experten, die an der Erarbeitung dieses Weißbuches beteiligt waren. Ein besonderer Dank ergeht an die Geschäftsführung der Arbeitsgruppe, arbeitnehmerseitig an Frau Gunda Kirchner (bis Juli 2008) und Frau Dorothea Herzele (ab Juli 2008) und arbeitgeberseitig an Herrn Stephan Schwarzer, sowie an Herrn Christoph Streissler, der sich um die Endredaktion verdient gemacht hat.

Wien, im Juni 2009

Georg Kovarik
Österreichischer Gewerkschaftsbund

Maria Kubitschek
Bundesarbeitskammer

Nikolaus Morawitz
Landwirtschaftskammer Österreich

Christoph Schneider
Wirtschaftskammer Österreich

Die Vorsitzenden des
Beirats für Wirtschafts- und Sozialfragen

INHALT

ZUSAMMENFASSUNG

Einleitung

Unser Energiesystem steht vor großen Herausforderungen: Während die verfügbaren Energieszenarien eine Zunahme des Energieverbrauchs, einen Anstieg der CO_2-Emissionen und eine Verstärkung der Abhängigkeit von wenigen Ölförderländern voraussagen, verlangt die Politik – aus Gründen der Versorgungssicherheit gleichermaßen wie zur Bekämpfung der Erderwärmung – eine Verringerung der CO_2-Emissionen und des Anteils der fossilen Energieträger am Energieverbrauch.

Auf der Ebene der Europäischen Union sind – von allen Mitgliedstaaten mitgetragene – Rechtsakte in Verabschiedung, die für die Mitgliedstaaten rechtlich verbindliche und sanktionierbare Verpflichtungen vorsehen, die auf ein Einfrieren des Energieverbrauchs und eine stärkere Gewichtung der erneuerbaren Energieträger im nationalen Energiemix hinauslaufen.

Die Politik muss sich im Klaren darüber sein, dass Handlungsbedarf besteht. Rasche Veränderungen des Energiesystems sind kaum möglich, viele Maßnahmen wirken sich mit erheblichen zeitlichen Verzögerungen aus. Auch genügen nicht einzelne punktuelle Maßnahmen; es ist notwendig, umfassend und systematisch vorzugehen. Unreflektierte Schnellschüsse sind kontraproduktiv, weil sie die Kosten der Zielerreichung unnötig erhöhen.

Ausgehend von international und europarechtlich vorgegebenen Zielverpflichtungen ist festzulegen, welche Veränderungen des Energiebedarfs und des Energieträgermixes erforderlich sind und welche Variationen in diesem Rahmen noch möglich sind, um die zweckmäßigste auszuwählen und anzupeilen. Vorweg steht schon fest, dass Energieverbrauchsbegrenzung und Ausbau der erneuerbaren Energie nicht als Alternativen zu sehen sind, sondern beides gemeinsam erforderlich sein wird. Ein Ansatz allein würde nicht genügen, um sich an die rechtlich vorgegebenen Ziele anzunähern.

Auch was die verstärkte Nutzung der erneuerbaren Energiequellen betrifft, gibt es nur begrenzte Ressourcen und Wahlmöglichkeiten. Wasserkraft und energetische Nutzung der Biomasse werden die Hauptbeiträge erbringen müssen, aber auch andere erneuerbare Energiearten werden stärker gefordert sein. Generell sind die kosteneffizienten Energiearten zu bevorzugen.

Die konkrete Ausformulierung eines langfristig ausgerichteten strategischen Gesamtkonzepts soll in einem Masterplan Energie-Klima erfolgen, der weit über eine Gesetzgebungsperiode hinausgeht und alle Akteure einbinden soll.

Nur mit einem solchen zentralen Steuerungs- und Koordinationsinstrument wird es möglich sein, den Handlungsbedarf richtig einzuschätzen und einen kostengünstigen Pfad zur – langfristigen –Zielerreichung einzuschlagen. Nicht zu übersehen ist dabei, dass neben den Kosten und Belastungen auch die Chancen für den Wirtschaftsstandort wahrzunehmen sind, die mit dem Systemwandel verbunden sind.

Generell muss der Staat gewärtig sein, dass der Umbau des Energiesystems von „high carbon“ zu „low carbon“ beträchtliche Beiträge aus den Budgets des Bundes und der anderen Gebietskörperschaften erfordern wird. Einige politische Lenkungsinstrumente setzen eben voraus, dass der Staat Anschub- und Anreizprogramme aufsetzt, um die Akteure in der Gesellschaft zu erwünschten Anpassungsmaßnahmen zu veranlassen und neue Technologien an die Marktreife heranzuführen. Allerdings können diese „Investitionen“ des Staates mit einigen durchaus auch fiskalisch bewertbaren Vorteilen verbunden sein: positive Auswirkungen auf die Beschäftigung und die Wertschöpfung im Inland, verringerte Kosten der Arbeitslosigkeit, verminderte Zahlungen für den Zukauf von Zertifikaten im Ausland, Verbesserung der Außenhandelsbilanz.

Es ist aber keineswegs zwingend, nur auf Förderinstrumente zu setzen, denn – zumindest nach Ablauf ausreichend bemessener Übergangszeiträume – ist es durchaus angemessen, notwendige Anpassungsmaßnahmen ordnungsrechtlich durch Gebote und Verbote vorzuschreiben.

Nachhaltige Energietechnologien sollen als Schwerpunkt der nationalen und europäischen Forschungs- und Technologiepolitik noch verstärkt werden, da diese Wirtschaftssegmente für die Wettbewerbsfähigkeit eines Landes und eines Wirtschaftsraums von strategischer Bedeutung sind. Hier treffen sich die Ziele des Klimaschutzes und der Energieversorgungssicherheit mit der Wachstums- und Beschäftigungspolitik.

Auf Europäischer Ebene ist eine Verstärkung der Energiepolitik zu fordern. Für Infrastrukturvorhaben zur Verbesserung der Versorgungssicherheit sowie für die Zusammenarbeit mit anderen Staaten ist eine gemeinsame Energieaußenpolitik zu entwickeln. Die Bemühungen zur Öffnung der Energiemärkte im EU-Raum sind erfolgreich abzuschließen. Einseitige Kostenbelastungen für energieintensive Betriebe in der EU, die zur Abwanderung dieser Betriebe in den Nicht-EU-Raum führen, sind zu vermeiden, weil sie die Wettbewerbsfähigkeit der Europäischen Union schwächen. Von einem neuen globalen Klimaschutzabkommen erwarten sich die Sozialpartner, dass bisher abseits stehende Länder, die wesentlich zur globalen CO_2-Gesamtemission beitragen, eingebunden werden und vergleichbare Verpflichtungen wie die Europäische Union übernehmen.

Der in dieser Studie vorgezeichnete Wandel des Energiesystems wird zwar erhebliche politische und finanzielle Anstrengungen erfordern und auch Belastungen der Wirtschaft und der Konsumenten hervorbringen. Das Weiterlaufenlassen der bestehenden Trends wäre jedoch ebenfalls mit großen Risiken und à la longue auch Belastungen verbunden. Per saldo soll ein kluger, langfristig angelegter Umbau des Energiesystems der Wirtschaft und der Wettbewerbsfähigkeit eines Landes oder eines Wirtschaftsraums mehr nützen als schaden. Diesen Umbau überlegt und richtig anzupacken, ist die Herausforderung, die sich uns heute stellt, und an deren Bewältigung die österreichischen Sozialpartner mitwirken wollen.

Zielsystem der Energiepolitik

Die Grundbedürfnisse des Menschen und der Gesellschaft sind mit Energieverbrauch verbunden. Ebenso setzt unser Wirtschaftssystem eine kontinuierliche, sichere Energieversorgung voraus. Die Begrenztheit der Ressourcen und ökologische Restriktionen, insbesondere im Zusammenhang mit der Erwärmung des Erdklimas, verlangen jedoch eine Limitierung des Energieverbrauchs und eine stärkere Gewichtung erneuerbarer Energieformen. Die Energiepolitik wird von einem dreiteiligen Zielbündel gesteuert: Es besteht aus der Versorgungssicherheit, der Leistbarkeit und dem Umweltschutz. Das Ziel der Versorgungssicherheit verlangt unter anderem, dass konzentrierte Abhängigkeiten von wenigen Liefer- oder Transitländern vermindert werden. Das Ziel der Leistbarkeit verlangt, dass die Kosten der Energie sowohl für Haushalte als auch für Betriebe so weit limitiert werden, dass auch energieintensive Betriebe wettbewerbsfähig bleiben und einkommensschwache Haushalte ihre Grundbedürfnisse decken können. Das Ziel des Umweltschutzes verlangt, dass die Umweltqualität auf einem annehmbaren Niveau erhalten bleibt.

Die drei Ziele verschmelzen im Ziel der Nachhaltigkeit, das nach anerkannter Auffassung drei Dimensionen, die wirtschaftliche, die soziale und die ökologische, einschließt.

Ziel der Energiepolitik ist es demnach, das gegenwärtige Energiesystem in ein nachhaltiges überzuführen.

Die Zieltrias der Energiepolitik ist in das allgemeine volkswirtschaftliche Zielsystem eingebettet: Es ist auch die Aufgabe der Energiepolitik, die wachstums- und beschäftigungspolitischen Ziele zu unterstützen. Die Verminderung des Energieverbrauchs durch gesteigerte Energieproduktivität soll die volkswirtschaftliche Wertschöpfung erhöhen und Entwicklungspotenziale für österreichische Energietechnologielieferanten nutzen.

Der Wandel vom energie- und kohlenstoffintensiven Energiesystem zu einem „low energy & low carbon system“ ist daher so zu organisieren, dass die Chancen für den Wirtschaftsstandort Österreich realisiert werden.

Der technischer Fortschritt, zunehmende Arbeitsteilung, organisatorische Verbesserungen und höhere Qualifikationen der Arbeitskräfte sind die wichtigsten Faktoren der Steigerung der Produktivität.

Nicht nur auf nationaler Ebene sondern auch im europäischen Kontext stehen diese Ziele fallweise miteinander in Konflikt. Das betrifft die Abwägung einer potenziellen Versorgungsstörung gegen suboptimale Kosten der Energieerzeugung/-verwendung. Versorgung und Effizienz sind maßgeblich vom Tempo und Umfang des wissenschaftlich-technischen Fortschritts geprägt. Diesen Kriterien stehen auf gesellschaftlicher Ebene die Forderung nach angemessener Umweltqualität und nach sozialer Gerechtigkeit gegenüber.

Zwischen den genannten Zielen der Energiepolitik und jenen der sozialen Gerechtigkeit und des Umweltschutzes besteht nicht absolute Über- oder Unterordnung – sondern ein Koordinationsproblem, in dem Kosten, Risiken und Nutzen laufend abzuwägen sind.

Wo stehen wir derzeit – Analyse des Status quo und der Entwicklungstrends

Die Entwicklung des Energieverbrauchs ist langfristig durch das Wirtschaftswachstum und durch die Entwicklung der Energiepreise bestimmt. Nach dem ersten Ölpreisschock 1973 kam es zu einer Abnahme der Energieintensität des Wirtschaftswachstums, d. h. dass der Energieverbrauch deutlich weniger stark zunimmt als die Produktion von Gütern und Dienstleistungen (BIP). In den 80er Jahren nahm die Energieintensität in Österreich und in den westeuropäischen Ländern kontinuierlich ab. Mit dem Verfall des Ölpreises nach 1985 schwächte sich der sinkende Trend der Energieintensität zeitverzögert stark ab, in Österreich und in einigen anderen Ländern nahm die Energieintensität wieder zu. In Österreich lag sie 2003 nur wenig unter dem Niveau von 1990, seit 2003 hat diese Kennzahl wieder eine sinkende Tendenz. In diesem Zeitraum nahm der Energieverbrauch des Sektors Verkehr stark über-, jener der Haushalte unterproportional zu. Das Energieverbrauchswachstum der Industrie entsprach dem durchschnittlichen Verbrauchszuwachs. Die Energieerzeugung aus inländischen Quellen stieg weniger stark als der Verbrauch, sodass sich die Importquote seit 1990 von 67,6 % auf 70,8 % im Jahr 2006 erhöhte.

Weltweit hat der Energieverbrauch in der Periode 1990 bis 2005 bei einem BIP-Wachstum von durchschnittlich 3,2 % p. a. um 2,1 % p. a. zugenommen. In ihrem World Energy Outlook 2008 geht die Internationale Energieagentur (IEA) global von einem BIP-Wachstum von 3,3 % p. a. und von einer Zunahme des Energieverbrauchs um 1,6 % p. a. aus. Das heißt, dass die Energieintensität um 1,7 % p. a. abnimmt. Öl bleibt nach den Szenarien der IEA bis 2030 der bedeutendste Energieträger, der Anteil der Kohle nimmt jedoch zu, auch der Erdgasverbrauch steigt überproportional. Die IEA rechnet mit einem steigenden Beitrag der Energie aus erneuerbaren Quellen, deren Anteil am globalen Primärenergiebedarf im Jahr 2006 bei 12,7 % lag.

Die Reserven an Öl und Gas werden nach Einschätzung der IEA bis 2030 unter der Voraussetzung eines massiven Investitionsschubs in neue Förderkapazitäten eine weitere Steigerung der Fördermengen ermöglichen. Dies setzt entsprechende Preiserwartungen der Investoren voraus.

Der World Energy Outlook (WEO) der IEA wurde 2008 veröffentlicht, sodass die von extremen Schwankungen gekennzeichnete Entwicklung des Jahres 2008 und der weltweite Wachstumseinbruch 2009 nicht voll berücksichtigt sind. Die Annahmen des WEO über den künftigen Ölpreis (100 US$ für die Periode 2008/2015) erscheinen daher aus heutiger Sicht überhöht, plausibel hingegen die Annahme einer langfristig steigenden Tendenz. Für den Rest der Periode geht die IEA von einem weiteren Anstieg des „realen" Ölpreises auf 120 US$ bis 2030 aus. Der Markt für Rohöl bleibt demnach auf absehbare Zeit der Leitmarkt für alle Energieträger. Damit bleibt der Ölpreis der Referenzpreis für energiesparende Investitionen, Umstellungs- und Substitutionsmaßnahmen.

Gleichzeitig ist langfristig von der Nachfrage- wie auch von der Produktionskostenseite her mit einem signifikanten Anstieg des realen Ölpreises zu rechnen. Sowohl in der Höhe als auch in der Kurzfristigkeit ist das extreme Ausmaß der Schwankungen insbesondere im Jahr 2008 ohne historischen Präzedenzfall. Wie volatil die Preise sind, zeigt sich daran, dass die Annahmen der IEA vom Sommer 2008 gänzlich überholt sind: Im Jänner 2009 lag der reale Ölpreis um 43 % unter dem Niveau von 1981 (2. Ölpreisschock). Ausmaß und Art der Reaktion des Verbrauchs in den verschiedenen Sektoren werden in Zukunft nicht nur vom langfristigen Preistrend abhängen, sondern auch davon, ob sich die extremen kurzfristigen Schwankungen in Zukunft wiederholen oder ob die Schwankungsbreite geringer wird. Starke kurzfristige Schwankungen des Ölpreises erhöhen die Unsicherheit bezüglich der Rentabilität energiesparender Investitionen und vermindern dadurch die Bereitschaft, solche Maßnahmen zu tätigen.

Die EU-Kommission rechnet im Basisszenario von 2005 bis 2020 mit einem Energieverbrauchsanstieg von durchschnittlich 0,6 % p. a. in der EU-27, in Österreich von 0,8 % p. a. Für Österreich impliziert dies eine Abnahme der Energieintensität des BIP um 1 % p. a. ab 2010. Die Auswirkungen des letzten Ölpreisschocks können wegen der extremen Schwankungen derzeit nicht ausreichend beurteilt werden. In Europa und in Österreich wird das Verbrauchswachstum durch die Rezession 2009 zusätzlich gedämpft. Die Annahme einer Reduktion der Ölintensität um 1 % bei einem BIP-Wachstum von 1,8 % liegt aber deutlich über den historischen Werten für längere Zeiträume.

Mit der starken Steigerung des Energieverbrauchs in Österreich von 1990 bis 2006 (insgesamt +42,6 %) hat auch der CO_2-Ausstoß – wenn auch in erheblich geringerem Ausmaß – zugenommen. Er lag 2007 um 11,4 % über jenem des Referenzjahres 1990. Laut Kyoto-Ziel hätte der Ausstoß jedoch in der Verpflichtungsperiode 2008 bis 2013 um 13 % reduziert werden sollen. Der nunmehr für 2020 nach dem EU Energie- und Klimapaket hinzukommende Zielwert liegt für Österreich bei –16 % gegenüber 2005.

Für jedes Mitgliedsland wurden auf europäischer Ebene gesamthafte Zielwerte festgesetzt, die jedoch – mit Ausnahme des gemeinschaftsweiten Emissionshandels – nur einen Rahmen für Strategien und Maßnahmenpläne darstellen, die von den Mitgliedstaaten zu entwickeln und zu implementieren sind. In Österreich ist eine umfassende, systematische Energiepolitik bisher nicht erkennbar.

Wo wollen wir hin – Österreichs Energiesystem 2020

Aufbauend auf dieser Einordnung der Ziele der Energiepolitik in einen gesamtgesellschaftlichen Kontext und angesichts der Ziele, die Österreich im Rahmen des Klima- und Energiepakets der EU im Jahr 2020 erreichen soll, werden in der Folge die Herausforderungen für das österreichische Energiesystem im Jahr 2020 diskutiert. Zentral für diese Überlegungen ist ein Paradigmenwechsel: Anstelle der Betrachtung von Energieflüssen geht es um die Befriedigung der Nachfrage nach Energiedienstleistungen, also nach dem Nutzen, der mit der Energieverwendung erzielt wird. Daraus folgt, dass für eine politisch angestrebte Veränderung des Energiesystems das Verständnis der Nachfragestruktur nach Energiedienstleistungen von grundlegender Bedeutung ist.

Durch die Verbesserung der Energieeffizienz kann dieser Nutzen bei gleichem Energieeinsatz wesentlich erhöht werden. Die Energiepolitik steht vor der Herausforderung, die entsprechenden technologischen Entwicklungen aktiv zu fördern. Technologische, ökologische und ökonomische Faktoren sind dabei gleichermaßen zu berücksichtigen.

Die zentrale Rolle der Energieeffizienz zeigt sich auf den ersten Blick nicht in den EU-Zielsetzungen für 2020. Eine genauere Betrachtung macht jedoch deutlich, dass die Reduktion der Treibhausgasemissionen und die Erhöhung des Anteils erneuerbarer Energieträger am Endenergieverbrauch eine wesentliche Steigerung der Energieeffizienz bedingen, dass dieses Ziel also implizit von den anderen Zielsetzungen umfasst ist.

Eine Zusammenschau bestehender Studien zeigt, dass die Erreichbarkeit der von der EU für 2020 gesetzten Ziele für die Reduktion der Treibhausgase und die Erhöhung des Anteils an erneuerbaren Energieträgern auf 34 % am Bruttoendenergieverbrauch für Österreich zumindest

- eine Stabilisierung des Energieendverbrauchs auf dem Niveau von 2005 sowie

- eine Erhöhung der Energiebereitstellung aus erneuerbarer Energie um 45 % gegenüber dem Volumen von 2005

erfordern würde.

In der Folge wird qualitativ untersucht, welche Auswirkungen diese Herausforderungen für das österreichische Energiesystem im Bereich der einzelnen Energieträger haben. Dabei wird vom Energiefluss im Jahr 2005 ausgegangen, wie er sich auf Grund der Energiebilanz der Statistik Austria darstellt. In den verschiedenen Nutzungsbereichen (Raumwärme, Mobilität, Industrie, etc.) werden die Möglichkeiten für Steigerungen der Energieproduktivität und für Verringerungen der CO_2-Emissionen diskutiert. Die Diskussion der Umsetzung der dabei skizzierten Maßnahmen ist einer der Gegenstände des folgenden Kapitels, in dem die Maßnahmen in den energiepolitischen Handlungsfeldern eingehend besprochen werden.

Wie schaffen wir es – Politikfelder und Maßnahmen

Die Sozialpartner sehen die in der vorliegenden Studie vorgeschlagenen Maßnahmen als wichtige Bausteine für die Ausformulierung einer „Energiepolitischen Gesamtstrategie" an (Masterplan Energie-Klima).[1] Die Gesamtstrategie muss ein langfristig ausgerichtetes Gesamtkonzept darstellen, das weit über eine Gesetzgebungsperiode hinausgeht und eine breite gesellschaftspolitische Zustimmung erhält. Nur mit einem solchen zentralen Steuerungs- und Koordinationsinstrument wird es möglich sein, den Handlungsbedarf, den die Umstellung des Energiesystems erfordert, richtig einzuschätzen und einen kostengünstigen Pfad zur langfristigen Zielerreichung einzuschlagen. Dabei sind auch die Chancen für den Wirtschaftsstandort wahrzunehmen, die mit dem Systemwandel verbunden sind.

Alle Maßnahmen müssen folgenden Grundsätzen folgen:

- Ausrichtung auf mittel- bis langfristige Zielvorgaben
- Kosteneffizienter Mittel- und optimaler Ressourceneinsatz
- Optimierung der Wertschöpfungs- und Beschäftigungseffekte in Österreich
- Messbarkeit und regelmäßige Evaluierung der Ergebnisse im Hinblick auf Energieverbrauch und Emissionsreduktion
- Festlegung von Verantwortlichkeiten und Sanktionen (wo erforderlich)
- Gerechte Verteilung der Kosten auf alle Akteure.

1) Vgl. auch „Positionspapier der österreichischen Sozialpartner: Bausteine einer langfristig orientierten Klimapolitik" vom 10. April 2008 [Sozialpartner 2008]

Wettbewerb und Regulierung

Funktionierender Wettbewerb auf den Energiemärkten, im Besonderen auf den Strom-, Gas und Ölmärkten, liegt im Interesse sowohl der Wirtschafts- und Standortpolitik als auch der Konsumenten und Beschäftigten. Die speziellen Charakteristika der Energiemärkte – einerseits oligopolistische Marktstrukturen, andererseits die Existenz natürlicher Monopole – erfordern ein stärkeres Eingreifen des Staates, um Marktversagen zu korrigieren oder energiepolitische Ziele – wie Versorgungssicherheit, leistbare Energienutzung und Ressourcenschonung – durchzusetzen.

Mit der bisherigen Liberalisierung der Gas- und Strommärkte konnten diese Ziele noch nicht im gewünschten Ausmaß erreicht werden. Wettbewerb setzt transparente, integrierte, dynamische Märkte auf nationaler und europäischer Ebene voraus. Eine bessere Koordinierung der europäischen Regulatoren und Übertragungsnetzbetreiber ebenso wie die Ausarbeitung einheitlicher Regeln für den europäischen Netzverbund hätten positive Wirkungen auf die europäischen Energiemärkte. Korrespondierend dazu wäre auf nationaler Ebene eine Zusammenlegung der Regelzonen und damit der Kundenmärkte sinnvoll.

Wesentliche Impulse für eine höhere Wechselbereitschaft bei den Konsumenten – als wichtige wettbewerbsbelebende Maßnahme – könnte die österreichische Bundesregierung über verstärkte Informationsmaßnahmen setzen. Parallel dazu ist der Wechselprozess zu harmonisieren, die Wechseldauer auf fünf Werktage zu reduzieren und dem Endkunden durch die getrennte Fakturierung eine klare Unterscheidung zwischen dem Netzbetreiber und dem Energielieferanten zu ermöglichen.

Unumgänglich ist eine effiziente Wettbewerbsaufsicht, die mit adäquaten Sanktionsmöglichkeiten ausgestattet ist, um bestehende Rechtsvorschriften wirksam durchzusetzen – das impliziert auch die Abschöpfung von ungerechtfertigten Gewinnen.

Dem Regulator kommt eine zentrale Rolle bei der Liberalisierung der Gas- und Strommärkte zu. Bei seinen Entscheidungen hat er eine hohe volkswirtschaftliche Verantwortung wahrzunehmen, insbesondere im Hinblick auf die Aufrechterhaltung der Versorgungssicherheit und auf notwendige (Ersatz)Investitionen ins Netz.

Energieeffizienz

Aus der Darstellung der Notwendigkeit, den Energieverbrauch im Jahr 2020 auf dem Niveau von 2005 zu stabilisieren und aus der Betrachtung der Entwicklung des Energieverbrauchs in den einzelnen Sektoren folgt die zentrale Bedeutung der Energieeffizienz für die Erreichung der klima- und energiepolitischen Ziele im Jahr 2020, die die Sozialpartner bereits mehrfach betont haben. Zunächst werden allgemeine Bedingungen für die Steigerung der Energieeffizienz in den Einsatzbereichen Raumwärme und -kälte, Verkehr und Mobilität, Industrie und Gewerbe, Beleuchtung und Kleinverbrauch sowie bei der Energieumwandlung diskutiert. Aufbauend darauf werden Empfehlungen zu einzelnen Handlungsfeldern entwickelt.

Die Empfehlungen beziehen sich auf:

- Beratungsmaßnahmen und Informationsinstrumente, die vielfach eine Voraussetzung für die Umsetzung von effizienzsteigernden Investitionen bilden;
- Energieeffizienzkennzeichnung und Energieeffizienzprogramme für Geräte, die vor allem auf EU-Ebene zu verordnen sind;
- Forcierung von technologischen Entwicklungen und Diversifizierungen bei der Klimatisierung bestehender Gebäude;
- Fortschritte bei energetischen Standards für neue Gebäude und bei der energetischen Sanierung bestehender Gebäude, wobei neben Wohngebäuden auch anderen Gebäuden gebührend Beachtung zu schenken ist;
- Forcierung sogenannter „Domestic Offset Projects“ für die Auslösung von Energieeffizienzinvestitionen mittels Marktmechanismen;
- Erfordernisse im Bereich der Raumplanung, die wegen ihrer besonders langfristigen Auswirkungen auf den Energieverbrauch (induzierter Verkehr) ein wichtiges Handlungsfeld ist;
- Trendwende beim „Modal Split“ im Individualverkehr durch Attraktivierung und dadurch implizierte stärkere Nutzung von öffentlichen Verkehrsmitteln;
- Weitere Verlagerung im Güterverkehr zu Schiene und Wasserstraße durch erhöhte Kostenwahrheit und Attraktivierung von Schiene und Wasserstraßen.
- Forcierung der technologischen Entwicklungen für alternative Fahrzeugantriebe mit besonderem Fokus auf Elektroantriebe;
- Organisatorische Maßnahmen im Verkehrsbereich, die eine effizientere und umweltfreundliche Abwicklung bewirken;
- Effizienzsteigerungen bei Kraftwerken, Ausbau der Fern- und Nahwärmenutzung und forcierter Einsatz moderner KWK-Anlagen.

Es wird Aufgabe des Masterplans Energie und Klima 2020 sein, diese Maßnahmen weiter zu operationalisieren und mit den anderen Handlungsfeldern optimal abzustimmen. Die Sozialpartner können dazu einen wesentlichen Beitrag leisten.

Nutzung erneuerbarer Energiequellen

Die Nutzung erneuerbarer Energieträger ist seit Jahrzehnten ein wesentlicher Eckpfeiler der österreichischen Energiepolitik, die langjährig konsistente Schwerpunktsetzung spiegelt sich in der europaweiten Spitzenposition Österreichs bei der Nutzung erneuerbarer Energieträger wider. Die langfristigen Entwicklungstrends verdeutlichen den Stellenwert der erneuerbaren Energieträger: Von 1970 bis 2007 wurde der Entfall der inländischen Erzeugung von fossiler Rohenergie (135 PJ) durch die Steigerung der erneuerbaren Energieträger (+227 PJ) überkompensiert. Dabei wurde der deutlichste Zuwachs bei Biomasse (+158 PJ) und Wasserkraft (+53 PJ) erzielt; der Beitrag relativ neuer Technologien (Umgebungswärme, Windkraft, Photovoltaik) war im Betrachtungszeitraum noch gering (+16 PJ).

In Österreich wurde im Jahr 2007 der Bruttoinlandsverbrauch an erneuerbaren Energieträgern zu 59 % aus Biomasse, 36 % Wasserkraft, 3 % Umgebungswärme und 2 % Windkraft (inkl. Photovoltaik) abgedeckt. Innerhalb des Portfolios der erneuerbaren Energien hat Biomasse auch auf europäischer (69 %) und globaler Ebene (77 %) eine wichtige Rolle.

Die Zielvorgabe der Europäischen Union im Rahmen des Energie- und Klimapaketes mit einer obligatorischen Erhöhung des Anteils der erneuerbaren Energieträger von 23,3 % im Jahr 2005 auf 34 % im Jahr 2020 am Bruttoendenergiebedarf stellt für alle betroffenen Bereiche in Österreich eine große Herausforderung dar und ist angesichts der bereits erbrachten Vorleistungen nur mit entsprechenden Anstrengungen erreichbar.

Eine zusammenführende Darstellung verschiedener Potenzialstudien weist für Österreich bis 2020 in Summe ein maximales Ausbaupotenzial von 200 PJ aus: Bioenergie max. 105 PJ, gefolgt von Wasserkraft max. 25 PJ, Wärmepumpen max. 21 PJ, Solarthermie max. 20 PJ, Windkraft max. 20 PJ sowie Photovoltaik max. 9 PJ.

Die Beiträge der einzelnen erneuerbarer Energieträger sowie die erforderlichen Maßnahmen sind im Rahmen des energiepolitischen Gesamtkonzeptes zu erarbeiten.

Die Sozialpartner empfehlen dabei die Beachtung folgender Punkte:

- Schaffung stabiler und klarer Rahmenbedingungen in allen Regelwerken (keine „Stop & Go“-Politik);
- Vereinfachung und Verbesserung der Planungs- und Genehmigungsverfahren;
- Klare Schwerpunkte für konjunkturwirksame Maßnahmen im Inland (Investitionen, Arbeitsplätze, Wertschöpfung);
- Periodische Evaluierung der Zielerreichung und Überprüfung der Zielpfade und erforderlichenfalls Anpassungen des Gesamtkonzepts;
- Optimierung bestehender Fördersysteme im Hinblick auf Kosteneffizienz in allen Bereichen (Wärme, Strom und Treibstoffe) und

verstärkte Innovationsanreize, mit dem Ziel der Heranführung an die Marktreife;
- Priorisierung höherwertiger Nutzungskonzepte bei konkurrierender Rohstoffnutzung;
- Abwägung der Vor- und Nachteile von Investitionsfördermodellen gegenüber Tariffördersystemen in jedem einzelnen Förderbereich (Technologien, Größenkategorien, Energieträger);
- Verstärkte Nutzung erneuerbarer Energieträger zur Bereitstellung von Raumwärme im Rahmen eines umfassenden Raumwärmekonzepts;
- Rasche Umsetzung des im Mai 2008 präsentierten „Masterplans Wasserkraft" des BMWA (nun BMWFJ) unter Berücksichtigung der schützenswerten Gebiete;
- Impulsprogramme zur besseren Marktdurchdringung mit alternativen Antrieben und Treibstoffen;
- Bei der künftigen Ausrichtung der österreichischen Biokraftstoffpolitik ist neben europäischen Zielsetzungen vor allem die Produktion der derzeit bestehenden österreichischen Biokraftstoffanlagen zu berücksichtigen.

Forschungs- und Technologiepolitik

Die Möglichkeiten der Technik sind noch lange nicht ausgereizt. Gerade durch die steigenden Energiepreise eröffnen sich neue Möglichkeiten. Österreich und die EU müssen bei der Entwicklung der neuen Technologien an vorderster Front mitwirken.

Die österreichische Energietechnikbranche hat sich in den letzten Jahren hervorragend entwickelt (Umsatz 1997 rund 2,5 Mrd. €, 2007 rund 6 Mrd. € (WIFO 2009); Beschäftige 1997 rund 15.000, 2007 rund 22.200). Sie ist eines der dynamischsten Segmente der schnellwachsenden österreichischen Umwelttechnikindustrie.

Die dynamische Entwicklung zu einer globalisierten Weltwirtschaft hat zu einer verstärkten Konkurrenz einzelner Volkswirtschaften geführt. Im Wettbewerb zwischen den weltweiten Wirtschaftsstandorten ist Forschung und technologische Entwicklung ein wesentlicher Faktor zur Stärkung der eigenen nationalen Position. Gerade ein wirtschaftlich derart entwickeltes Land wie Österreich kann nur durch verstärkte Forschung, Entwicklung und Innovation einen Vorsprung gegenüber anderen Volkswirtschaften erreichen.

Die Sozialpartner empfehlen folgende Maßnahmen:

- Vorhandene innovative Technologien weiterentwickeln
  Die technologische Entwicklung in den Bereichen Erzeugung, Umwandlung, Weiterleitung, Speicherung, Steuerung, effizi-

enter Verwendung und Rückgewinnung von Energie sowie im Bereich energiesparender Produkte, Verfahren und Dienstleistungen und die Investition in die entsprechenden Anlagen und Infrastruktur tragen wesentlich zur langfristigen Sicherung der Energieversorgung, zur bestmöglichen Energienutzung und zum Erreichen klimarelevanter Ziele bei. Sie erschließen neue technologische Kompetenzen in der Wirtschaft, neue Wachstumspotenziale sowie neue Entwicklungspfade und nachhaltige Verhaltensmuster in der Gesellschaft. Die Ergebnisse der Forschung und technischen Entwicklung ermöglichen jene Richtungsänderungen in der Energienutzung, die für das Erreichen klimapolitischer Ziele notwendig sind.
Im europäischen Mittelfeld gelegen, besteht für Österreichs energiebezogene Forschung noch Verbesserungspotenzial sowohl in der Grundlagenforschung, in der strategischen Forschung als auch in der technischen Entwicklung bis zur Marktreife, wobei das Verbesserungspotenzial vor allem in einer insgesamt höheren F&E-Intensität, einer stärkeren internationalen Einbettung, einer zielgerichteten Programmforschung, einer Stärkung der systemischen Wirkung von F&E und einer effizienteren Förderabstimmung und -abwicklung liegt. Hier setzen die Empfehlungen an. Entscheidend für den Betrag der F&E zu den energie- und klimapolitischen Zielen sind letztlich die Investitionen, mit denen neue Technologien und technisch-wissenschaftliche Erkenntnisse in der praktischen Anwendung umgesetzt werden.

- Repertoire zur Entwicklung neuer Technologien
  Es reicht nicht, bereits bekannte Technologien weiterzuentwickeln, gleichzeitig sind auch neue zu erforschen und zu entwickeln. Dabei gehen die Sozialpartner davon aus, dass nicht eine einzelne Technologie allein die Lösung für eine sichere und nachhaltige Energieversorgung darstellen wird; daher sollten nicht alle Mittel auf eine einzelne Schiene konzentriert werden.
  Jenseits des hier gewählten Zeithorizonts kann auch die energetische Nutzung von Wasserstoff und die Brennstoffzelle ein Rolle spielen.
- Förderungen: Klima- und Energiefonds
  Die Erfahrungen mit dem im Jahr 2007 errichteten Fonds haben gezeigt, dass die derzeitige Situation unter mehreren Aspekten dringend verbesserungsbedürftig ist. Es ist ein Anliegen der Sozialpartner, diesen Fonds als attraktives und eigenständiges Förderinstrument mit einem klaren Mehrwert gegenüber bestehenden Förderinstrumenten sowie einer klaren technologiepolitischen Schwerpunktsetzung zu etablieren.

Um den Fonds zu einem eigenständigen Förderinstrument weiterzuentwickeln, erachten die Sozialpartner u. a. folgende Verbesserungen für erforderlich:

- Ausgliederung der Organstruktur des Fonds aus der ministeriellen Verwaltung: Das Management soll eine klare Verantwortung für den möglichst effizienten Einsatz der Budgetmittel tragen. Der Staat ist als Gesetzgeber für die strategischen Vorgaben und die Aufsicht zuständig. Derzeit gibt es keine klare Zuordnung der Verantwortung für das Fördermanagement.
- Transparenz: Um ein Mindestmaß an Transparenz und Effizienz der Mittelvergaben und eine Erreichung der Ziele des Fonds gewährleisten zu können, muss die Planung des Fonds nach strategischen Dokumenten ausgerichtet sein, die auch der Öffentlichkeit bekannt gegeben werden – auch im Interesse potenzieller Antragsteller.
- Zuführung der Budgetmittel direkt an den Fonds, nicht an die Ministerien: Derzeit müssen die Mittel von Fachressorts freigegeben werden.
- Einbindung der Sozialpartner in einem Fondsbeirat: Die Einrichtung von Beiräten in Förderungsinstitutionen hat sich als sehr vorteilhaft erwiesen, weil damit der Grad der Transparenz und der Objektivität der Prozesse und der Ergebnisse deutlich zunimmt.

- Förderungen: Umweltförderung
  Die betriebliche Umweltförderung im Inland war bisher ein gut funktionierendes Förderinstrument. Die hohen Energiepreise haben zu einer erhöhten Nachfrage von Seiten der Unternehmen nach Förderungen in diesem Bereich geführt. Die Politik hat diesen Trend leider übersehen und einen Förderrückstand von mehr als 2 Jahrsbudgets entstehen lassen. Hier ist zur Belebung der Konjunktur Handlungsbedarf gegeben. Die Sozialpartner fordern die Verdoppelung des Budgets für die Umweltförderung im Inland auf 200 Millionen € pro Jahr.

EU-Energieaußenpolitik

Zur Aufrechterhaltung einer langfristig sicheren Energieversorgung der EU-Mitgliedstaaten ist ein starkes, gemeinsames und koordiniertes Auftreten der EU gegenüber Drittstaaten mit klaren Zielen notwendig. Diese sind vor allem: Sicherstellung zusätzlich benötigter Energie, Diversifizierung der Energielieferanten und der Versorgungsrouten sowie Reduktion der Energieabhängigkeit.

Zur Vermeidung bzw. Reduktion unterschiedlicher nationaler Energieinteressen sind grenzüberschreitende Marktintegration und Solidaritätsmechanismen zu verstärken. Dies ist die Voraussetzung für eine rasche Realisierung von strategisch wichtigen transeuropäischen EU-Infrastrukturprojekten und von in Drittstaaten liegenden Anschlussprojekten (z. B. notwendige Transportrouten, Verflüssigungsanlagen, Erschließung neuer Gasfelder).

Die Sozialpartner empfehlen folgende Maßnahmen:

- Schaffung eines klar definierten und transparenten Rechtsrahmens als Voraussetzung für Investitionen in internationale Projekte sowie Abstimmung der EU-Außenpolitik auf diese Projekte;
- Bündelung wirtschafts-, energie- und außenpolitischer Interessen in einem integrativen Ansatz; aktiver Einsatz der österreichischen Bundesregierung für eine derartige koordinierte und gemeinsame EU-Politik;
- Verstärkung und Beschleunigung des Dialogs mit Energie-Produzentenländern und Energie-Verbraucherländern unter Nutzung der Rolle Österreichs als internationale Energiedrehscheibe
- Intensivierung der Energie-Partnerschaft mit Russland und den Staaten der Kaspischen Region;
- Entwicklung einer umfassenden und gleichberechtigten Energiepartnerschaft zwischen Afrika und der EU;
- Weiterentwicklung der Partnerschaft mit Norwegen als Mitglied des EWR;
- Entwicklung von Rahmenabkommen mit China und Indien sowie lateinamerikanischen und karibischen Staaten;
- Einsatz Österreichs innerhalb der EU dafür, auf ein verbindliches Mindestmaß an Arbeits- und Umweltstandards mit ihren Energiepartnern hinzuarbeiten.

Infrastrukturausbau

Übergeordnetes und vorrangiges Ziel ist die Erarbeitung eines energiepolitischen Gesamtkonzepts. Dieses muss sowohl Umweltaspekte als auch ökonomische und gesellschaftliche Anforderungen und Entwicklungen berücksichtigen. Einander widersprechende Zielvorgaben (z. B. Wasserrahmenrichtlinie versus Energie- und Klimapaket) sind weitestgehend aufzulösen. Alle energiepolitischen Maßnahmen sind unter den Aspekten inländischer Wertschöpfung, beschäftigungspolitischer Ziele und gesamtwirtschaftlicher Auswirkungen zu betrachten, die Prioritäten sind dementsprechend zu setzen.

Eine funktionierende Energie-Infrastruktur ist Basis für nachhaltiges Wirtschaftswachstum, sparsamen Umgang mit Energie und ein hohes

Maß an Versorgungssicherheit. Voraussetzungen dafür sind neben einer Diversifizierung der Bezugsquellen ein ausgewogener Energiemix und Maßnahmen zur Steigerung der Energieeffizienz sowie ausreichend dimensionierte Verteil- und Übertragungsnetze, moderne Kraftwerke und eine ausreichende Anzahl an qualifizierten Beschäftigten.

Die Empfehlungen beziehen sich insbesondere auf:

- Rasche Fertigstellung des 380-kV-Rings;
- Anreizregulierung hat Incentives für rasche (Ersatz)Investitionen und Festlegung von Mindeststandards für Verteilernetze sicherzustellen.
- Für überregionale Energie-Infrastrukturprojekte soll der Bundesgesetzgeber die Raumordnung der Länder an bestimmte Mindestanforderungen binden können. Analog zum Bundesstraßenrecht soll der Wirtschaftsminister ein „Übertragungsleitungsplanungsgebiet" festlegen können. Der Umweltschutz, die Bürger- und Anrainerbeteiligung sowie die Grundrechte sollen aber nicht eingeschränkt werden.
- Der Ausbau weiterer erneuerbarer Energieträger hat unter der Prämisse der Effizienz und mit besonderem Augenmerk auf das technisch und wirtschaftlich realisierbare Potenzial sowie der Heranführung an die Marktreife zu erfolgen.
- Neue thermische Anlagen sind prioritär als hocheffiziente KWK-Anlagen unter Berücksichtigung von Mindestnutzungsgraden zu errichten.
- Entwicklung von Raumordnungskonzepten mit Prioritätensetzungen für die Nah- und Fernwärmeversorgung.
- Reform des Energielenkungsgesetzes im Hinblick auf die Einbeziehung der Fernwärme.
- Smart Metering ist unter Ausnutzung aller technischen Möglichkeiten und unter der Voraussetzung, dass es zu keiner Kostensteigerung kommt, flächendeckend einzuführen.

Energiebesteuerung

Die Erzielung einer nennenswerten Wirkung durch eine allgemeine Energiesteuer würde extrem hohe Steuersätze auf die betroffenen Inputs erfordern. Der Energieanteil an der gesamten Wertschöpfung einer Volkswirtschaft ist gering und verteilt sich auf alle Wirtschaftsaktivitäten, sodass sich eine Verteuerung der Energie auf den Preis der meisten Produkte bzw. auf deren Nachfrage nur geringfügig auswirkt. In Sparten mit einem hohen Energiekostenanteil an der Bruttowertschöpfung wirkt sich die Verteuerung der Energie allerdings überproportional auf die Produktionskosten aus. Im Bereich der konsumtiven Endnachfrage, wo

Preiserhöhungen stark fühlbar werden (Treibstoff für private PKW, Raumheizung, Haushaltsstromverbrauch) ist die Preiselastizität der Nachfrage kurz- bis mittelfristig sehr niedrig. Erst langfristig können hier größere Verbrauchsreduktionen erwartet werden, da die zur Verbrauchsreduktion notwendigen Investitionen Zeit brauchen (z. B. Erneuerung des Kraftfahrzeugbestandes, Verbesserung oder Erneuerung der Wohngebäudesubstanz, Infrastrukturbereitstellung, etc.). Die Kosten der Finanzierung des zusätzlichen (Investitions-) Aufwandes fallen sofort an, Kostenentlastungen durch Energieeinsparungen liegen in der Zukunft und sind daher mehr oder weniger unsicher.

Die Reduktion des Kohlendioxidausstoßes durch eine Besteuerung des Kohlenstoffverbrauchs würde daher eine Erhöhung der Energiebesteuerung von derzeit ca. 2 % des BIP auf ein Vielfaches erfordern, um eine stärkere Reduktion der Treibhausgase zu erreichen. Selbst unter der – unrealistischen – Annahme einer internationalen (nicht nur in der EU) Harmonisierung wäre eine solche Politik mit wirtschaftlichen und politischen Risiken unkalkulierbaren Ausmaßes verbunden. Vor allem wären auch die Auswirkungen in verteilungspolitischer Hinsicht gravierend negativ.

Daher ist eine kombinierte Strategie aus technisch-administrativen Auflagen und gezielten Förderungen, ergänzt um die Forcierung der Entwicklung neuer Technologien ein energie- und klimapolitischer Ansatz, der nicht nur in einzelnen Bereichen, sondern auch insgesamt rascher Fortschritte bei der Reduktion von Treibhausgasen erwarten lässt. Einen sinnvollen Beitrag zur Reduktion der Treibhausgase kann die Steuerpolitik durch entsprechende Gestaltung vor allem einzelner spezieller Verbrauchsabgaben zur Erzielung energiesparender Effekte leisten (im Bereich der KFZ-Steuer und Mineralölsteuer, Weiterentwicklung der Steuerspreizung an höhere kennzeichnungsfreie Beimischraten).

Die steuerliche Behandlung von Aktivitäten kann verstärkt klimapolitische Ziele berücksichtigen (differenzierte steuerliche Berücksichtigung von Kosten der Fahrt zum Arbeitsplatz mit PKW und mit öffentlichen Verkehrsmitteln, Ausweitung der steuerlichen Förderung von energiesparenden Investitionen).

1. ZIEL DER STUDIE

Auf das Energiesystem kommen wesentliche Veränderungen zu. Die Sicherung einer verlässlichen, umweltverträglichen und wirtschaftlichen Energieversorgung ist eine der großen Herausforderungen der kommenden Jahrzehnte. Steigende Preise, die auch Knappheiten widerspiegeln, stellen die Leistbarkeit der Energie für einkommensschwächere Bevölkerungsgruppen in Frage. Die Klimapolitik zielt langfristig auf eine völlige Umgestaltung des Energiesystems von einer hohen zu einer niedrigen Kohlenstoffintensität ab. Die Verteuerung von Energie aus Gründen des Klimaschutzes und der Versorgungssicherheit in der Europäischen Union und in einzelnen Mitgliedsländern verschlechtert die Wettbewerbsbedingungen für die energieintensiven Betriebe. Die weltweit kontinuierlich wachsende Nachfrage nach Energie lässt eine Zuspitzung der Probleme befürchten.

Die vorliegende Studie zeigt auf, wo das Energiesystem heute steht und wohin die vorherrschenden Entwicklungstrends führen. Auf längere Sicht ist das gegenwärtige Energiesystem nicht haltbar. Die Entwicklung der aufstrebenden Länder insbesondere Asiens und Lateinamerikas verkürzt die Dauer seiner Haltbarkeit weiter.

Die Politik ist gefordert, in relativ kurzer Zeit, das heißt innerhalb der nächsten fünf bis zehn Jahre, bisher sehr feste Trends zu brechen und das Energiesystem so umzubauen, dass die Energieeffizienz stark zunimmt und erneuerbare Energien viel mehr als bisher zur Bedarfsdeckung beitragen. Punktuelle Korrekturen genügen nicht. Es bedarf der „Neuerfindung“ der Energiepolitik: Eine konsistente und ganzheitliche Politik, die über Kompetenzbereiche und Gesetzgebungsperioden hinausgreift, ist zu entwickeln. Diese Politik muss dem gesamten Zielbündel der Energiepolitik Rechnung tragen.

Die vorliegende Studie soll dazu beitragen, diesen neuen – gesellschaftlich breit getragenen – Energiekonsens zu formen, auf dessen Basis ein strategischer Plan für einen Umbau des Energiesystems aufgestellt werden soll, der die gesamtwirtschaftlichen Chancen nutzt und die Kosten und Belastungen minimiert.

2. DAS ZIELSYSTEM DER ENERGIEPOLITIK

2.1 Überlegungen zur Formulierung des Zielsystems

Wie die meisten Politikbereiche ist die Energiepolitik durch ein Zielbündel geprägt. Dieses Zielbündel kann unterschiedlich definiert werden. Vorherrschend ist die Auffassung, dass die Energiepolitik durch eine Zieltrias geleitet wird. Als Ziele gelten die Sicherheit der Energieversorgung, die Kostengünstigkeit der Energiebedarfsdeckung und die Erhaltung eines guten Umweltzustandes.

In neueren Strategie- oder Programmdokumenten zur Energiepolitik fließt der Begriff der Nachhaltigkeit auf der Zielebene ein. Zwei Varianten sind zu unterscheiden: In manchen Konzepten ersetzt die Nachhaltigkeit das Umweltschutzziel, in anderen wird sie als übergeordnetes Ziel verwendet, das die drei vorher genannten Teilziele einschließt.

Gegen die Verwendung des Nachhaltigkeitsziels im eingeschränkten Sinn als jenes der drei Teilziele, das mit den Begriffen Umweltschutz und Ökologie zu tun hat, spricht, dass die Begriffe Nachhaltigkeit oder nachhaltige Entwicklung nach international üblicher Terminologie die Bereiche Ökonomie, Soziales und Ökologie, nicht nur den zuletzt genannten, umspannen.

Der vorliegenden Studie legen die Sozialpartner daher ihr Verständnis zu Grunde, dass es das Ziel der Energiepolitik sein muss, ein nachhaltiges Energiesystem herbeizuführen, das sich durch ein hohes Maß an Versorgungssicherheit, stabile und moderate Energiekosten und ein deutlich gesenktes Niveau der Umweltbelastungen auszeichnet.

Ein solches Energiesystem soll – zumindest per Saldo – unterstützend für die volkswirtschaftlichen Ziele des Wachstums und der Beschäftigung wirken (vgl. dazu Kapitel 2.6.). Darin kann man – ergänzend zu den drei klassischen Zielen – auch ein viertes Ziel der Energiepolitik sehen.

Nachhaltig ist ein Energiesystem, wenn nicht mehr Energie verbraucht wird als auf lange Sicht sicher verfügbar ist, die Kosten der Energiebeschaffung niemanden von der Energienutzung ausschließen und die Lebensbedingungen für die Menschen (auch für die nachkommenden Generationen) global durch Umwelteinwirkungen nicht verschlechtert werden.

Das derzeitige Energiesystem wird diesem Idealbild nicht gerecht, ja es ist weit davon entfernt. Auch wenn das Idealbild schwer verwirklichbar erscheint, sind graduelle Annäherungen jedenfalls notwendig. Nach Auffassung der Internationalen Energieagentur ist eine „Energierevolution“ unumgänglich, um das globale Energiesystem in eine nachhaltige Verfassung zu bringen. Es ist Aufgabe der Energiepolitik, diese Transformation rasch in Angriff zu nehmen und konsequent zu steuern, um Versorgungsengpässe, gravierende Verteuerungen und irreversible Umweltschäden zu vermeiden.

2.2 Versorgungssicherheit

Jedes der drei genannten Ziele der Energiepolitik umfasst mehrere Dimensionen. Die Versorgungssicherheit zielt zunächst darauf ab, dass Energie ununterbrochen gerade dort zur Verfügung steht, wo sie gebraucht wird. Lieferausfälle verursachen den Betroffenen Nachteile und Schäden und werden deshalb soweit wie möglich minimiert. Vorratshaltungen, Produktionsfahrpläne und Verteilungslogistik sind dafür essentiell, Grundvoraussetzung ist natürlich, dass die Ressourcen an sich ausreichend zur Verfügung stehen. Die geringe Häufigkeit und Dauer von Blackouts sind Indikatoren für eine gute Versorgungssicherheit im Elektrizitätsbereich.

In den letzten Jahren hat das Thema Versorgungssicherheit in Österreich zunehmende Beachtung erfahren, zuletzt in hohem Maß durch die Gaskrise Anfang 2009. Dies hängt damit zusammen, dass der Energieverbrauch konstant gestiegen ist, und die im Inland vorhandenen Erzeugungskapazitäten mit diesem Anstieg nicht Schritt halten konnten. Der inländische Anteil an der Energieversorgung sinkt – auch durch den verringerten Beitrag der inländischen fossilen Primärenergieaufbringung –, die Importrate steigt. Auch beim Strom ist Österreich seit einigen Jahren mengenmäßig gesehen Nettoimporteur. Beim Öl tritt zur sehr hohen Importquote noch der Umstand hinzu, dass die Importe aus einer kleinen Zahl von Ländern in politisch mehrheitlich instabilen Regionen kommen. Beim Gas ist die Abhängigkeit von Russland produktions- und leitungsbedingt sehr groß. Aber nicht nur Österreich, sondern die EU insgesamt ist von Lieferungen aus Drittstaaten abhängig; diese Situation wird sich auch in absehbarer Zeit nicht ändern. Bei derartigen Abhängigkeiten ist es auf einem durch Nachfragesteigerungen geprägten Markt sehr schwer, sich gegen Preiserhöhungen zu wehren.

Versorgungssicherheit ist nicht mit vollständiger Deckung des Bedarfs durch inländische Ressourcen („Energieautarkie“) gleichzusetzen. Aber eine Energiepolitik kann und soll im Sinne einer Risikostreuung die Grade der Abhängigkeiten von bestimmten Energieträgern, Lieferländern und Importwegen vermindern, wenn daraus besondere Risiken für die österreichische Volkswirtschaft resultieren. Abhängigkeiten von EU-Mitgliedstaaten oder von mehreren Ländern und Regionen sind weniger kritisch zu beurteilen als Situationen, in denen ein großer Teil des

Energiebedarfs von einem einzigen Land oder einer Region gedeckt wird. Neben der Diversifikation der Herkunftsregionen kann die Verringerung der Transportwege zu einer verlässlicheren Energieaufbringung beitragen. Lokale Verfügbarkeit (Stichwort „low distance") kann nicht nur für die Versorgungssicherheit, sondern auch für regionale Wertschöpfungsketten eine positive Bedeutung haben.

Der Versorgungssicherheit dient die Energiepolitik auf zweierlei Art und Weise: einerseits durch Gewährleistung einer ausreichenden Aufbringung von Energie durch heimische Produktion oder möglichst gut abgesicherter Importe, andererseits aber auch durch Dämpfung des Verbrauchsanstiegs und darüber hinaus durch Verringerung des Energiebedarfs der österreichischen Volkswirtschaft.

2.3 Kostengünstigkeit

Ziel der Energiepolitik ist es nicht nur, die benötigte Energie verlässlich zur Verfügung zu stellen. Hinzu tritt das Ziel, dass die Konsumenten ihren Energiebedarf stets – aktuell wie auch in Zukunft – kostengünstig decken können. Unter Konsumenten sind hier sowohl Privathaushalte als auch Betriebe zu verstehen.

Zu beachten ist, dass bei den Endverbrauchern nicht die Nachfrage nach Energie selbst, sondern nach dem Nutzen, der aus ihr gezogen wird, zu befriedigen ist. Daher geht es in einem weiteren Sinn darum, diesen Nutzen kostengünstig zur Verfügung zu stellen. Dies ist deshalb von Belang, da eine effizientere Erbringung dieses Energienutzens einen geringeren Einsatz von Energie bei gleicher Bedürfnisbefriedigung nach sich zieht. Damit wirken Effizienzmaßnahmen kostensenkend. Dies trifft auf einen breiten Bereich von Maßnahmen zu, bei denen der Energieeinsparungseffekt größer ist als die Zusatzkosten.

Preisanstiege bedeuten für Privathaushalte, dass ihnen zur Deckung der übrigen Bedürfnisse weniger finanzielle Mittel verbleiben und manche ihren Energieverbrauch auch in elementaren Bereichen zurückschrauben müssen. Die Haushalte wenden 4,9 % ihrer Ausgaben für Beheizung und Beleuchtung auf, die Kosten für Treibstoffe schlagen mit knapp 7 % zu Buche (Konsumerhebung 1999/2000). Es ist ein Ziel der Energiepolitik zu verhindern, dass einkommensschwache Bevölkerungsgruppen wegen hoher Energiebeschaffungskosten nicht mehr ihren elementaren Energiebedarf decken können.

Für die Unternehmen bedeuten Preisanstiege, dass sie ihre Preise erhöhen müssen oder dass sich ihre Gewinne entsprechend reduzieren, sofern sie die erhöhten Energiekosten nicht durch Effizienzsteigerungen ausgleichen können. Der Anteil der Energiekosten an den Gesamtkosten ist in den verschiedenen Branchen sehr unterschiedlich. Während er in der Metallerzeugung bei 9,2 % und in der Papierindustrie bei 6,6 % liegt, macht er beispielsweise im Maschinenbau nur 0,8 % aus (2005, Daten auf Ebene der NACE-2-Steller; Quelle: Statistik Austria, eigene Berechnungen).

Treffen die Energiepreiserhöhungen nur die Wirtschaft eines Landes oder einer Region, beeinträchtigt dies die Wettbewerbsfähigkeit der betroffenen Betriebe. Regionale Differenzen bei den Energiekosten können einerseits aus den regulierungsbedingten Energiekostenbestandteilen (z. B. Energieabgaben, Leitungsgebühren, Zertifikatskosten, Ökostromkosten) resultieren, andererseits können sie auftreten, wenn regional abgeschottete Teilmärkte vorliegen, wie dies vor allem bei leitungsgebundenen Energien der Fall sein kann. Die Erhaltung der Wettbewerbsfähigkeit der Wirtschaft, insbesondere der energieintensiven Betriebe, ist ebenfalls ein Ziel der Energiepolitik.

2.4 Umweltschutz

Das dritte der drei gleichrangigen Ziele weist in den Bereich der Ökologie. Es wird mit den Begriffen Umweltschutz oder ökologische Nachhaltigkeit bezeichnet. Dabei geht es um die Begrenzung der Umwelteinwirkungen auf ein moderates, vertretbares Niveau. Irreversible Eingriffe in das globale Ökosystem sind zu vermeiden, die Umweltbelastungen sind so weit zu begrenzen, dass eine annehmbare Umweltqualität gewährleistet ist, d. h. dass zentrale Funktionen der Umwelt dauerhaft sichergestellt sind.

Innerhalb dieser ökologischen Dimension kommt dem Klimaschutz wegen der vielfältigen dramatischen negativen Konsequenzen einer globalen Erwärmung besonderes Gewicht zu. Darüber hinaus hat das Energiesystem weitreichende Auswirkungen auf andere Umweltmedien: Verbrennungsprozesse beeinflussen die Luftqualität; Wasserkraftwerke greifen in die Gewässersysteme ein; Windparks wirken sich auf das Landschaftsbild aus. Ein nachhaltigeres Energiesystem strebt eine Minimierung der externen Kosten an, die von der Allgemeinheit oder den Betroffenen zu tragen sind. Langfristig kann in Bezug auf die Klimaerwärmung die Reduktion der externen Kosten ein Vielfaches der für die Umstellung des Energiesystems erforderlichen Kosten ausmachen (vgl. Stern-Review). Dazu ist es freilich erforderlich, die Vorgangsweise global zu akkordieren, da „Alleingänge“ keinen wesentlichen Beitrag zur Verbesserung der weltweiten Emissionssituation leisten.

2.5 Die Bedeutung der nachfolgenden Generationen im Zielbereich

Das Ziel eines nachhaltigen Energiesystems ist in mehrfacher Hinsicht mit einer langfristigen zeitlichen Dimension verbunden:

Zunächst zielt der Begriff der Nachhaltigkeit in seiner gängigen Definition immer auf eine Betrachtungsweise, die die nachkommenden Generationen mit umfasst, ja sogar besonders betont. Die Energieressourcen sollen so genutzt werden, dass auch die späteren Generationen ihren Bedarf an Rohstoffen und Energieträgern decken können, und die Umwelteinwirkungen sind so zu begrenzen, dass auch die folgenden Generationen noch eine annehmbare Umweltqualität vorfinden.

Langfristiger Natur sind auch die Problemstellungen, die die energiepolitische Agenda beherrschen:

Die Sicherheit der Energieversorgung erscheint gefährdet, wenn bis zur Erschöpfung vorhandener fossiler Ressourcen alternative Ressourcen den Bedarf nicht zu decken vermögen. Das globale Klima kann sich innerhalb einiger Jahrzehnte um mehrere Grade erwärmen, wenn der Trend der steigenden Treibhausgasemissionen nicht umgedreht wird.

Nur langfristig kann aber auch das heutige Energiesystem in ein nachhaltiges transformiert werden. Weder kann ein Energieträger kurzfristig einen anderen in großem Umfang ersetzen, noch kann erwartet werden, dass der Einsatz neuer Technologien zu sprunghaften Verbesserungen der Energieeffizienz führt. Das Zielbündel kann dementsprechend auch nicht durch ad-hoc-Maßnahmen besser erfüllt werden.

Daraus folgt einerseits, dass das Zielbündel langfristig angelegte Strategien erfordert, andererseits werden sich auch die erwünschten Wirkungen der politischen Intervention nur langfristig – kontinuierliches Handeln vorausgesetzt – einstellen. Zu Grunde liegt die Prämisse, dass es der Menschheit ein Anliegen ist, den nachkommenden Generationen annehmbare Lebensbedingungen sicherzustellen.

2.6 Das Verhältnis der energiepolitischen Ziele zu Wachstum und Beschäftigung

Die Europäische Union hat sich ehrgeizige Ziele gesetzt, die insbesondere das Wachstum der Wirtschaft und die Beschäftigung betreffen. Diese Ziele sind in der Lissabon-Agenda zusammengefasst.

Mit Blick auf diese Ziele wird an die Energiepolitik der Anspruch gestellt, Wachstum und Beschäftigung zu fördern und nicht zu hemmen. Es ist ein Ziel der Energiepolitik, die allgemeinen wirtschafts- und sozialpolitischen Ziele zu unterstützen.

Im Einzelnen kann die Energiepolitik Beschäftigung generieren und damit Arbeitslosenraten verringern, technologischen Fortschritt herbeiführen, Technologieführerschaften in strategischen Bereichen begünstigen und damit Wettbewerbspositionen absichern und Importe durch heimische Wertschöpfung substituieren.

Energiepolitische Maßnahmen können außerdem als Mittel der Konjunkturpolitik herangezogen werden. Als Beispiel sind staatliche Programme zur thermisch-energetischen Sanierung von Gebäuden zu nennen, die Arbeitsplätze in der Bauwirtschaft und verwandten Bereichen absichern sollen.

Die Energietechnikbranche, die schon bisher zu den am schnellsten wachsenden Segmenten der produzierenden Wirtschaft gehörte, würde vom Umbau des Energiesystems stark profitieren.

2.7 Zielkonflikte

Grundlegend ist. dass kein Ziel ein anderes verdrängt („balanced“), kein Ziel isoliert von den anderen zu sehen ist („integrated“) und die Ziele sich gegenseitig verstärken („mutually reinforcing“).

Die Sozialpartner betrachten die drei Ziele der Energiepolitik als grundsätzlich gleichrangig. Es gibt keinen prinzipiellen Vorrang eines Ziels gegenüber einem anderen, wenn es zu Zielkonflikten kommt.

Zielkonflikte sind in der Politik nichts Außergewöhnliches. Sie treten mehr oder weniger deutlich in allen Politikbereichen zu Tage. Es ist Aufgabe der Politik, Zielkonflikte möglichst frühzeitig anzusprechen, aufzulösen oder, wenn dies nicht möglich ist, zu entscheiden.

Dabei geht es meist nicht darum, einem der betroffenen Ziele zu Lasten eines oder mehrerer anderer zum Durchbruch zu verhelfen, sondern eher darum, Abwägungskriterien zu entwickeln, die die Grenzen des einen Ziels in Relation zum anderen aufzeigen.

Diese abstrakten Überlegungen seien anhand konkreter Fragestellungen verdeutlicht: Das Postulat der kostengünstigen Energieversorgung wird durch das Postulat der Nachhaltigkeit des Energiesystems relativiert. Auch kann die Verteuerung von Energiekosten ein wichtiger Impuls für den Einsatz an sich bereits zur Verfügung stehender, aber bisher unwirtschaftlicher effizienter Technologien sein. Andererseits schließt das Postulat der Kostengünstigkeit Politiken aus, die die Minimierung von Umweltbelastungen ohne Rücksicht auf die von den Energiekonsumenten zu tragenden Kosten verfolgt.

Jedes Ziel muss also mit Augenmaß verfolgt werden, vor allem wenn Politiken geeignet sind, die Erreichung der anderen Zielsetzungen negativ zu beeinflussen.

Ein konkretes Anwendungsbeispiel für die Notwendigkeit differenzierender Herangehensweisen ist die Frage der verstärkten Nutzung der Wasserkraft. Diese ist im Sinne des Klimaschutzes und der Versorgungssicherheit zweifellos wünschenswert, doch ist sie, wenn es um neue Kraftwerke geht, mit zusätzlichen Eingriffen in den Natur- und Landschaftsschutz verbunden. Dieser ist unter Berufung auf Klima- und Energieziele nicht einfach beiseite zu schieben, umgekehrt darf der Natur- und Landschaftsschutz auch nicht als Vetoargument gegen jede Ausbauaktivität ins Treffen geführt werden. Vielmehr ist zwischen stärker eingreifenden und weniger stark eingreifenden Ausbaumaßnahmen – auch in Relation zu den Energieerträgen – zu differenzieren. Dem Natur- und Landschaftsschutz kann bei Ausbauvorhaben, die nicht mit dessen Kernanliegen kollidieren, auch insofern entsprochen werden, als die Wasserkraftnutzungen im Rahmen der Wirtschaftlichkeit so weit wie möglich naturverträglich gestaltet werden.

Auch der Ausbau bereits bestehender Standorte von Wasserkraftnutzungen ist eine Form, dem Konflikt zwischen Natur- und Landschaftsschutz und Klimaschutz Rechnung zu tragen. Hier geht es darum, Wasserkraftwerke mit möglichst modernen Technologien auszustatten, um die gelieferte Menge Strom zu vermehren und diese Ausbaupotenziale durch Beschränkungen im Sinn des Naturschutzes nicht aufzuheben.

Ganz ähnliche Überlegungen gelten für die Windkraft, deren Nutzung durch Windparks das Landschaftsbild stark verändert. Auch hier bedarf es des Ausgleichs zwischen dem Interesse an der Nutzung einer regional verfügbaren CO_2-freien Energieressource und dem Interesse des Natur- und Landschaftsschutzes.

2.8 Synergieeffekte

Neben dem antagonistischen Verhältnis von Zielen gibt es auch synergistische Konstellationen: Die Verbesserung der Energieeffizienz ist gleichzeitig im Sinn der Nachhaltigkeit und der Versorgungssicherheit. Die Minimierung von Verbrennungsprozessen bei der Energiebereitstellung dient im Bereich des Nachhaltigkeitsziels sowohl dem Klimaschutz als auch der Luftreinhaltung.

Ein weiteres Beispiel für Synergieeffekte sind die positiven Beschäftigungswirkungen von Maßnahmen zur Modernisierung des Energiesystems.

Synergistische Konstellationen bieten der Politik die Chance, mit einer Maßnahme gleichzeitig mehrere Ziele zu erreichen. Es ist eine essentielle Aufgabe der Politik, Win-Win-Situationen zu erkennen oder zu schaffen.

2.9 Quantifizierte verbindliche Zielfestlegungen zum Energiesystem aus dem Gemeinschaftsrecht

2.9.1 Exkurs: Zum Stand des Gemeinschaftsrechts auf dem Gebiet der Energiepolitik

Das hier dargelegte System dreier gleichrangiger Ziele, das die Pole Ökonomie, Ökologie und Soziales umfasst, liegt auch der gemeinschaftlichen Energiepolitik zu Grunde. Im Primärrecht finden sich explizite Verankerungen des Nachhaltigkeitsprinzips.

Zu konkreten Politiken, die der Zieltrias gerecht werden, ist es auf Gemeinschaftsebene bisher allerdings nur teilweise gekommen. Dies liegt vor allem daran, dass die Mitgliedstaaten der Europäischen Union – abgesehen von der Kernenergie – keine Kompetenz auf dem Gebiet der Energiepolitik im engeren Sinne eingeräumt haben. Die dennoch vorhandenen Rechtsbestände leiten sich aus anderen Kompetenzen ab, namentlich aus der Binnenmarktpolitik und der Umweltpolitik.

Die Binnenmarktpolitik bemüht sich um die Herstellung wettbewerbsorientierter einheitlicher europäischer Energiemärkte. Monopolstellungen und Wettbewerbsbarrieren sollen beseitigt werden, um marktkonforme Preise zu ermitteln und den Konsumenten und den Betrieben durch Wegfall von Monopolrenten kostengünstigere Energie zur Verfügung zu stellen.

Die Umweltpolitik setzt der Nutzung von Energieressourcen vielfache Schranken, etwa durch Emissionsgrenzwerte für kalorische Kraftwerke und ökologische Kriterien in Bezug auf Wasserkraftwerke. In den letzten Jahren ist eine umfangreiche Gesetzgebung zur Begrenzung der Treibhausgasemissionen hinzugekommen.

Unter dem Gesichtspunkt des Binnenmarkts hat die Europäische Union Energieeffizienzanforderungen aufgestellt und unter dem Gesichtspunkt des Umweltschutzes den Mitgliedstaaten aufgetragen, Programme zur Verbesserung der Energieeffizienz durchzuführen.

Politiken zur Sicherung der Energieversorgung, namentlich auch durch Gestaltung der Außenbeziehungen, konnten sich wegen des Fehlens gemeinsamer energiepolitischer Interessen und der dadurch bedingten fehlenden gemeinschaftlichen Energiekompetenz nicht entwickeln.

Die erwähnte energiepolitische Zieltrias ist in das umfassende Zielsystem der Beschäftigungs- und Wachstumspolitik eingebettet. Im Zusammenhang damit sind auch technologiepolitische Programme zu erwähnen, die die Entwicklung nachhaltiger Energietechnologien vorantreiben, um in strategischen Wirtschaftsbereichen Technologieführerschaften zu gewinnen.

Auf globaler Ebene tritt die Europäische Union als Promotor des Drei-Säulen-Konzepts der nachhaltigen Wirtschaftsentwicklung sowie des Klimaschutzes auf. Auf Basis der Klimarahmenkonvention 1992 hat sie auf Abschluss eines Protokolls mit quantitativen Emissionsobergrenzen für Treibhausgase gedrängt und setzt sich nun für das Zustandekommen einer Nachfolgeregelung mit stringenteren Emissionsbeschränkungen ein.

Als Vorleistung dazu hat sie sich selbst vorweg – vor Abschluss der Verhandlungen um das neue Klimaschutzregime – mit dem Zieldatum 2020 verschärfte verbindliche Emissionsreduktionen und Ausbauziele für die erneuerbaren Energieträger auferlegt (siehe sogleich Kapitel 2.9.2). Sie sind bei der Gestaltung des Energiesystems jedenfalls zu berücksichtigen. Auf die einschlägigen EU-Politiken, etwa die Wettbewerbs- und Regulierungspolitik, die Energieeffizienzpolitik und die Technologiepolitik, gehen die den jeweiligen Schwerpunkten gewidmeten Ausführungen in Kapitel 5 ein.

2.9.2 Emissionsplafonds für CO_2-Äquivalente und Mindestanteile der erneuerbaren Energien

Die Grundlage der internationalen Verpflichtungen zur Reduktion von Treibhausgas-Emissionen (THG-Emissionen) ist die Klimarahmenkonvention aus dem Jahr 1992. In ihr verpflichten sich Industrieländer, ihre anthropogenen Treibhausgasemissionen grundsätzlich zu limitieren. Verbindliche Reduktionsziele beziehungsweise Emissionsobergrenzen für einzelne Staaten wurden nicht festgesetzt. Der Grundstein für diese Konkretisierung wurde aber in der Rahmenkonvention gelegt.

Dementsprechend legte 1997 das Kyoto-Protokoll erstmals völkerrechtlich verbindliche THG-Emissionsobergrenzen für Industriestaaten fest. Sechs treibhausrelevante Gase, nämlich Kohlendioxid (CO_2), Methan (CH_4), Distickstoffoxid (N_2O), teilhalogenierte Fluorkohlenwasserstoffe, perfluorierte Kohlenwasserstoffe und Schwefelhexafluorid (SF_6), sind vom Protokoll erfasst. Ausgedrückt sind die zulässigen Emissionen als Tonnen CO_2-Äquivalente, die der Durchschnittswert der Jahresemissionsmengen der Jahre 2008 bis 2012 nicht überschreien darf. Durch den Einsatz flexibler Mechanismen, z. B. des Emissionshandels, sollen die Kosten der Zielerreichung abgemildert werden. Sie beruhen auf dem Prinzip, dass bestimmte Maßnahmen, die zur Verringerung der THG-Emissionen außerhalb des eigenen Landes beitragen, bei der Erreichung der Zielvorgaben angerechnet werden können.

Die festgelegten Emissionsobergrenzen wurden durch die Ratifikation des Kyoto-Protokolls für den jeweiligen Staat völkerrechtlich verbindlich.

Bei Nichteinhaltung der Reduktionsverpflichtungen sind Sanktionsmechanismen vorgesehen. Verfehlt ein Staat sein Emissionsreduktionsziel in der Verpflichtungsperiode, muss er die Differenz in der folgenden Periode nachholen und ein zusätzliches Drittel seiner THG-Emissionen reduzieren. Die Möglichkeit, das Ziel mit flexiblen Mechanismen zu erreichen, kann außerdem eingeschränkt werden. Sanktionen wegen Nichterreichung des Kyoto-Ziels entbinden Österreich nicht von der Erreichung seines Ziels auf Ebene der Europäischen Union. Die EU-15 verpflichteten sich im Rahmen des Kyoto-Protokolls zu einer Reduktion der Treibhausgasemissionen um 8 % gegenüber dem Jahr 1990 für den Zeitraum von 2008 bis 2012. Innerhalb der Europäischen Union wurde das gemeinsame Ziel auf die Mitgliedstaaten umgelegt („Burden-Sharing"). Dabei hat sich Österreich zu einer Reduktion um 13 % verpflichtet. Im Jahr 1990 betrugen die Emissionen 79,2 Millionen Tonnen. Daher bedeutet das Reduktionsziel, dass im Schnitt der Jahre 2008 bis 2012 nicht mehr als 68,8 Millionen Tonnen CO_2-Äquivalente emittiert werden sollen.

Abbildung 2.1: Kyoto-Zielsetzungen der EU-15: Reduktion der THG-Emissionen im Schnitt der Jahre 2008 bis 2012 gegenüber 1990, in Prozent. Quelle: Nach Umweltbundesamt, 2008

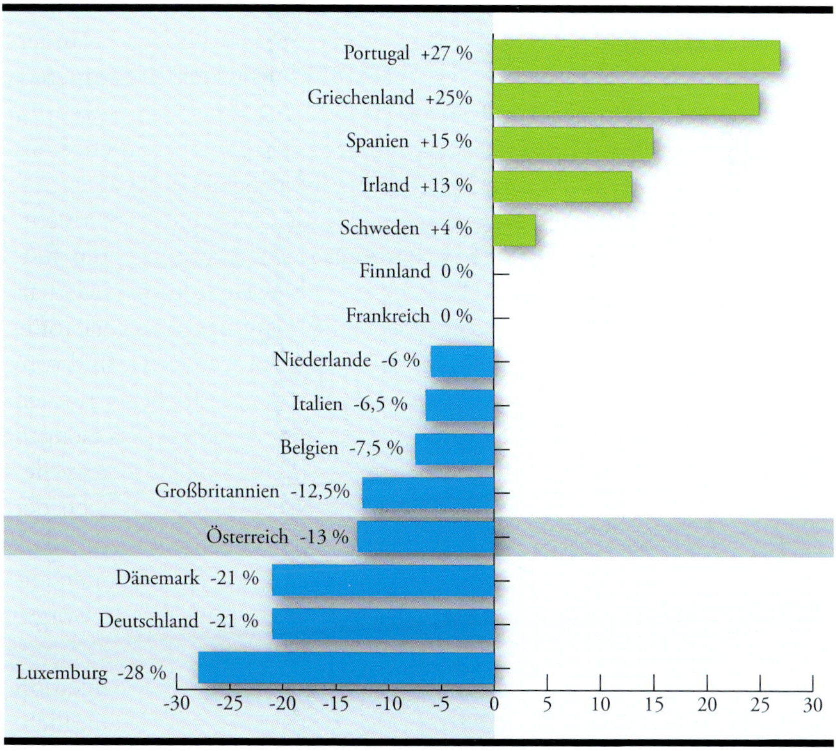

Nach dem Bericht der Europäischen Umweltagentur 2008 zu den Treibhausgas-Emissionen und Emissionstrends der Europäischen Union dürften die EU-15 diese Zielsetzung in der Verpflichtungsperiode zwar erreichen, aber nur mit Hilfe der flexiblen Mechanismen des Kyoto-Protokolls.

Hingegen ist Österreich von der Erfüllung des Kyoto-Ziels weit entfernt. 2007 lagen die Emissionen bei rund 90 Millionen Tonnen, also um etwa 21 Millionen Tonnen über der durch das Kyoto-Protokoll und das „Burden-Sharing“ festgelegten Obergrenze.

Die von Österreich eingegangenen Verpflichtungen zur THG-Reduktion sind völkerrechtlich und gegenüber der EU verbindlich. Innerhalb der Europäischen Union kann die Nichteinhaltung des Ziels letztlich zu einem Vertragsverletzungsverfahren führen.

2.9.3 „Post Kyoto“ – die langfristigen klima- und energiepolitischen Zielsetzungen der Europäischen Union

Dass die Europäische Union auch zukünftig eine Vorreiterrolle im globalen Kampf gegen den Klimawandel einnehmen möchte, spiegelt sich in den klima- und energiepolitischen Zielsetzungen des Frühjahrsgipfels 2007 wider. Bis 2020 hat sich die EU das Ziel gesetzt, ihre Emissionen gegenüber dem Basisjahr 1990 um mindestens 20 % zu reduzieren und den Anteil erneuerbarer Energieträger um 20 % zu erhöhen. Außerdem setzte man sich das Ziel, die Energieeffizienz in Europa bis 2020 um 20 % zu steigern (vgl. Europäischer Rat 2007).

Basierend auf diesen Ratsbeschlüssen präsentierte die Europäische Kommission im Jänner 2008 ein Klima- und Energiepaket unter dem Titel „Climate Action – Energy for a changing world“. Die vier großen Pfeiler des vorliegenden Pakets sind eine Revision der Emissionshandelsrichtlinie, eine Entscheidung zur Aufteilung der THG-Reduktionsziele – der nicht in den Emissionshandel einbezogenen Emissionen – auf die einzelnen Mitgliedstaaten im Rahmen des Effort-Sharings, eine Richtlinie zur Förderung der Nutzung von Energie aus erneuerbaren Quellen sowie eine Richtlinie zu Carbon Capture and Storage (CCS). Dieses Paket wurde inzwischen durch den Rat und das Parlament verabschiedet, so dass noch in der ersten Hälfte des Jahres 2009 in Kraft tritt.[2]

---

2) Richtlinie 2009/28/EG des Europäischen Parlaments und des Rates vom 23. April 2009 zur Förderung der Nutzung von Energie aus erneuerbaren Quellen und zur Änderung und anschließenden Aufhebung der Richtlinien 2001/77/EG und 2003/30/EG. ABl. EU L 140 vom 5. Juni 2009, S. 16

Richtlinie 2009/29/EG des Europäischen Parlaments und des Rates vom 23. April 2009 zur Änderung der Richtlinie 2003/87/EG zwecks Verbesserung und Ausweitung des Gemeinschaftssystems für den Handel mit Treibhausgasemissionszertifikaten. Abl. EU L 140 vom 5. Juni 2009, S. 63

Richtlinie 2009/31/EG des Europäischen Parlaments und des Rates vom 23. April 2009 über die geologische Spei-

Das Klima- und Energiepaket bildet den Rahmen, bis 2020 die THG-Emissionen der Europäischen Union um mindestens 20 % – im Fall eines internationalen Klimaschutzabkommens mit vergleichbaren Reduktionsanstrengungen anderer Emittentenländer um bis zu 30 % – zu reduzieren.

Für Österreich sieht das Paket folgende Verpflichtungen (bis 2020) vor:

- Entscheidung Effort-Sharing: eine Reduktion der Treibhausgasemissionen, die nicht dem Emissionshandel unterliegen, um 16 % gegenüber 2005;
- Erneuerbare Energien: Steigerung des Anteils der erneuerbarer Energieträger auf 34 %.

Tabelle 2.1: Nationale Ziele der Treibhausgasemissionen der Mitgliedstaaten 2020 bezogen auf die Emissionen im Jahr 2005 für nicht unter den EU-Emissionshandel fallende Sektoren. Quelle: EU-Entscheidung Nr. 406/2009/EG

Belgien	-15 %	Luxemburg	-20 %
Bulgarien	20 %	Ungarn	10 %
Tschechische Republik	9 %	Malta	5 %
Dänemark	-20 %	Niederlande	-16 %
Deutschland	-14 %	Österreich	-16 %
Estland	11 %	Polen	14 %
Irland	-20 %	Portugal	1 %
Griechenland	-4 %	Rumänien	19 %
Spanien	-10 %	Slowenien	4 %
Frankreich	-14 %	Slowakei	13 %
Italien	-13 %	Finnland	-16 %
Zypern	-5 %	Schweden	-17%
Lettland	17 %	Vereinigtes Königreich	-16 %
Litauen	15 %		

cherung von Kohlendioxid und zur Änderung der Richtlinie 85/337/EWG des Rates sowie der Richtlinien 2000/60/EG, 2001/80/EG, 2004/35/EG, 2006/12/EG und 2008/1/EG des Europäischen Parlaments und des Rates sowie der Verordnung (EG) Nr. 1013/2006. Abl. EU L 140 vom 5. Juni 2009, S. 114

Entscheidung Nr. 406/2009/EG des Europäischen Parlaments und des Rates vom 23. April 2009 über die Anstrengungen der Mitgliedstaaten zur Reduktion ihrer Treibhausgasemissionen mit Blick auf die Erfüllung der Verpflichtungen der Gemeinschaft zur Reduktion der Treibhausgasemissionen bis 2020. Abl. EU L 140 vom 5. Juni 2009, S. 136

Tabelle 2.2: Nationale Gesamtziele für den Anteil von Energie aus erneuerbaren Quellen am Endenergieverbrauch im Jahr 2020. Quelle: EU-Richtlinie 2009/28/EG

	Anteil von Energie aus erneuerbaren Quellen am Bruttoendenergieverbrauch 2005	Zielwert für den Anteil von Energie aus erneuerbaren Quellen am Bruttoendenergieverbrauch im Jahr 2020
Belgien	2,2 %	13 %
Bulgarien	9,4 %	16 %
Tschechische Republik	6,1 %	13 %
Dänemark	17,0 %	30 %
Deutschland	5,8 %	18 %
Estland	18,0 %	25 %
Irland	3,1 %	16 %
Griechenland	6,9 %	18 %
Spanien	8,7 %	20 %
Frankreich	10,3 %	23 %
Italien	5,2 %	17 %
Zypern	2,9 %	13 %
Lettland	32,6 %	40 %
Litauen	15,0 %	23 %
Luxemburg	0,9 %	11 %
Ungarn	4,3 %	13 %
Malta	0,0 %	10 %
Niederlande	2,4 %	14 %
Österreich	23,3 %	34 %
Polen	7,2 %	15 %
Portugal	20,5 %	31 %
Rumänien	17,8 %	24 %
Slowenien	16,0 %	25 %
Slowakische Republik	6,7 %	14 %
Finnland	28,5 %	38 %
Schweden	39,8 %	49 %
Vereinigtes Königreich	1,3 %	15 %

Neu ist, dass beim Effort-Sharing als Bezugsjahr 2005 gewählt wurde und dass beim Emissionshandel die Verteilung der Zertifikate von der Ebene der Mitgliedstaaten auf die Ebene der Union gehoben wurde. Der Anteil der Zertifikate, die versteigert werden sollen, wird deutlich erhöht, der Anteil der Gratiszertifikate dem entsprechend gesenkt. Wie bisher werden Staaten aber auch zukünftig abwägen können, inwieweit sie Ziele durch

Investitionen innerhalb ihrer Grenzen oder durch den Zukauf von Emissionseinheiten erreichen. Ein vergleichbares System wird mit dem Vorschlag nun auch für die Quoten der erneuerbaren Energien eingeführt.

Die Nichteinhaltung eines Ziels kann letztlich zu einem Vertragsverletzungsverfahren und in weiterer Folge zu einer Verurteilung durch den Gerichtshof der Europäischen Gemeinschaften führen.

Die Mitgliedstaaten müssen künftig schon während der Erfüllungsperiode nachweisen, dass sie sich auf dem Zielpfad befinden. Weicht ein Mitgliedstaat von ihm ab, können gegen ihn bereits frühzeitig Sanktionen gesetzt werden, es muss nicht mehr der Ablauf der Periode abgewartet werden.

3. ANALYSE DES STATUS QUO UND DER ENTWICKLUNGSTRENDS

Das vorliegende Kapitel widmet sich der Bestandsaufnahme von Fakten: Zunächst wird aufgezeigt, wie sich das Energiesystem auf globaler und europäischer Ebene sowie in Österreich entwickelt hat und wo es heute steht. Weiters werden die verfügbaren Projektionen der Entwicklung des Energiesystems und die Einschätzungen der zeitlichen Reichweite der fossilen Energiereserven vorgestellt.

3.1 Fakten zur bisherigen Entwicklung des Energiesystems

3.1.1 Primärenergieverbrauch

Die Entwicklung des Energiesystems wird sehr stark durch den wachsenden Energieverbrauch geprägt. Die Dynamik auf globaler Ebene ist wesentlich kräftiger als auf europäischer Ebene. In Österreich wächst der Energieverbrauch stärker als im EU-Schnitt.

Globale Ebene

Von 1980 bis 2006 ist der globale Energieverbrauch von 7.223 Mtoe (Millionen Tonnen Öläquivalent[3]) (ca. 300.000 PJ) auf 11.730 Mtoe (ca. 490.000 PJ), das heißt um 62 %, gestiegen (siehe Abbildung 3.1).

Abbildung 3.1: Primärenergieverbrauch, global (1980, 2000 und 2006, in Millionen Tonne Öläquivalent – Mtoe). Quelle: IEA, World Energy Outlook 2008

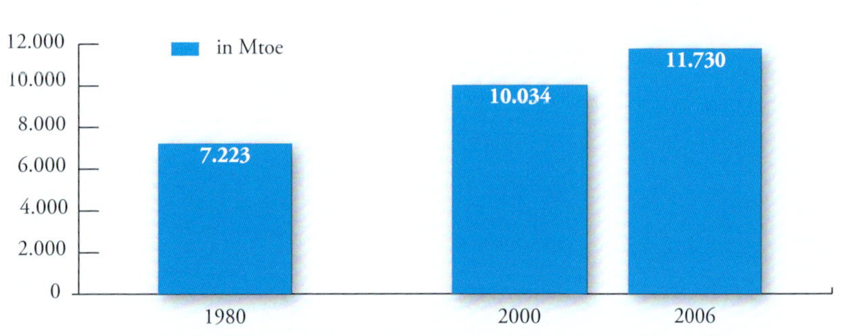

3) Eine Tonne Öläquivalent entspricht 41,868 GJ oder 11.630 kWh.

Das Wachstum hat in allen Regionen der Erde stattgefunden, wenngleich mit unterschiedlichem Tempo (Abbildung 3.2). Angetrieben wird es von der Entwicklung im Nicht-OECD Bereich, vor allem in den Schwellenländern. Das Niveau der Primärenergienachfrage im Nicht-OECD Bereich war 2006 höher als jenes der OECD-Länder und macht mehr als die Hälfte der globalen Primärenergienachfrage aus. In den USA und den EU-Ländern fällt das Wachstum des Energieverbrauchs wesentlich schwächer aus, sodass deren Anteil am globalen Primärenergieverbrauch kontinuierlich zurückgeht. Die Schwellenländer China und Indien haben ihren Primärenergiebedarf zwischen 1980 und 2006 verdoppelt, sodass ihr Anteil am Weltverbrauch nun mit 21 % über demjenigen der USA liegt.

Auch die anderen Ländergruppen im Nicht-OECD Bereich, die kein so hohes Wirtschaftswachstum aufzuweisen hatten, Afrika und Lateinamerika, haben ihren Primärenergiebedarf stark ausgeweitet (siehe Abbildung 3.2). Das ist auf eine wesentlich höhere Energieintensität des Wirtschaftswachstums und Nachholprozesse bei der allgemeinen Verfügbarkeit von Energieressourcen für die gesamte Bevölkerung (z. B. Erhöhung des Anschlussgrads der Stromversorgung) zurückzuführen.

Abbildung 3.2: Primärenergieverbrauch, global, Anteile der Regionen (1980, 2000 und 2006, in Prozent). Quelle: IEA, World Energy Outlook 2008, eigene Berechnungen.

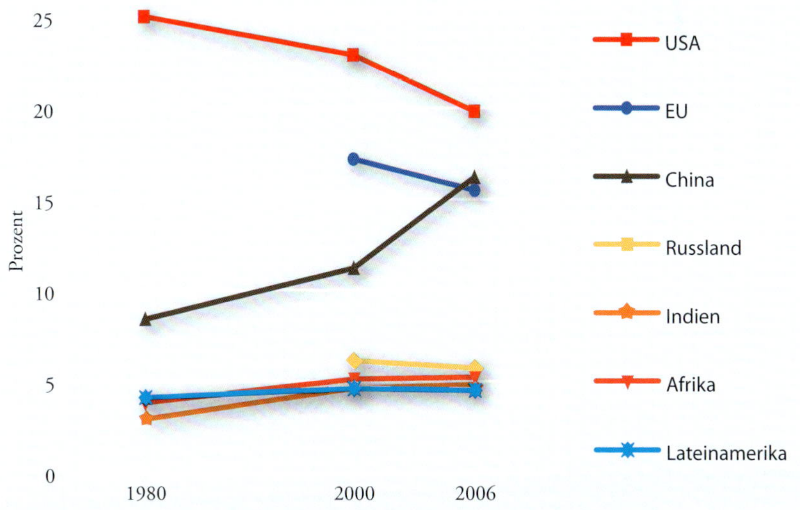

Was den Energieträgermix betrifft, hat die Ölintensität der Wirtschaften der Industrieländer stark abgenommen. Der Anteil von Öl (und Ölprodukten) an der globalen Primärenergienachfrage ist zwischen 1980 und 2006 fast um 10 Prozentpunkte gesunken und beträgt nur noch ca. 34 %. Demgegenüber ist der Anteil von Gas, aber auch jener von Kohle am globalen Primärenergieverbrauch angestiegen; beide Energieträger machen zusammen ca. 46 % des globalen Primärenergiebedarfs aus. Ebenfalls stark angestiegen – obwohl insgesamt noch immer relativ unbedeutend (6 %) – ist der Anteil der Kernenergie. Der Anteil der erneuerbaren Energieträger (Wasserkraft, Biomasse, sonstige erneuerbare Energieträger) ist langfristig bei 13 % beinahe konstant geblieben. (siehe Abbildung 3.3).

Abbildung 3.3: Primärenergieverbrauch, global, Anteile der Energieträger (1980, 2000 und 2006, in Prozent). Quelle: IEA, World Energy Outlook 2008, eigene Berechnungen.

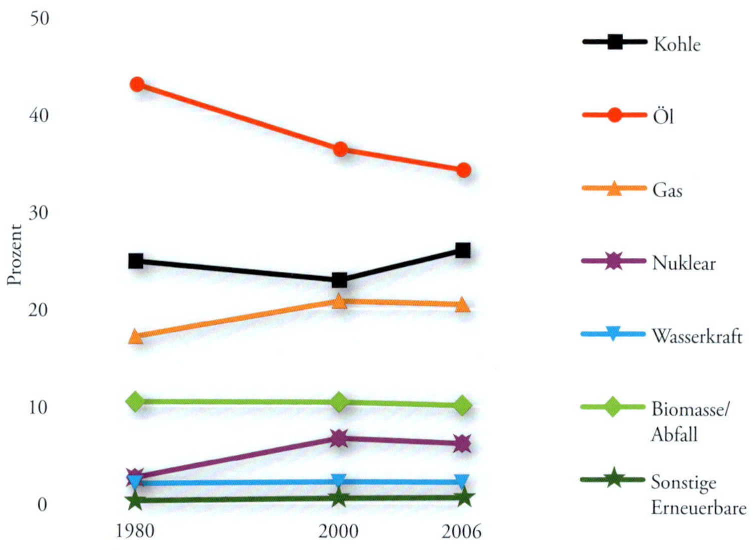

Europäische Union

Zwischen 1990 und 2007 ist der Energieverbrauch (Primär- und Endenergie) in der EU-25 insgesamt um etwas mehr als 11 % gestiegen (siehe Abbildung 3.4).

Abbildung 3.4: Entwicklung des Energieverbrauchs (Bruttoinlandsverbrauch und energetischer Endverbrauch), EU-25 (1990 bis 2007, in PJ). Quelle: Eurostat

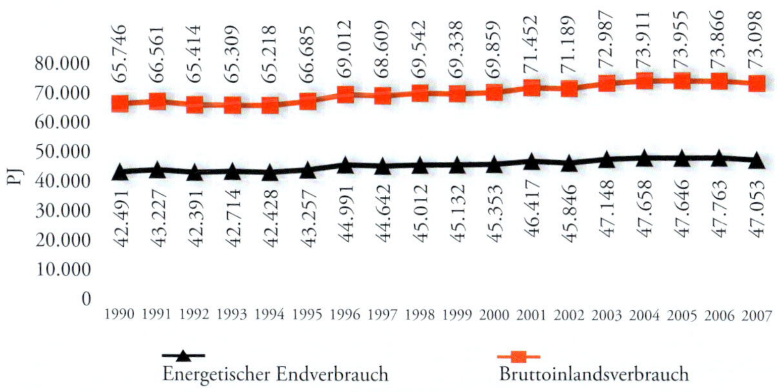

Dabei ist der Verbrauch des Haushalts- und Dienstleistungssektors etwas mehr (um 14 %) gestiegen, jener der Industrie hingegen gesunken. Stark überdurchschnittlich gestiegen ist der Energieverbrauch des Verkehrssektors (+33 %). Im Wesentlichen weisen die meisten EU-Länder das gleiche Bild bezüglich der Entwicklung des Energieverbrauchs nach Sektoren auf. Diese Entwicklung zeigt einerseits den Handlungsbedarf auf und kann andererseits als Indikator für den Schwierigkeitsgrad bzw. die Kosten der Verbrauchs- und Emissionsreduktion gesehen werden.

Abbildung 3.5: Entwicklung des Energieverbrauchs, Anteil der Sektoren am energetischen Endverbrauch, EU-25 (1990 bis 2007, in Prozent). Quelle: Eurostat.

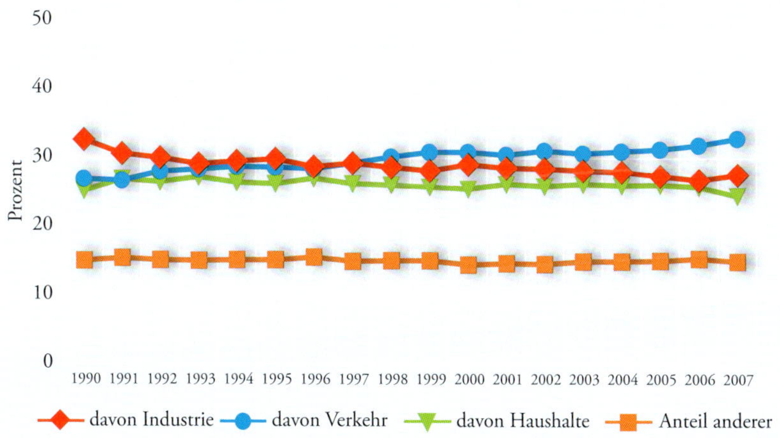

Österreich

In Österreich fällt der Anstieg des Primär- und Endenergieverbrauchs seit 1990 wesentlich höher aus, er beträgt 37 % bzw. 43 % (Abbildung 3.6).

Abbildung 3.6: Entwicklung des Energieverbrauchs (Bruttoinlandsverbrauch und energetischer Endverbrauch), Österreich (1990 bis 2007, in PJ). Quelle: Statistik Austria, Gesamtenergiebilanz, 2008.

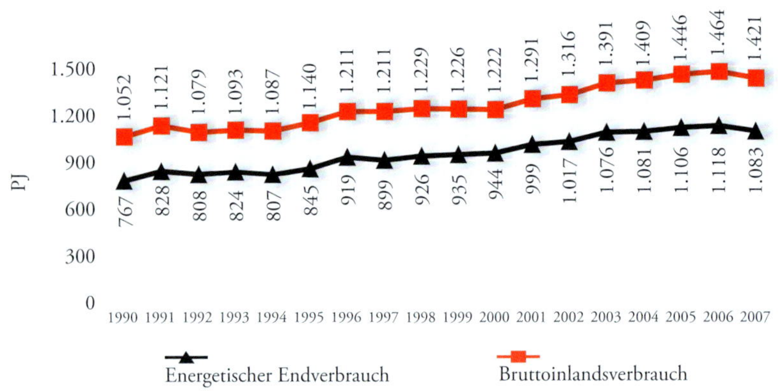

Während die gesamtwirtschaftliche Energieintensität in den EU-25 seit 1993 leicht gesunken ist, ist sie in Österreich etwa gleich geblieben.

Die Verbrauchsdynamik wird ebenfalls vom Verkehrssektor getragen und ist auf eine sehr hohe Energieintensität des Wirtschaftswachstums zurückzuführen. Die spezielle österreichische Situation wurde – wie bereits oben erwähnt – in einer Komponentenzerlegung analysiert (Kratena, Meyer, 2007) und beruht auf viel zu geringem Effizienzfortschritt im Haushalts- und Verkehrsbereich (in geringerem Ausmaß auch in der Industrie) in Relation zu den am BIP-Wachstum hängenden Treibern des Energieverbrauchs (Wohnungsbestand, PKW-Bestand, etc.). Das könnte so interpretiert werden, dass in Phasen relativ niedriger Energiepreise die sozialen und ökonomischen Entwicklungen, die das Wirtschaftswachstum begleiten (Wachstum der bebauten Flächen, Ausstattungsgrad der Haushalte, Charakteristika des Fahrzeugbestandes), zu einer hohen (gemessenen) Energieintensität des Wachstums führen.

Abbildung 3.7: Entwicklung des Energieverbrauchs, Anteil der Sektoren am energetischen Endverbrauch, Österreich (1990 bis 2007, in Prozent). Quelle: Statistik Austria, Gesamtenergiebilanz, 2008.

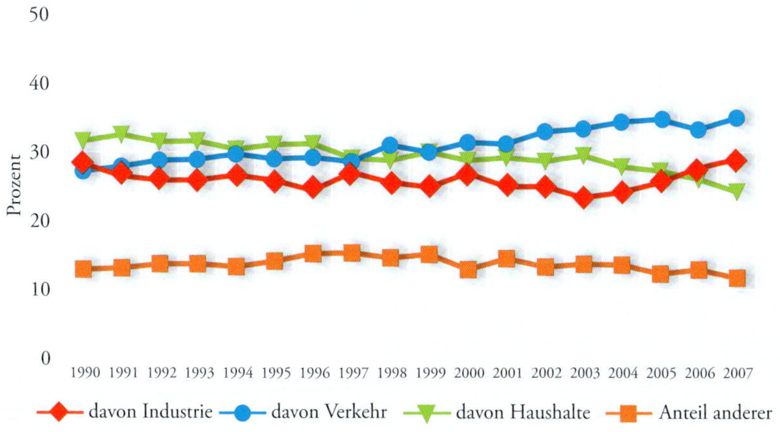

In Österreich haben zwischen 1980 und 2007 massive Verschiebungen bei den Anteilen der Energieträger am Primärenergieverbrauch und am Endenergieverbrauch stattgefunden (siehe Abbildung 3.8). Die stärksten Zugewinne verzeichneten die erneuerbaren Energieträger (Anstieg beim Bruttoinlandsverbrauch von 16,4 % auf 25,7 %) und Gas (von 17,5 % auf 21,1 %; Quelle: Statistik Austria, 2008, eigene Berechnungen). Kohle und Öl haben zwar absolut zugenommen, ihr Anteil am Bruttoinlandsverbrauch ist jedoch zurückgegangen.

Abbildung 3.8: Bruttoinlandsverbrauch, Österreich, nach Energieträgern (1980, 2000 und 2007, in PJ). Quelle: Statistik Austria, Gesamtenergiebilanz, 2008.

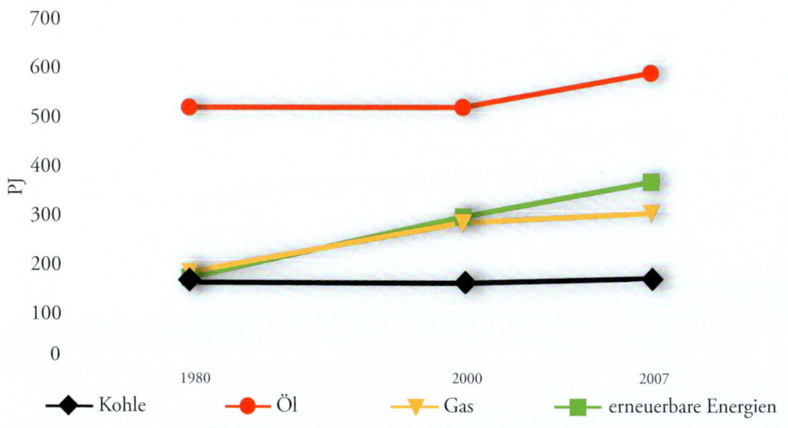

3.1.2 Importquote

Europäische Union

Die Angebotsseite der Energiewirtschaft ist in Europa dadurch gekennzeichnet, dass das Aufkommen an Energie aus inländischer Produktion im Vergleich zur Energienachfrage mittelfristig stark zurückgeht, was in steigenden Netto-Importquoten Niederschlag findet. Nach dem ersten und verstärkt nach dem zweiten Ölpreisschock (1979/80) kam es in einigen europäischen Ländern mit entsprechenden geologischen Reserven zu einer Intensivierung der Erdöl- und Erdgasförderung. Diese Entwicklung führte einerseits zu einer stärkeren Unabhängigkeit der heimischen Wirtschaft von Energiepreisschwankungen, andererseits aber zu einer starken Umlenkung von Ressourcen, vor allem von Kapital, in den Energiesektor. Dieser Strukturwandel wurde verschiedentlich auch als gesamtwirtschaftliche Fehlallokation („dutch disease") von Ressourcen kritisiert. Inzwischen wurde in den meisten dieser Länder, zumindest bei der Erdölförderung, das Maximum der Produktion erreicht oder überschritten, sodass künftig mit sinkender Förderung zu rechnen ist. Rückläufigen Verbrauch und rückläufige Förderung weist in Europa der Energieträger Kohle auf. Sowohl für Öl als auch für Gas ist die Produktion in der Gemeinschaft bei weiter steigendem Verbrauch seit 2000 rückläufig, wobei der Gasverbrauch wesentlich stärker ansteigt. Dementsprechend stiegen bei den genannten Energieträgern die Netto-Importquoten stark an.

Abbildung 3.9: Importquoten der EU-25 (2006, in Prozent). Quelle: Eurostat

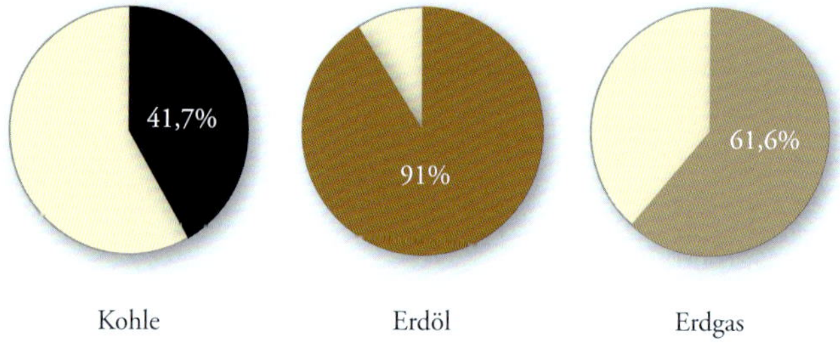

Österreich

Für Österreich stellt sich die Auslandsabhängigkeit bei Energieressourcen noch ausgeprägter dar. Die inländische Braunkohleförderung ist de facto eingestellt, sodass hier (neben Lagerabbau) nur auf importierte Ressourcen zurückgegriffen werden kann. Die Importquote von Öl ist zwischendurch etwas abgesunken und liegt nun wieder bei ca. 95 %. Mittelfristig kontinuierlich angestiegen ist die Relation zwischen Gasverbrauch und inländischer Gasförderung, was in einer stark steigenden Netto-Importquote Niederschlag findet. 2007 wurde Öl in Österreich im Ausmaß von 41,3 PJ gefördert, bei Gas belief sich die Förderung auf 67,2 PJ.

Abbildung 3.10: Importquoten in Österreich (2006, in Prozent)

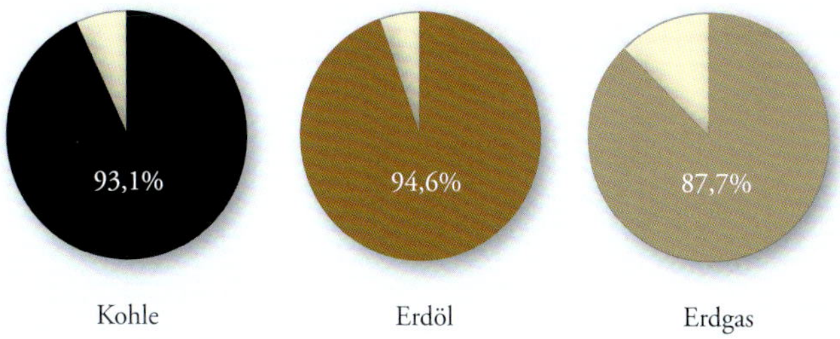

3.1.3 Energiepreise

Seit 2004 waren die Energiemärkte durch kontinuierlich steigende Rohölpreise geprägt, die Auswirkungen auf die Preise aller Energieträger haben und auch bereits erste Verbrauchsreaktionen zur Folge haben. Davor war das Energiepreisniveau seit dem Einbruch des Ölpreises Mitte der 80er Jahre niedrig, 1990 kam es im Zusammenhang mit dem ersten Golfkrieg zu einem kurzfristigen Anstieg der Energiepreise und Mitte der 90er Jahre zu einem massiven Einbruch des Preisniveaus (Abbildung 3.11).

Mitte 2008 kam es zu extremen Preisausschlägen nach oben, im vierten Quartal 2008 nach unten. Beide sind nach Auffassung der Marktteilnehmer nicht durch Fundamentaldaten (Produktionskosten, Knappheit) erklärbar.

Das Preisniveau der für die europäische Energiewirtschaft relevanten Rohölsorte Brent ist von 28,8 US$/bbl[4] im Jahresdurchschnitt 2003 auf 72,5 US$/bbl im Jahresdurchschnitt 2007 und auf 95,5 US$/bbl im Jahresdurchschnitt 2008 angestiegen. Bereinigt man den Ölpreis um die Infla-

4) Ein Barrel (bbl) entspricht 158,987 Liter.

tionsentwicklung in Österreich (realer Ölpreis zu Preisen 2007), zeigt sich, dass der reale Preis im Jahr 2007 etwas höher liegt als der reale Preis nach dem zweiten Ölpreisschock 1981. Der Konjunkturabschwung im vierten Quartal 2008 hat zu einem massiven Einbruch beim Ölpreis geführt, und es hat sich gezeigt, dass das kurzfristig im Sommer 2008 erreichte Preisniveau von beinahe 150 US$/bbl spekulativ überhöht war. Dennoch gehen mittelfristig die meisten Analysen von weiterhin kontinuierlich steigenden Rohölpreisen aufgrund der Anspannungen auf der Angebotsseite aus.

Ein weiterer wesentlicher Effekt auf den Ölpreis geht von der Wechselkursentwicklung zwischen US$ und € aus. Ein Großteil des Preisanstieges seit 2004 wurde nur in US$ und nicht in € wirksam. Es ist davon auszugehen, dass sich die Förderpolitik der OPEC auch an der Wechselkursentwicklung orientiert.

3.1.4 Energieintensität

In den Jahren 1980 bis 1990 wirkten noch die Folgeeffekte des Ölpreisschocks 1979/80 auf den Verbrauch, wodurch die Energieintensität – gemessen als Energieverbrauch (Endenergie oder Primärenergie) in Energieeinheiten pro Einheit BIP (real) – kontinuierlich abgenommen hat. Für Österreich lässt sich klar zeigen, dass der Fortschritt in der Energieintensität sowohl in der Gesamtwirtschaft als auch in der Industrie ab 1990 fast zum Stillstand kam (Vgl. Kratena, Meyer, 2007). Ähnliche Entwicklungen zeigen sich auch im Industriesektor anderer europäischer Länder (vgl. Kratena, 2007); etwas günstiger verläuft die Entwicklung in der Gesamtwirtschaft der EU-25 (siehe Abbildung 3.12). Energiepreisschocks lösen nicht nur über die Preiselastizität der Energienachfrage kurzfristige Verbrauchseffekte aus, sondern bewirken auch langfristige Verbrauchsreaktionen aufgrund des Umstieges auf einen anderen Kapitalstock.

Für den Industriesektor wichtiger europäischer Länder lässt sich diese verzögerte Anpassung explizit messen und durch Preisschocks erklären (vgl. Kratena, 2007). Das bedeutet, dass eine Verringerung der Energieintensität in Gang gesetzt wird, die auch noch lange nach dem Preisschock zu messen ist. Umgekehrt bedeutet das, dass nach einem Einbruch der Energiepreise nicht sofort ein starker Mehrverbrauch zu messen ist, da der energieeffizientere (modernere) Kapitalstock in Verwendung bleibt („Sperrklinken-Effekt“). Allerdings ergibt sich auf mittlere Sicht, dass der Trend wieder zu energieintensiveren Kapitalgütern umschlägt und somit ebenfalls für längere Zeit eine Verlangsamung im Fortschritt der Reduktion der Energieintensität eintreten kann.

Abbildung 3.11: Rohölpreis in US$/bbl, nominell und real (zu Preisen 2008); 1970 bis 2009: Jahresmittelwerte, 2004 bis 2009: Monatswerte. Quelle: OMV; WIFO[5]

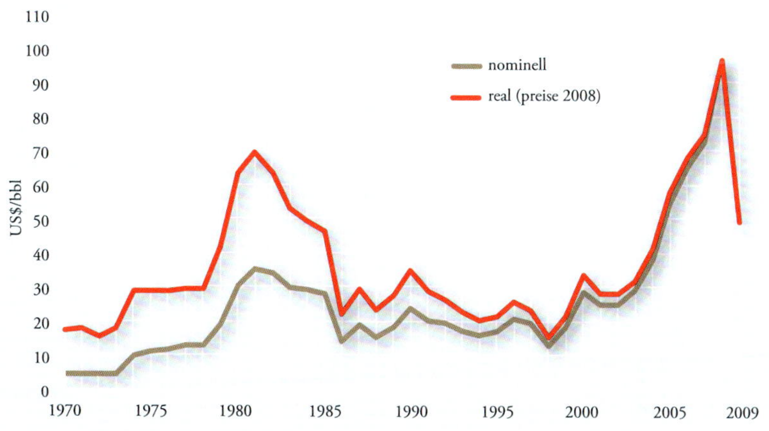

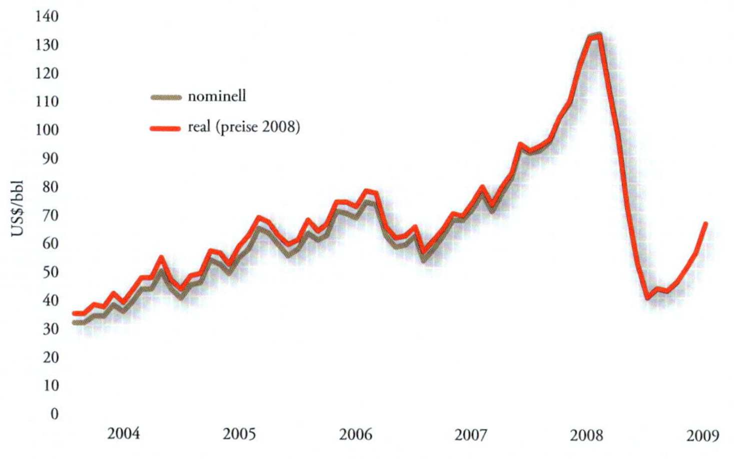

5) Anmerkung: Bis 1986 Irak basra light; ab 1987 Preis für Rohöl der Sorte Brent laut OMV; Real: deflationiert mit dem BIP Deflator USA. Der Jahreswert für 2009 ist der Durchschnittswert bis Anfang Juni 2009.

Abbildung 3.12: Entwicklung der Energieintensität, EU-25 und Österreich (1991 bis 2006, Index 1991=100). Quelle: Eurostat, WIFO-Berechnungen.

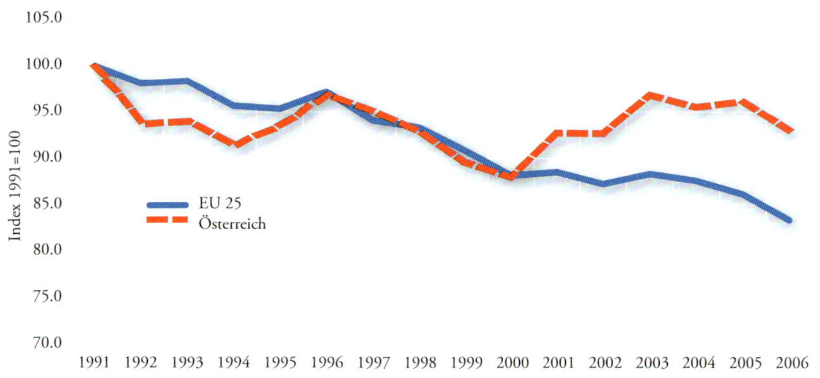

3.1.5 CO_2-Emissionen

Entsprechend ihrem stark angewachsenen Energieverbrauch sind in den Schwellenländern auch die CO_2-Emissionen massiv angestiegen, sodass die Einbindung dieser Länder in internationale Abkommen zur Reduktion von Treibhausgasen immer wichtiger wird (Abbildung 3.13 und Abbildung 3.14). China hat die USA als größter weltweiter Emittent abgelöst. Der Anteil der Europäischen Union an den globalen Emissionen liegt bei etwa 14 %.

3.1.6 CO_2-Preisentwicklung

Die Energiepreise werden seit 2005, dem Beginn des europäischen Handels mit CO_2-Rechten (ETS, „Emission Trading System"), von den CO_2-Preisen beeinflusst. Hohe CO_2-Preise belasten die CO_2-intensiven fossilen Energieträger und lösen Substitutionsprozesse zwischen den fossilen und nichtfossilen sowie innerhalb der fossilen Energieträger aus.

Die erste Emissionshandelsperiode stand im Zeichen der grundsätzlich kurzen Implementierungszeitspanne des Emissionshandelssystems, welche Regierungen und betroffene Unternehmen vor große Herausforderungen stellte. Abbildung 3.15 zeigt den Preisverlauf von Zertifikaten des EU-ETS in der ersten Handelsperiode. Die hohe Volatilität erscheint für neue Handelssysteme nicht ungewöhnlich. Der Preisverfall der Zertifikate ist auf die Überallokation in weiten Teilen Europas im Rahmen des Allokationsprozesses zurückzuführen. Österreich ist im europäischen Vergleich eine Ausnahme, da hier eine fast punktgenaue Allokation (die Zuteilungsmengen entsprechen den tatsächlichen Emissionen) im Rahmen des ersten Nationalen Allokationsplans (NAP I) erfolgte (vgl. WIFO, 2008).

Abbildung 3.13: Energiebezogene CO_2-Emissionen, global, nach Regionen (1980, 2000 und 2006, in Millionen Tonnen). Quelle: IEA, World Energy Outlook 2008

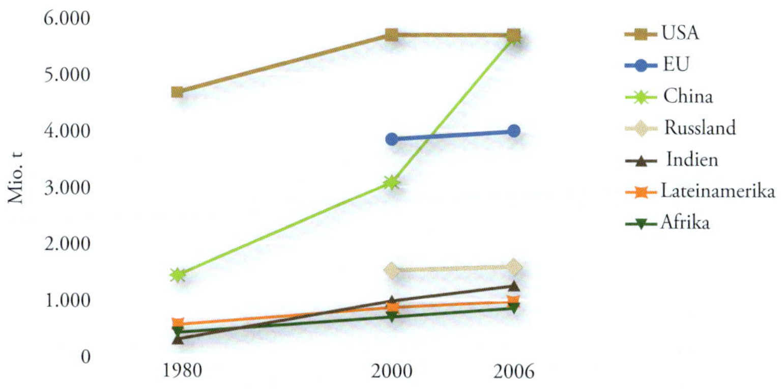

Abbildung 3.14: Energiebezogene CO_2-Emissionen nach Regionen, 2007, in Prozent. Quelle: IEA, World Energy Outlook 2008

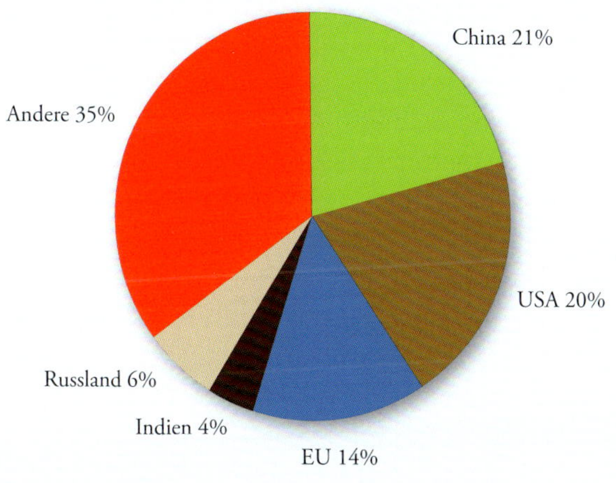

Abbildung 3.15: Entwicklung der Zertifikatspreise im europäischen Emissionshandel in der Handelsperiode 2005 bis 2007, in € pro Emissionszertifikat (€/t CO_2). Quelle: EEX 2005, 2006, 2007

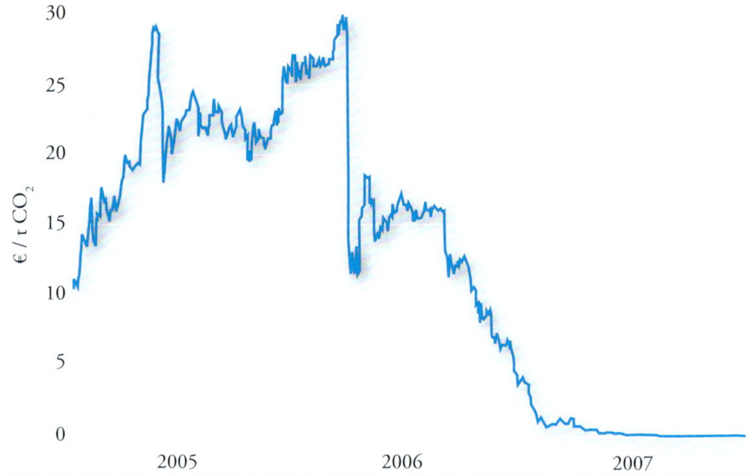

Die zweite Handelsperiode des EU-Emissionshandels

Basierend auf den Erfahrungen der ersten Handelsperiode wurden die nationalen Allokationspläne der zweiten Periode 2008 bis 2012 strikter geschnürt, auch durch Kürzungen der von den Mitgliedstaaten in ihren Allokationsplänen beabsichtigten Zertifikatszuteilungen durch die Europäische Kommission. Die ursprünglich der Europäischen Kommission übermittelten Allokationspläne der Mitgliedstaaten waren etwa 1 % geringer als die historischen Emissionen 2005 und 2,1 % geringer als die in der ersten Handelsperiode budgetierten Emissionen. Die Europäische Kommission setzte eine Reduktion von 9 % gegenüber den in der ersten Handelsperiode budgetierten Emissionen durch (vgl. Egenhofer, 2007, S. 458). Der von Österreich übermittelte zweite Allokationsplan (NAP 2) für die Periode 2008 bis 2012 wurde aufgrund der Aufwärtsentwicklung der Emissionen um 2 Mio. t CO_2 Äquivalente gekürzt.

Im ersten Jahr der laufenden zweiten Emissionshandelsperiode (2008 bis 2012) lag der CO_2-Preis in einer Bandbreite zwischen 20 und 30 €/t. Man erhoffte sich mehr Stabilität im Handelssystem, da das „Banken“ von Zertifikaten aus der zweiten in die dritte Handelsperiode ermöglicht wurde. Seit September 2008 ist aufgrund der negativen wirtschaftlichen Entwicklung ein Abwärtstrend zu beobachten gewesen, der sich mittlerweile bei etwa 15 €/t stabilisiert hat (EEX, Second Period European Carbon Futures).

Zwischen CO_2-Preisen und Strompreisen besteht ein Zusammenhang. Je höher der CO_2-Preis, desto höher ist der Strompreis. Der Verfall der CO_2-Preise hat sinkende Strompreise induziert.

Abbildung 3.16: Entwicklung der Zertifikatspreise (in €/t CO_2, rechte Skala) und der Strompreise (in €/MWh, linke Skala) an der EEX. Quelle: OEKV

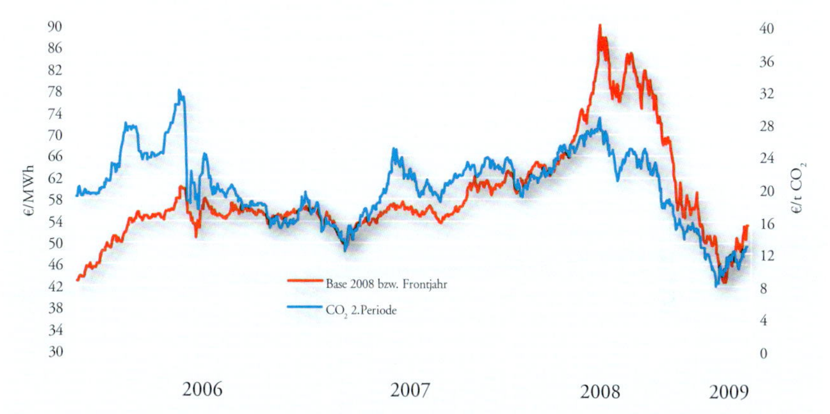

3.2 Szenarien

3.2.1 Ein globales Szenario der Energiewirtschaft

Die Perspektiven der internationalen Energiewirtschaft können anhand des letzten „World Energy Outlook" 2008 der Internationalen Energieagentur (IEA) analysiert werden. Das dort entworfene „Referenzszenario" berücksichtigt bereits den kurzfristig stark gestiegenen Rohölpreis und außerdem (gegenüber dem „World Energy Outlook" 2007) auch revidierte Annahmen über das globale Wirtschaftswachstum aufgrund der realwirtschaftlichen Auswirkungen der Finanzkrise. Außerdem beschäftigt sich der „World Energy Outlook" 2008 auch sehr intensiv mit der Frage der Versorgungssicherheit bei fossilen Energieträgern und mit dem Einfluss der Klimapolitik auf die Energiemärkte nach 2012 („Post Kyoto").

Die erste wesentliche Annahme für das Referenzszenario des „World Energy Outlook" betrifft das durchschnittliche Wirtschaftswachstum nach Weltregionen bis 2030. Die prinzipielle Philosophie jedes „Basis"- bzw. „Referenz"-Szenarios besteht darin, die Auswirkungen einer Entwicklung aufzuzeigen, die von einer Fortsetzung von Entwicklungen in den Rahmenbedingungen der Vergangenheit ohne wesentliche exogene Schocks ausgeht. Die Fortsetzung von Entwicklungen ist dabei nicht gleichzusetzen mit der Fortsetzung von Trends. Wie im Wachstumsprozess in anderen Schwellenländern in der Vergangenheit (Japan) geht der „World Energy Outlook" daher davon aus, dass sich das Wirtschaftswachstum in China bis 2030 gegenüber der aktuellen Entwicklung abschwächen wird. Demgegenüber wird für Russland und in geringerem Ausmaß auch für Indien eine Beschleunigung des Wachstums angenommen. In diesem Zusammenhang muss ebenfalls betont werden, dass diese Annahmen im Sinne der Philosophie eines „Basis"- bzw. „Referenz"-Szenarios nicht als die wahrscheinlichste Entwicklung angesehen werden können, sondern lediglich als eine wahrscheinliche Entwicklung unter der Annahme, dass keine wesentlichen exogenen Schocks eintreten. Insgesamt bleibt das globale Wirtschaftswachstum annahmegemäß im Referenzszenario bis 2015 auf hohem Niveau und sinkt dann etwas ab. Das globale BIP-Wachstum wird für die gesamte Periode 2006 bis 2030 mit 3,3 % p. a. angenommen, gegenüber 3,2 % in der Periode 1990 bis 2006. Das höchste Wirtschaftswachstum weisen dabei China, Indien und der Mittlere Osten auf.

Für den Rohölpreis ergibt sich im Referenzszenario bis 2015 ein konstantes reales Preisniveau (zu Preisen 2007) von 100 US$ pro Barrel (bbl) und danach bis 2030 ein kontinuierlicher Anstieg auf 120 US$/bbl (zu Preisen 2007). Nominell bedeutet das einen Anstieg auf mehr als 200 US$/bbl bis 2030. Hier ist es entscheidend anzumerken, dass in dem von der IEA zur Erstellung des „World Energy Outlook" verwendeten Modell der Rohölpreis und die davon abgeleiteten Energiepreise keine Annahme (wie das globale Wirtschaftswachstum) darstellen, sondern ein Modellergebnis. Die Preisentwicklung ist daher eng verknüpft mit der Entwicklung der Angebotsseite auf dem globalen Ölmarkt, die weiter unten dargestellt wird. Die Energiepreise der anderen fossilen Energieträger Kohle und Gas werden einerseits durch Preisklauseln in Lieferverträgen (Gas) und andererseits durch die Substitutionsmöglichkeiten zwischen Kohle, Öl und Gas auf der Nachfrageseite bestimmt (zur Preisentwicklung siehe Kapitel 3.4).

Im Referenzszenario des „World Energy Outlook" steigt die globale Energienachfrage bis 2030 durchschnittlich um 1,6 % p. a., das bedeutet bei 3,3 % durchschnittlichem BIP-Wachstum eine Verringerung der Energieintensität von durchschnittlich 1,7 % p. a. (Tabelle 3.1). Dabei expandiert die Nachfrage nach Kohle, Gas und Wasserkraft leicht überdurchschnittlich, am stärksten wächst die Nachfrage nach den anderen erneuerbaren Energieträgern (+7,2 % p. a.), die vor allem Wind- und Solarenergie enthalten; die Kernenergie nimmt global nur geringfügig zu.

In absoluten Beträgen zeigt sich, dass es zu hohen Mengenzuwächsen von Kohle, Öl und Gas kommt; Öl bleibt bis 2030 der wichtigste Energieträger.

Tabelle 3.1: Globale Energienachfrage im Referenzszenario, nach-Energieträgern, in Mtoe. Quelle: IEA, World Energy Outlook 2008.

	1980	2000	2006	2015	2030	2006 bis 2030*
Kohle	1.788	2.295	3.053	4.023	4.908	2,0 %
Öl	3.107	3.649	4.029	4.525	5.109	1,0 %
Gas	1.235	2.088	2.407	2.903	3.670	1,8 %
Nuklear	186	675	728	817	901	0,9 %
Wasserkraft	148	225	261	321	414	1,9 %
Biomasse und Abfall**	748	1.045	1.186	1.375	1.662	1,4 %
Andere erneuerbare	12	55	66	158	350	7,2 %
Summe	7.223	10.034	11.730	14.121	17.014	1,6 %

* Durchschnittliche jährliche Wachstumsrate
** Umfasst traditionelle und moderne Verwendungen

Abbildung 3.17: Globale Energienachfrage im Referenzszenario, nach Energieträgern, in Mtoe. Quelle: IEA, World Energy Outlook 2008.

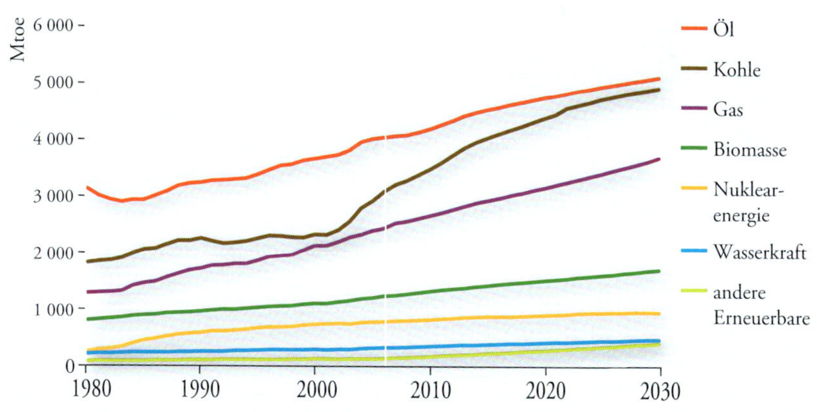

Der Fortschritt in der globalen Verbesserung der Energieeffizienz (Verringerung der Energieintensität) von 1,7 % p. a. macht mehr als die Hälfte des Effekts des Wirtschaftswachstums auf den Energieverbrauch wett. Das bedeutet eine Beschleunigung im Fortschritt der Energieeffizienz gegenüber der Periode 1990 bis 2006. Besonders ausgeprägt ist diese Entwicklung für den Energieträger Öl. Die Ölintensität der Gesamtwirtschaft sinkt weiter ab, und zwar verstärkt auch im Nicht-OECD-Bereich (Abbildung 3.18). Das bedeutet auch eine massive Abnahme der potenziellen, realwirtschaftlichen Folgen von Ölpreisschocks in diesen Ökonomien.

Abbildung 3.18: Ölintensität im Referenzszenario, in Tonnen Öläquivalent pro 1000 US$ BIP zu Preisen von 2007 (toe/1000 US$). Quelle: IEA, World Energy Outlook 2008.

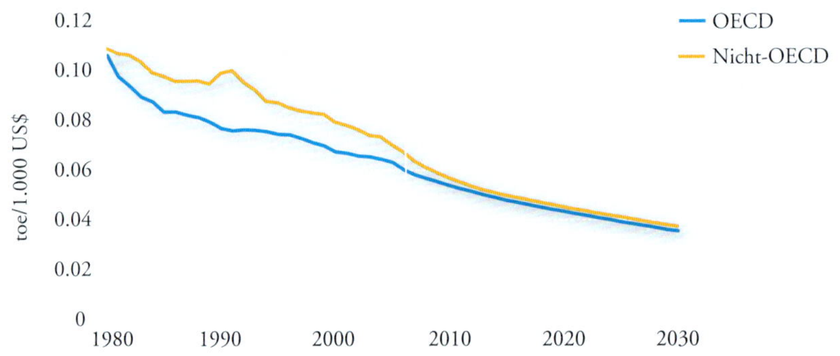

Stark überdurchschnittliche Steigerungen der Energieeffizienz (ca. 3 % p. a.) ergeben sich im Referenzszenario für die Schwellenländer China und Indien, eine Steigerung der Energieeffizienz von 2,5 % p. a. weist Russland auf. In den OECD-Ländern führt eine Erhöhung der Energieeffizienz von 1,5 % p. a. dazu, dass der Energieverbrauch lediglich um 0,5 % p. a. ansteigt.

Wie Tabelle 3.3 zeigt, verschiebt sich die Nachfrage im Referenzszenario weiterhin – wie schon in der Vergangenheit – zu Gas, Elektrizität und erneuerbaren Energieträgern, aber auch wieder stärker zu Kohle, wobei diese Entwicklung v. a. von der Nachfrage in der Industrie angetrieben wird.

In den OECD-Ländern ist der Wandel in der Energieträgerstruktur in Richtung Gas stärker ausgeprägt als im Nicht-OECD-Bereich. Eine entscheidende Frage dabei ist, ob die weiteren zu erwartenden Preissteigerungen bei Gas das Nachfragewachstum dämpfen werden. Das würde in erster Linie die Bereiche betreffen, in denen ein schneller Umstieg zwischen Gas und anderen Energieträgern erfolgen kann, also die Industrie und die Elektrizitätserzeugung. Für die USA ergeben Schätzungen auf Basis von Daten zum Anlagenbestand, dass in der Industrie ca. ein Fünftel des Gasverbrauchs unmittelbar in andere Energieträger verlagert

Tabelle 3.2: Globale Energienachfrage im Referenzszenario, nach Regionen, in Mtoe. Quelle: IEA, World Energy Outlook 2008.

	1980	2000	2006	2015	2030	2006 bis 2030*
OECD	4.072	5.325	5.536	5.854	6.180	0,5 %
Nordamerika	2.100	2.705	2.768	2.914	3.180	0,6 %
USA	1.809	2.300	2.319	2.396	2.566	0,4 %
Europa	1.504	1.775	1.884	1.980	2.005	0,3 %
Pazifische Staaten	467	845	884	960	995	0,5 %
Non-OECD	3.043	4.563	6.011	8.067	10.604	2,4 %
Osteuropa/Eurasien	1.267	1.015	1.118	1.317	1.454	1,1 %
Russland	n.a.	615	668	798	859	1,1 %
Asien	1.072	2.191	3.227	4.598	6.325	2,8 %
China	604	1.122	1.898	2.906	3.885	3,0 %
Indien	209	460	566	771	1.280	3,5 %
Mittlerer Osten	133	389	522	760	1.106	3,2 %
Afrika	278	507	614	721	857	1,4 %
Lateinamerika	294	460	530	671	862	2,0 %
Welt**	7.223	10.034	11.730	14.121	17.014	1,6 %
Europäische Union	n.a.	1.722	1.821	1.897	1.903	0,2 %

* Durchschnittliche jährliche Wachstumsrate
** Umfasst Energieeinsatz der internationalen Schifffahrt

werden könnte. Da allerdings auch Kohle und Öl im Referenzszenario ähnliche Preisentwicklungen wie Gas aufweisen, dürfte ein preisbedingter Substitutionseffekt quantitativ nicht sehr bedeutend ausfallen, auch nicht in der Elektrizitätserzeugung. Aus sektoraler Perspektive ist die Elektrizitätserzeugung der Haupttreiber der gesamten Gasnachfrage, gefolgt vom Haushaltssektor und der Industrie (Tabelle 3.3).

Dem Nachfragewachstum steht im Falle von Gas eine Erhöhung der Förderung hauptsächlich im Mittleren Osten, in Asien, Afrika, Lateinamerika und Russland gegenüber. Dabei ist anzumerken, dass diese Expansion auf der Angebotsseite nicht nur vermehrte Förderaktivitäten impliziert, sondern auch zusätzliche Investitionen in die Transportinfrastruktur, konkret die Fertigstellung von Pipeline-Projekten und von Gasverflüssigungsanlagen (LNG-Terminals). Der Außenhandel mit Gas wird dementsprechend stark expandieren.

Das Wachstum der Nachfrage nach Elektrizität weist eine starke Heterogenität über die Regionen auf: Im Nicht-OECD-Bereich ist das Wachs-

Tabelle 3.3: Globaler energetischer Endverbrauch, nach Sektoren und Energieträgern, in Mtoe. Quelle: IEA, World Energy Outlook 2008

	1980	2000	2006	2015	2030	2006 bis 2030*
Industrie	1.799	1.879	2.181	2.735	3.322	1,8 %
Kohle	421	405	550	713	838	1,8 %
Öl	474	325	329	366	385	0,7 %
Gas	422	422	434	508	604	1,4 %
Elektrizität	297	455	560	789	1.060	2,7 %
Andere	165	272	307	359	436	1,5 %
Verkehr	1.245	1.936	2.227	2.637	3.171	1,5 %
Öl	1.187	1.844	2.105	2.450	2.915	1,4 %
Biokraftstoffe	2	10	24	74	118	6,8 %
Andere	57	82	98	113	137	1,4 %
Wohnen, Dienstleistungen, Landwirtschaft	2.006	2.635	2.937	3.310	3.918	1,2 %
Kohle	244	108	114	118	100	-0,5 %
Öl	481	462	472	493	560	0,7 %
Gas	346	542	592	660	791	1,2 %
Elektrizität	273	613	764	967	1.322	2,3 %
Andere	661	910	995	1.073	1.144	0,6 %
Nicht-energetische Verwendung	348	598	740	876	994	1,2 %
Summe	5.378	7.048	8.086	9.560	11.405	1,4 %

* Durchschnittliche jährliche Wachstumsrate

tum im Zeitraum 2006 bis 2030 mit 3,8 % p. a. fast viermal so hoch wie den OECD-Ländern (1,1 % p. a.). Dabei ist das Wachstum in der ersten Periode 2006 bis 2015 vor allem in einigen Nicht-OECD-Ländern wesentlich höher als in der zweiten Periode 2015 bis 2030. Die Kapazitäten zur Stromerzeugung wachsen daher auch in den Nicht-OECD-Ländern stärker, wobei hauptsächlich Kohle zum Einsatz kommt. Kohle bleibt damit der wichtigste Energieträger in der globalen Elektrizitätserzeugung mit einem Anteil von 44 %. Der Beitrag von Kraftwerken mit CO_2-Abscheidung („Carbon Capture and Storage, CCS") wird dabei weiterhin gering bleiben, da die jetzt schon implementierten Politiken (gemäß der Philosophie des „Referenzszenarios") keine übermäßig starken Anreize dafür bieten. Der Anteil von Erdgas in der globalen Elektrizitätserzeugung geht ebenso wie der von Kernenergie zurück. Sehr stark expandiert der

Beitrag aller erneuerbaren Quellen zur Stromerzeugung. Insgesamt werden in diesem Referenzszenario bis 2015 brutto (mit Ersatz alter Kraftwerke) 1,5 TW an Kapazität installiert, bis 2030 4,5 TW, was kumuliert einem Investitionsaufwand von 13,6 Billionen US$ (zu Preisen und Wechselkursen von 2007) entspricht.

Tabelle 3.4: Globale Gasnachfrage im Referenzszenario, in Mrd m³. Quelle: IEA, World Energy Outlook 2008.

	1980	2000	2006	2015	2030	2006 bis 2030*
OECD	958	1.407	1.465	1.645	1.827	0,9 %
Nordamerika	659	799	766	848	908	0,7 %
USA	581	669	611	652	631	0,1 %
Europa	264	478	541	614	694	1,0 %
Pazifische Staaten	35	130	158	183	225	1,5 %
Japan	25	82	94	104	128	1,3 %
Non-OECD	559	1.135	1.451	1.867	2.607	2,5 %
Osteuropa/Eurasien	438	606	676	779	846	0,9 %
Russland	n.a.	395	444	507	524	0,7 %
Asien	36	185	285	414	666	3,6 %
China	14	28	58	121	221	5,8 %
Indien	1	25	38	57	117	4,8 %
Mittlerer Osten	36	182	276	378	676	3,8 %
Afrika	14	62	90	124	168	2,6 %
Lateinamerika	36	100	124	174	252	2,0 %
Brasilien	1	9	21	32	46	3,3 %
Welt	1.517	2.541	2.916	3.512	4.434	1,8 %
Europäische Union	n.a.	482	532	606	681	1,0 %

* Durchschnittliche jährliche Wachstumsrate

Abbildung 3.19: Zunahme des Gasverbrauchs 2006 bis 2030 im Referenzszenario, nach Sektoren: absolute Zunahme in Milliarden m³ und durchschnittliche jährliche Wachstumsrate in Prozent. Quelle: IEA, World Energy Outlook 2008.

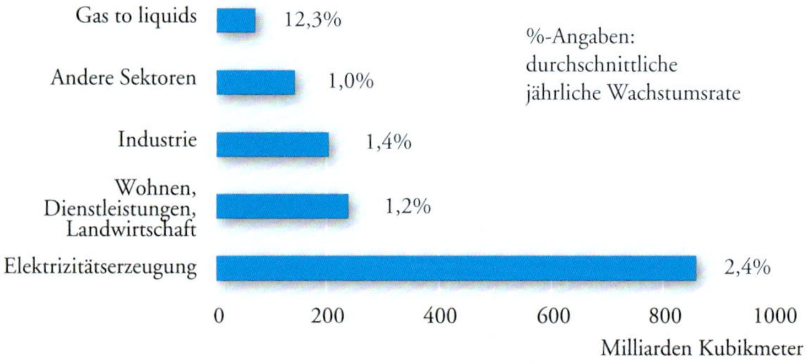

Tabelle 3.5: Globale Elektrizitätsnachfrage im Referenzszenario, nach Regionen, in TWh. Quelle: IEA, World Energy Outlook 2008.

	1980	2000	2006	2015	2030	2006 bis 2030*
OECD	4.740	8.251	9.035	10.177	11.843	1,1 %
Nordamerika	2.386	4.144	4.413	4.870	5.774	1,1 %
USA	2.026	3.500	3.723	4.045	4.723	1,0 %
Europa	1.709	2.694	3.022	3.469	3.980	1,2 %
Pazifische Staaten	645	1.413	1.601	1.837	2.089	1,1 %
Japan	513	944	981	1.061	1.162	0,7 %
Non-OECD	2.059	4.390	6.630	10.580	16.298	3,8 %
Osteuropa/Eurasien	1.101	1.023	1.165	1.514	1.860	2,0 %
Russland	n.a.	609	682	912	1.081	1,9 %
Asien	477	2.023	3.669	6.574	10.589	4,5 %
China	259	1.081	2.358	4.554	6.958	4,6 %
Indien	90	369	506	893	1.935	5,7 %
Mittlerer Osten	75	371	539	793	1.353	3,9 %
Afrika	158	346	479	667	997	3,1 %
Lateinamerika	248	627	777	1.032	1.498	2,8 %
Brasilien	119	319	375	478	651	2,3 %
Welt	6.799	12.641	15.665	20.757	28.141	2,5 %
Europäische Union	n.a.	2.518	2.814	3.186	3.612	1,0 %

* Durchschnittliche jährliche Wachstumsrate

Abbildung 3.20: Zuwachs der globalen Elektrizitätsnachfrage im Referenzszenario, in Prozent pro Jahr. Quelle: IEA, World Energy Outlook 2008.

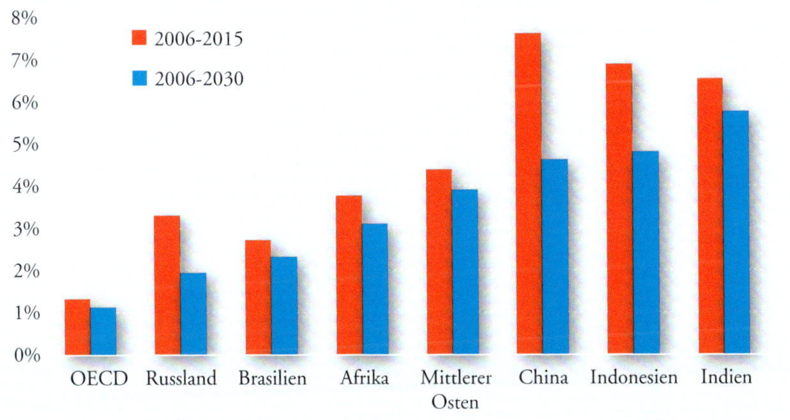

Abbildung 3.21: Globale Elektrizitätserzeugung im Referenzszenario, nach Energieträgern, in TWh. Quelle: IEA, World Energy Outlook 2008.

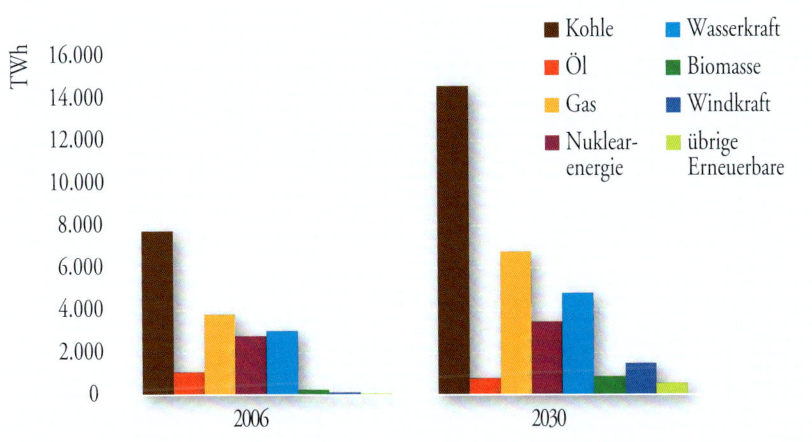

Tabelle 3.6: Investitionen in Kapazitäten in der Elektrizitätserzeugung und -versorgung im Referenzszenario, in GW und Mrd. US$ (real 2007). Quelle: IEA, World Energy Outlook 2008

	Investitionen 2007 bis 2015 (Mrd. US$-2007)				Investitionen 2016 bis 2030 (Mrd. US$-2007)			
	Zusätzl. Kapazität (GW)	Erzeugung	Übertragung	Verteilung	Zusätzl. Kapazität (GW)	Erzeugung	Übertragung	Verteilung
OECD	**514**	**982**	**278**	**656**	**1.107**	**2.467**	**403**	**922**
Nordamerika	215	379	121	260	480	1.136	238	512
Europa	221	457	93	281	465	1.048	94	286
Pazifische Staaten	78	146	65	115	163	283	71	124
Non-OECD	**1.177**	**1.215**	**589**	**1.285**	**1.730**	**2.177**	**837**	**1.793**
Osteuropa/ Eurasien	137	180	55	183	159	274	51	173
Asien	781	794	433	894	1.170	1.379	596	1.231
China	574	521	296	612	718	753	299	618
Mittlerer Osten	78	59	32	67	160	135	71	146
Afrika	59	59	28	58	91	159	47	97
Lateinamerika	121	123	41	84	149	230	72	148
Welt	**1.691**	**2.197**	**867**	**1.941**	**2.837**	**4.644**	**1.239**	**2.716**

Ein wesentliches Merkmal des Referenzszenarios im „World Energy Outlook", das auf alle Aspekte signifikanten Einfluss hat, da es wesentlich die Energiepreise determiniert, ist die Entwicklung der Angebotsseite am globalen Ölmarkt. Die globale Ölnachfrage wächst in diesem Szenario nur unterdurchschnittlich (+1 % p. a.) und es kommt auch zu Rückgängen der Förderung in den USA, in Europa und in Asien. Der zur Deckung der Nachfrage notwendige Anstieg der Rohölförderung stammt im Referenzszenario demnach hauptsächlich aus den OPEC-Ländern, und hier wiederum hauptsächlich aus den OPEC-Ländern des Mittleren Ostens. Eine derartige Förderpolitik der OPEC würde eine wesentliche Änderung gegenüber der aktuellen Entwicklung bedeuten. In absoluten Zahlen (Millionen Barrel pro Tag, Mbbl/d) ist die Ausweitung der Förderung viermal so hoch wie im Zeitraum 1980 bis 2000. Für den Marktanteil der OPEC würde diese Förderpolitik einen Anstieg von ca. 43 % auf 50 % bedeuten. Diese Förderpolitik ist nicht als Fortsetzung der aktuellen Entwicklung zu sehen, sondern vielmehr als Bruch mit derselben. Umgekehrt lässt sich aus den Ergebnissen des Referenzszenarios schließen, dass nur eine derartige Entwicklung der Rohölförderung im OPEC-Bereich mit einem real auf 120 US$/bbl steigenden Ölpreis bis 2030 vereinbar wäre.

Tabelle 3.7: Erdölförderung nach Regionen im Referenzszenario, in Millionen Barrel pro Tag. Quelle: IEA, World Energy Outlook 2008.

	1980	2000	2007	2015	2030	2007 bis 2030*
Non-OPEC	35,5	42,9	46,3	47,6	50,9	0,4 %
OECD	17,3	21,8	19,3	18,6	20,8	0,3 %
Nordamerika	14,2	14,1	13,8	14,6	17,9	1,1 %
Europa	2,6	6,8	4,9	3,4	2,2	-3,5 %
Pazifische St.	0,5	0,9	0,6	0,6	0,7	0,6 %
Osteuropa/Eurasien	12,1	8,1	12,9	14,3	16,6	1,1 %
Russland	10,8	6,5	10,1	10,4	9,7	-0,2 %
Asien	2,9	5,6	6,4	6,1	5,8	-0,4 %
China	2,1	3,2	3,7	3,6	4,1	0,5 %
Indien	0,2	0,7	0,8	0,8	0,5	-1,8 %
Mittlerer Osten	0,6	2,1	1,7	1,4	1,1	-1,8 %
Afrika	1,1	2,1	2,5	2,1	1,9	-1,1 %
Lateinamerika	1,6	3,2	3,5	5,1	4,6	1,2 %
OPEC**	28,1	32,1	35,9	44,4	52,9	1,7 %
Mittlerer Osten	19,2	21,3	23,7	30,7	37,9	2,1 %
Processing gains***	1,7	1,7	2,1	2,3	2,6	1,0 %
Welt	65,2	76,8	84,3	94,4	106,4	1,0 %
Konventionell****	63,1	73,8	80,7	87,4	95,0	0,7 %
Nicht-konventionell*****	0,4	1,2	1,6	4,6	8,8	7,7 %

* Durchschnittliche jährliche Wachstumsrate
** Einschließlich Angola, das der OPEC Anfang 2007 beitrat
*** Volumenzuwachs im Zuge der Verarbeitung
**** Umfasst konventionelles Rohöl, Kondensate, NGL (Natural Gas Liquids) und extraschweres Öl aus Venezuela
***** Extraschwere Öle (ausg. Venezuela), Ölsande, chem. Additive, Gas-to-liquids, Coal-to-liquids; ohne Biokraftstoffe

Die Daten zur Reservenverfügbarkeit zeigen andererseits eine starke Konzentration der Reserven auf Gebiete, die potenzielle Krisenherde der künftigen Weltpolitik darstellen. Nachrichten über potenzielle Konflikte in diesen Gebieten (z. B. zwischen Israel und Iran) können daher immer wieder zu Versorgungsängsten und in der Folge zu Preisschocks führen. Die physische Basis der geopolitischen Unsicherheit für die Energieversorgung ist in den Erdölhandelsrouten zu sehen. Wie Abbildung 3.22 zeigt, kommt es bereits im Referenzszenario zu einem massiven Anstieg der Erdölhandelsströme, v. a. durch die Straße von Hormuz, in geringerem

Ausmaß auch durch die Straße von Malakka. Eine Blockade bzw. Störung des Verkehrs in diesen beiden Meerengen als Folge militärischer Konflikte wäre somit mit massiven Folgen für die Versorgungssicherheit und damit auch für die Preise verbunden (vgl. Götz, 2007).

Abbildung 3.22: Globale Erdölhandelsströme 2006 und 2030 in unterschiedlichen Szenarien; in den Kreisen die transportierten Mengen in Millionen Barrel pro Tag (Mbbl/d), in den Balken der Anteil des jeweiligen Flusses an der globalen Nachfrage, in Prozent. Quelle: IEA, World Energy Outlook 2007.

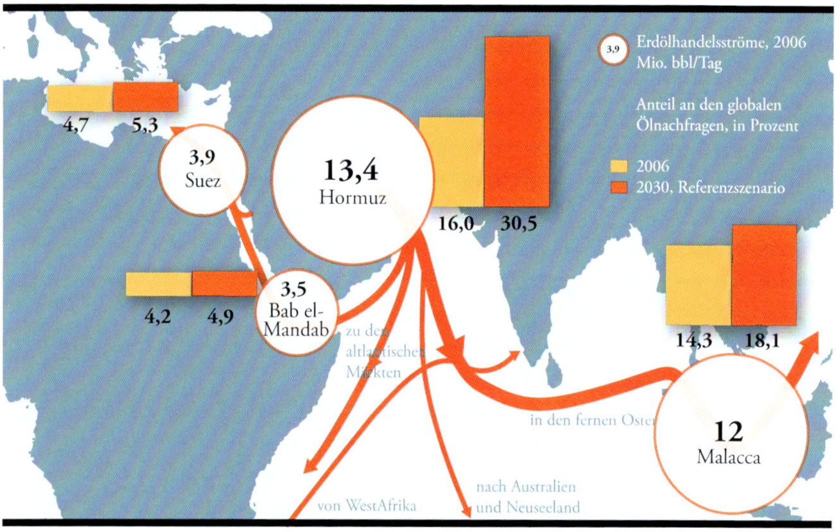

3.2.2 Ein Szenario für das europäische Energiesystem

Die Perspektiven der internationalen Energiewirtschaft können einer aktualisierten Ausgabe der Studie „European Energy and Transport – Trends to 2030“ aus 2007, herausgegeben von der EU-Kommission (DG TREN) entnommen werden (EU Kommission 2008.3). Das dort entworfene „Baseline-Szenario“ berücksichtigt einen wesentlich geringeren Anstieg des Rohölpreises als der „World Energy Outlook“ 2008, nämlich lediglich auf 63 US$/bbl (zu Preisen 2005) im Jahr 2030, was bei einer Inflationsrate von 2 % p. a. nominell etwas mehr als 100 US$/bbl entspricht. Weiters werden explizite Annahmen für den Preis von CO_2-Zertifikaten getroffen, der bis 2030 auf 24 €/t CO_2 steigen soll. Wesentliche Annahmen des „Baseline-Szenarios“ betreffen die Energie- und Umweltpolitik, wobei es der Philosophie des „Baseline“ entspricht, nur jene Politiken und Maßnahmen zu berücksichtigen, die zu einem gewissen Zeitpunkt bereits implementiert sind. Das betrifft in der EU alle Politiken zur Steigerung der Energieeffizienz (z. B.: Gebäuderichtlinie), die Vollendung des Binnenmarktes für Energie, die Biokraftstoff-Richtlinie und die Annahme, dass der Emissionshandel bis 2030 fortgesetzt wird.

Im „Baseline"-Szenario der DG TREN steigt die Energienachfrage (Primärenergieverbrauch = Bruttoinlandsverbrauch) in Europa (EU-27) bis 2020 durchschnittlich (p. a.) um 0,6 %, danach bis 2030 lediglich um 0,2 %. Von 2005 weg gerechnet ergibt sich aus den Annahmen für das durchschnittliche BIP-Wachstum und den Ergebnissen für den Energieverbrauch eine Verringerung der Energieintensität von durchschnittlich 1,7 % p. a.. Dabei expandiert die Nachfrage nach Kohle (bis 2020), Gas und erneuerbarer Energie überdurchschnittlich; Öl bleibt bis 2030 der wichtigste Energieträger. Der Anteil der erneuerbaren Energieträger am Primärenergieverbrauch (Bruttoinlandsverbrauch) steigt um 5 Prozentpunkte, was beinahe einer Verdoppelung gleichkommt. Für Österreich ergibt sich im „Baseline"-Szenario ein Anstieg des Primärenergieverbrauchs von 0,8 % p. a. (bis 2020) und danach ebenfalls von 0,2 %. Von 2010 weg gerechnet ergibt sich aus den Annahmen für das durchschnittliche BIP-Wachstum und den Ergebnissen für den Energieverbrauch eine Verringerung der Energieintensität von durchschnittlich etwas mehr als 1 % p. a. für Österreich, das entspricht auch den Ergebnissen der WIFO-Energieszenarien aus 2005 (WIFO 2005). Der Anteil der erneuerbaren Energieträger am Bruttoinlandsverbrauch steigt in Österreich im „Baseline"-Szenario von 21,5 % (2005) auf 23,1 % (2020). Daraus können aber keine direkten Schlussfolgerungen für die Erreichung des Zieles für erneuerbare Energie im Klima- und Energiepaket der EU-Kommission gezogen werden, da die Definition des Anteils von erneuerbarer Energie völlig unterschiedlich ist.

Tabelle 3.8: Primärenergieverbrauch, „Baseline"-Szenario: EU-27 in 1000 Tonnen Öläquivalent (ktoe). Quelle: EU Kommission 2008.3

					jährl. Veränderungsrate in %	
	2005	2010	2020	2030	2010-2020	2020-2030
Bruttoinlandsverbrauch	1.811.406	1.854.101	1.967.569	2.004.713	0,6 %	0,2 %
Kohle	320.065	318.268	341.852	335.642	0,7 %	-0,2 %
Öl	665.514	674.035	701.599	708.247	0,4 %	0,1 %
Gas	444.804	462.439	504.897	516.210	0,9 %	0,2 %
Nuklear	257.360	245.217	221.472	206.403	-1,0 %	-0,7 %
Erneuerbare	122.689	152.646	196.709	237.287	2,6 %	1,9 %
Anteil, Erneuerbare (in %)	6,8 %	8,2 %	10,0 %	11,8 %		

Tabelle 3.9: Primärenergieverbrauch, „Baseline"-Szenario: Österreich in 1000 Tonnen Öläquivalent (ktoe). Quelle: EU Kommission 2008.3

					jährl. Veränderungsrate in %	
	2005	2010	2020	2030	2010-2020	2020-2030
Bruttoinlandsverbrauch	33.980	35.092	37.876	38.658	0,8 %	0,2 %
Kohle	4.050	3.976	4.799	5.611	1,9 %	1,6 %
Öl	14.125	14.303	14.233	13.818	0,0 %	-0,3 %
Gas	8.263	8.517	9.973	9.618	1,6 %	-0,4 %
Nuklear	-	-	-	-	-	-
Erneuerbare	7.312	7.995	8.743	9.528	0,9 %	0,9 %
Anteil, Erneuerbare (in %)	21,5 %	22,8 %	23,1 %	24,6 %		

Der energetische Endverbrauch wächst im „Baseline"-Szenario sowohl in Europa (EU-27) als auch in Österreich in etwa im gleichen Tempo wie der Primärenergieverbrauch. Überdurchschnittlich expandieren dabei die Energienachfrage des Verkehrssektors (EU-27) und der Dienstleistungssektoren (Österreich).

Tabelle 3.10: Energetischer Endverbrauch nach Sektoren, „Baseline"-Szenario: EU-27 in 1000 Tonnen Öläquivalent (ktoe). Quelle: EU Kommission 2008.3

					jährl. Veränderungsrate in %	
	2005	2010	2020	2030	2010-2020	2020-2030
Energetischer Endverbrauch	1.166.880	1.237.040	1.347.807	1.405.680	0,9 %	0,4 %
Produzierender Bereich	324.493	338.508	367.691	386.379	0,8 %	0,5 %
Verkehr	361.705	390.915	438.642	463.079	1,2 %	0,5 %
Private Haushalte	307.013	320.538	336.005	343.345	0,5 %	0,2 %
Dienstleistungen/ Landwirtschaft	173.669	187.079	205.469	212.878	0,9 %	0,4 %

Tabelle 3.11: Energetischer Endverbrauch nach Sektoren, „Baseline"-Szenario: Österreich in 1000 Tonnen Öläquivalent (ktoe). Quelle: EU Kommission 2008.3

	2005	2010	2020	2030	jährl. Veränderungsrate in % 2010-2020	2020-2030
Energetischer Endverbrauch	27.309	29.327	31.646	32.510	0,8 %	0,3 %
Produzierender Bereich	8.825	9.356	9.795	9.954	0,5 %	0,2 %
Verkehr	7.994	8.635	9.356	9.679	0,8 %	0,3 %
Private Haushalte	6.548	6.938	7.520	7.761	0,8 %	0,3 %
Dienstleistungen/ Landwirtschaft	3.942	4.397	4.974	5.115	1,2 %	0,3 %

3.3 Reichweiten der fossilen Reserven

Die im Referenzszenario des „World Energy Outlook" dargestellte Entwicklung der Rohölförderung bedeutet einerseits eine Stabilisierung der Energiepreise (in realer Rechnung), andererseits eine weitere Konzentration der Energieförderung auf potenzielle Krisenherde der Geopolitik. Für die meisten Industrieländer, aber auch für Schwellenländer wie China und Indien, geht das einher mit einer weiter steigenden Importabhängigkeit der Energieversorgung. Die Frage der Versorgungssicherheit im Energiebereich wird auf unterschiedlichen Ebenen diskutiert; auf der naturwissenschaftlich (geologischen) Ebene der Verfügbarkeit von fossilen Ressourcen, auf der geopolitischen Ebene der internationalen Sicherheit und Sicherung der Versorgungswege mit fossiler Energie und auf der ökonomischen Ebene der Markt- und damit Preisentwicklung für erschöpfbare Ressourcen.

Die physische Verfügbarkeit von fossiler Energie lässt sich an den vorhandenen Reserven ablesen, wie sie in jährlichen Berichten von BP veröffentlicht werden (Abbildung 3.23). Diese Daten beruhen auf Meldungen von Firmen. In der Vergangenheit kam es öfter zur Ausweisung überhöhter Reservebestände, was zu massiven nachträglichen Korrekturen in diesem Datenbestand geführt hat. Diese Statistik beruht auf einer klaren Abgrenzung von Ressourcen und Reserven, wobei jene Reserven, die in den Datenbestand aufgenommen werden, geprüfte Reserven sein müssen. Die globale Verteilung der Reserven in absoluten Zahlen zeigt, dass mehr als 60 % dieser Reserven im Mittleren Osten konzentriert sind.

Die Reserven sind jedoch nicht als statische Größe zu sehen, sondern verändern sich durch Exploration und Auffindung neuer Ölfelder; diese müssen allerdings dann als geprüfte Reserven anerkannt werden. Eine weitere Entwicklung, die zu einer Zunahme der geprüften Reserven führen kann, ist die Erhöhung der Ausbeutbarkeit existierender Ölfelder durch technischen Fortschritt in der Förderung. Der neueste „World Energy Outlook" 2008 hat dieser Frage der Verfügbarkeit von Erdöl- und Erdgasreserven einen Schwerpunkt gewidmet. Dabei wird auf globaler Ebene ein Bestand von Erdöl-Reserven im Jahr 2007 von 1,3 Billionen Barrel festgehalten, der aus der Kombination verschiedener Quellen (u. a. auch die Berichte von BP) herausgelesen wird und 0,2 Billionen Barrel aus kanadischen Ölsanden enthält. Dazu wird noch geschätzt, dass 3,5 Billionen Barrel an Ressourcen zur Verfügung stehen, die im Laufe der nächsten Jahrzehnte in geprüfte Reserven übergeführt werden können. Der dafür wesentliche Faktor ist die Ausbeutbarkeit, die derzeit im globalen Durchschnitt 35 % beträgt und die durch weiteren technischen Fortschritt steigen sollte.

Insgesamt ergeben sich daraus Anhaltspunkte dafür, dass kein unmittelbares Versiegen der physischen Erdölreserven im Zeitraum bis 2030 droht. Als wesentlicher Indikator für die Verfügbarkeit fossiler Energieträger kann aus der aktuellen jährlichen Erdölförderung und den geprüften Reserven die statische Reichweite („reserves-to-production ratios") in Jahren berechnet werden. Diese Zahl schwankt in den letzten zwei Jahrzehnten um den Wert von 40 Jahren und hat zuletzt etwas abgenommen. Würde lediglich die Erschöpfbarkeit von Erdöl wirksam werden, dann müsste die statische Reichweite ceteris paribus kontinuierlich abnehmen. Die Ausweitung der geprüften Reserven aufgrund zusätzlicher Funde hat dazu geführt, dass die statische Reichweite auch bei steigender Förderung konstant bleiben konnte. Bezieht man die globale statische Reichweite auf die einzelnen Regionen, dann wird wiederum deutlich, dass die durchschnittliche Reichweite von 40 Jahren im Wesentlichen durch eine etwa doppelt so hohe Reichweite im Mittleren Osten erreicht wird.

Abbildung 3.23: Globale Erdölreserven, Ende 2007, in Milliarden Barrel. Quelle: BP 2008

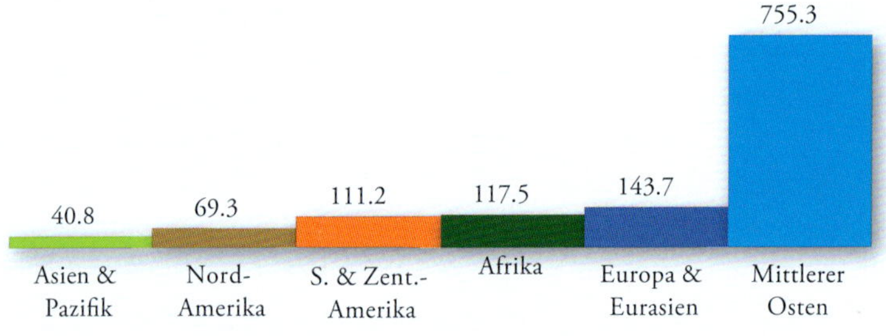

Abbildung 3.24: Statische Reichweite der Erdölreserven (Verhältnis der Reserven zur Produktion, R/P-Verhältnis), weltweit (1983 bis 2007) und nach Regionen (2007), in Jahren. Quelle: BP 2008.

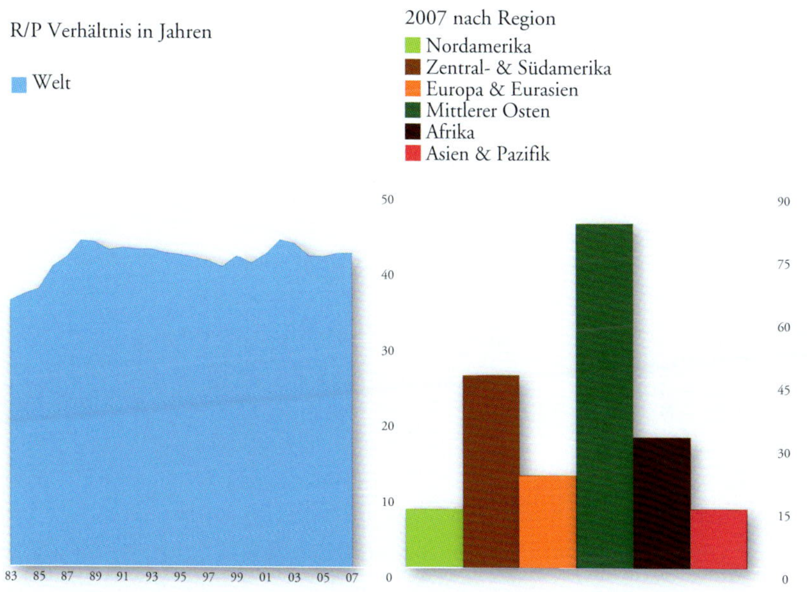

Die geologische Verfügbarkeit der fossilen Energiereserven wird in letzter Zeit sehr stark vom Gesichtspunkt des Erreichens des physischen Maximums der Erdölförderung („Peak Oil") diskutiert. Die „Peak Oil"-These, die zuerst von M. K. Hubbert (1956) postuliert wurde, beruht auf der Beobachtung einer Glockenkurve der Förderung einzelner Ölfelder und legt dieses Modell auf die gesamte Ölförderung um, um daraus abzuleiten, zu welchem Zeitpunkt welches Förderland das Produktionsmaximum erreicht. In den letzten Jahren wurde umfangreiche Literatur zur „Peak Oil"-These publiziert (z. B. Abdullah, 2005; Deffeyes, 2005), und es findet eine intensive Diskussion im Internet statt. Die geologische Diskussion hat sich dabei darauf konzentriert, ob die Förderung tatsächlich einer typischen Glockenkurve folgt oder ob durch technischen Fortschritt der abnehmende Ast der Erdölförderung verlängert werden kann. Im Wesentlichen geht es bei der „Peak Oil"-These tatsächlich um die zeitliche Dimension der Erschöpfung einer erschöpfbaren Ressource. Die Frage lautet, ob es – gewissermaßen überraschend – zu einer plötzlichen Wahrnehmung geringerer Reserven von Erdöl kommt, oder ob frühzeitig Substitutionsprozesse und andere Anpassungen stattfinden, sodass insgesamt ein gleitender Übergang auf alternative Energieträger oder ein alternatives Energiesystem erfolgen kann.

Die wesentliche alternative Sicht zur „Peak Oil"-These kann als das ökonomische Paradigma gesehen werden (siehe dazu Holland, 2008), in dem der Preis eine wesentliche Rolle spielt und einen Frühindikator für langfristige Knappheiten darstellt. Das klassische ökonomische Modell dazu stammt von Hotelling und würde einen Anstieg der Rente (Preis minus Kosten der Extraktion) mit der Rate des Zinssatzes prognostizieren. Das „Peak Oil"-Modell würde demgegenüber ein Maximum der Produktion und daraufhin sinkende Förderung postulieren, was unter bestimmten Bedingungen und mit gewissen Preisentwicklungen wahrscheinlich werden könnte (ebd.). In diesem Modell würde aber auch die Preisentwicklung frühzeitig die Knappheit der Reserven anzeigen und Substitutionsprozesse auslösen.

Eine Überraschung im Sinne einer plötzlichen Verknappung fossiler Energie aufgrund des Überschreitens des „Peak", wie sie prominent im „Hirsch-Report" dargelegt wird (vgl. Hirsch, 2005), dürfte somit eine unwahrscheinliche Entwicklungsperspektive darstellen. Aber auch wenn Preise als Frühindikatoren künftiger Knappheiten gesehen werden können, ist nicht ausgeschlossen, dass es zu abrupten Preissprüngen und Preisschocks entlang des Überganges zu alternativen Energiesystemen kommen wird. Jedenfalls ist die ökonomische Sichtweise auf dieses Problem dadurch gekennzeichnet, dass Preisreaktionen die unmittelbare Folge von Knappheiten sind und ihrerseits Rückwirkungen auf die Nachfrage haben. Eine permanente Knappheit in dem Sinne, dass die „Hubbertsche Glockenkurve" nach dem Erreichen des „Peak" nach unten geht, während die Nachfragekurve nach dem „Peak" weiterhin permanent ansteigt, ist aus ökonomischer Sicht undenkbar. Es müsste zu permanenten markträumenden Preisanstiegen kommen, die die Nachfragekurve zumindest auf den absteigenden Ast der „Hubbertschen Glockenkurve" drücken.

3.4 Überlegungen zur Entwicklung der Energie- und CO_2-Preise

Die künftige Entwicklung des Rohölpreises ist vom Zusammenspiel der Förderpolitik (auch in Hinblick auf die notwendigen Investitionen in Exploration, Förderung und Verarbeitung) und der Entwicklung auf der Nachfrageseite abhängig. Für das Referenzszenario schätzen die IEA-Experten, dass auf der Angebotsseite nach 2010 zusätzlich 7 Millionen Barrel pro Tag gefördert werden müssen, um das Preisszenario zu halten. Das setzt entsprechende Schritte in der Planung von Investitionen im gesamten Explorations- und Förderbereich voraus, die noch nicht sichtbar sind. Das wiederum deutet nach Ansicht der IEA darauf hin, dass es nach 2010 eventuell zu vorübergehenden Engpässen mit entsprechenden Auswirkungen auf die Ölpreise kommen könnte.

Weitere Unsicherheiten bezüglich der Preisentwicklung gehen von der Entwicklung der Nachfrage aus. Das gesamtwirtschaftliche Wachstumstempo in den beiden Schwellenländern China und Indien ist nicht einfach extrapolierbar, die grundsätzliche Annahme des „Referenzszenarios" besteht darin, dass es im Entwicklungsprozess zu einer mittelfristigen Abschwächung des Wachstumstempos kommt, wie sie üblicherweise beobachtet wird. Die Entwicklung der globalen Erdölnachfrage bis 2030 reagiert jedoch relativ sensitiv auf die Wachstumsannahmen für China und Indien, wie die IEA im „World Energy Outlook" 2007 im Rahmen eines „High Growth"-Szenario gezeigt hat (IEA 2007). Darin finden sich auch Anhaltspunkte dafür, wie sensitiv die Entwicklung der Energiepreise auf unterschiedliche Nachfrageentwicklungen in den Schwellenländern reagiert. Ein um 1,5 Prozentpunkte p. a. höheres BIP-Wachstum in China und Indien führt zu höherer Nachfrage, die teils durch höhere Förderung befriedigt wird und teils in höheren Preisen resultiert. Dieser Preisanstieg wiederum führt zu Rückwirkungen auf die Nachfrage, bis sich das Marktgleichgewicht einstellt. Insgesamt ist dadurch die globale Energienachfrage höher als im Referenzszenario, wobei sie aufgrund des höheren Preisniveaus in den USA, Europa und v. a. in Asien niedriger ausfällt. Die zusätzliche Nachfrage in China und Indien verdrängt daher in diesem Szenario Nachfrage aus anderen Regionen. Dadurch erhöht sich der Anteil von China und Indien an der globalen Ölnachfrage. Im von der IEA verwendeten Modellansatz wird für dieses Szenario offensichtlich davon ausgegangen, dass ein Teil der zusätzlichen Nachfrage durch zusätzliche Förderkapazitäten befriedigt werden kann. Ein nicht unbeträchtlicher Teil des zusätzlichen Angebotes in diesem Szenario stammt allerdings auch aus nicht konventionellen Ölressourcen (Ölsande und Ölschiefer, Gas- und Kohleverflüssigung). Dieses Angebot wird durch das höhere Preisniveau in diesem Szenario induziert. Dennoch kommt es auch bei dieser „optimistischen" Angebotsentwicklung zu einem beträchtlichen Anstieg des Rohölpreises gegenüber dem Referenzszenario, die im Jahr 2030 25 US$/bbl (zu Preisen 2006) ausmacht.

Der in die andere Richtung wirkende Unsicherheitsfaktor besteht in der Einschätzung des permanent wirkenden Verbrauchseffektes des letzten Energiepreisschocks seit 2004. Ein wesentlicher Faktor bei globaler Betrachtung dieses Verbrauchseffektes ist, dass jene Regionen, die einen immer größeren Teil der globalen Energienachfrage repräsentieren, ihre nationalen Energiemärkte durch Subventionen massiv verzerren. Dadurch sind

Endverbraucher nicht voll mit den internationalen Energiepreisschocks konfrontiert und reagieren nicht entsprechend in ihrem Verbrauchsverhalten. Diese Subventionen stellen bei permanent hohen Energiepreisen massive Belastungen der öffentlichen Haushalte in diesen Ländern dar, sodass diese Strategie der Subventionierung sich als nicht nachhaltig erweisen könnte. Verglichen mit den anderen beiden Ölpreisschocks, sieht man jedenfalls geringere Nachfrageeffekte als in der Vergangenheit, was auch an den unterschiedlichen gesamtwirtschaftlichen Effekten der Preisschocks und den politischen Reaktionen darauf liegt.

Abbildung 3.25: Globale Verbrauchseffekte von Ölpreisschocks, 1973/75, 1979/81 und 2004/06: absolute Preisanstiege (in US$/bbl, linke Skala) und Veränderung der Nachfrage (in Prozent, rechte Skala). Quelle: IEA, World Energy Outlook 2008.

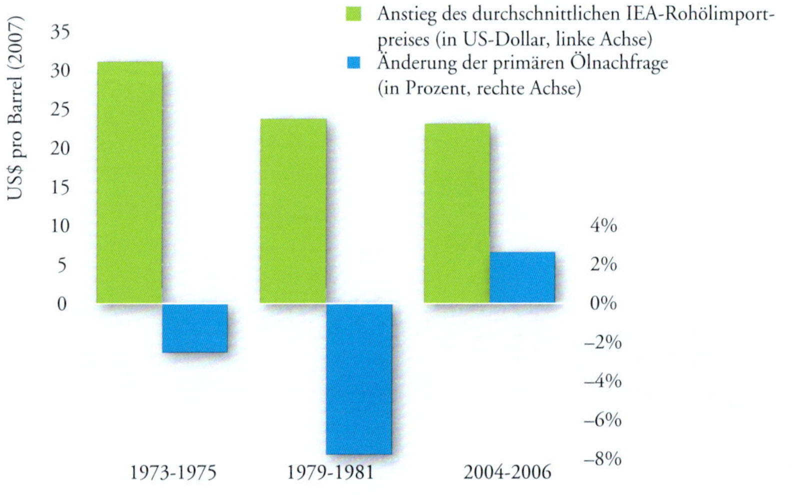

Für Österreich ergeben Modellrechnungen, dass durch den Preisanstieg von 2004 bis 2007 das Verbrauchswachstum kumuliert um ca. 3 % gedämpft wurde (gegenüber einer hypothetischen Entwicklung ohne Preisanstieg) und der Verbrauch von Diesel nur noch um ca. 1 % pro Jahr wächst. Für Treibstoffe konnte diese Modellrechnung anhand der tatsächlichen Daten von 2005 bis 2007 überprüft werden. Daraus ergibt sich eine signifikante Dämpfung des Verbrauchswachstums von Treibstoffen zwischen 2005 und 2007 gegenüber der Periode 1990/2004, von 4 % p. a. auf 0,8 % p. a.

Tabelle 3.12: Verbrauchseffekte des Ölpreisschocks 2004/07 in Österreich, in Prozent pro Jahr. Quelle: WIFO

		1990/2004	2004/2007
		in % p.a.	
Preise	Benzin *	+2,7	+6,2
	Diesel	+2,6	+7,8
	Treibstoffe insg.	+2,3	+7,2
Verbrauch	Benzin **	-1,3	-2,7
	Diesel	+7,8	+2,0
	Treibstoffe insg.	+4,0	+0,8

* Mit Absatz gewichteter Preis (Normal- und Superbenzin); ** Normal- und Superbenzin

Der jüngste Anstieg des Ölpreises hat mit Verzögerung auch zum Anstieg der Preise für Gas und Kohle geführt. Diese synchrone Entwicklung der Preise ergibt sich einerseits dadurch, dass es für wichtige Verbrauchergruppen (Industrie, Elektrizitätswirtschaft) Substitutionsmöglichkeiten gibt, sodass die Märkte interdependent sind. Andererseits ist in den nach wie vor maßgeblichen langfristigen Lieferverträgen eine Klausel enthalten, die den Gaspreis mit einer Verzögerung von bis zu einem halben Jahr dem Ölpreis (dem Preis bestimmter Ölprodukte) folgen lässt. Das wird auch bei Betrachtung des österreichischen Importpreises für Gas sichtbar, der daher im nächsten Jahr (nach Einschätzungen von E-Control) wieder sinken sollte.

Abbildung 3.26: OECD-Endverbraucherpreise (real) für fossile Energie, 1990 bis 2007, Index 1990=100. Quelle: IEA, World Energy Outlook 2008.

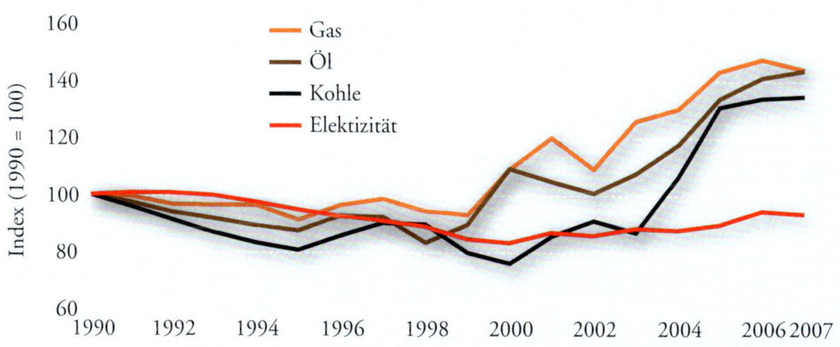

Abbildung 3.27: Österreichischer Importpreis für Gas 2001 bis 2009, Index 10/2002=100. Strichliert: weitere Einschätzung der E-Control. Quelle: Statistik Austria, E-Control

Wenn sich der Wettbewerb im EU-Raum nach der Marktöffnung für Gas verstärkt, könnte es mittelfristig nach Ablauf der Lieferverträge zu einer schwächeren Bindung des Gaspreises an den Ölpreis kommen. Ein weiterer Faktor, der künftig die relative Preisentwicklung der Energieträger stärker bestimmen könnte, ist der sich im EU-Emissionshandel bildende Preis pro Tonne CO_2, der aufgrund des unterschiedlichen CO_2-Gehaltes Kohle pro Energieeinheit fast doppelt so stark belastet wie Gas.

In geringerem Ausmaß bewirken Veränderungen bei den Preisen für fossile Energieträger, vor allem des Gaspreises, auch Veränderungen im Strompreis, da Gasturbinen die zentrale Technologie für die marginale zusätzliche Stromerzeugungskapazität darstellen. Dabei kommt es zu starken Effekten von Preisveränderungen bei CO_2 im Europäischen Emissionshandelssystem auf die Strompreise. Das ist auch so zu erklären, dass v. a. bis 2006 der Sektor Elektrizitätserzeugung aufgrund der befürchteten Unterversorgung mit Emissionshandel-Zertifikaten wesentlich den Preis bestimmt hat. Als auf Basis der Publikation der Emissionsdaten sichtbar wurde, dass de facto eine Überversorgung für die erste Periode des Emissionshandels (bis 2007) bestand, kam es zu einem Preiseinbruch.

Abbildung 3.28: Großhandelspreise für Elektrizität (in US$/MWh, linke Skala) und CO_2-Zertifikatspreise (in US$/t CO_2, rechte Skala), 2005 bis 2008. Quelle: IEA, World Energy Outlook 2008.

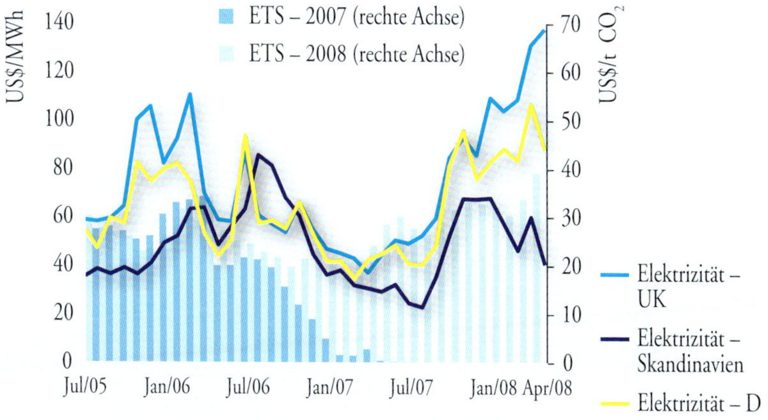

Ungeachtet der kurzfristigen Preiseinbrüche im Gefolge der realwirtschaftlichen Effekte der globalen Finanzkrise und der erst verzögert global wirksam werdenden Preisschocks (aufgrund des Abbaus von Energiepreis-Subventionen) in Form von Nachfrageeinbrüchen, geht die IEA in ihrem jüngsten „Referenzszenario“ mittelfristig von hohen und steigenden Rohölpreisen aus. Dabei wird speziell für die Periode nach 2010 auch eine permanente Angebotslücke („oil-supply crunch“) in Betracht gezogen, die zu stärkeren Preiserhöhungen führen könnte.

Die in der Vergangenheit zu beobachtende Parallelentwicklung der Preise für fossile Energieträger könnte sich langfristig durch stärkere Entwicklung eigenständiger Märkte verändern. Im Referenzszenario des „World Energy Outlook“ sind diese künftig möglichen neuen Einflussfaktoren offensichtlich nicht sehr stark gewichtet. Wie Abbildung 3.29 zeigt, wird die Relation der Preise zum Ölpreis bis 2030 konstant fortgeschrieben.

Tabelle 3.13: Energiepreise im „Referenzszenario“ bis 2030, in US$ pro Einheit, real und nominell. Quelle: IEA, World Energy Outlook 2008

	Einheit	2000	2007	2010	2015	2020	2025	2030
Preise real 2007								
IEA Rohöl-importe	Barrel	33,33	69,33	100,00	100,00	110,00	116,00	122,00
Erdgas								
US Importe	MBtu	4,61	6,75	12,78	13,20	14,57	15,35	16,13
Europäische Importe	MBtu	3,35	7,03	11,15	11,50	12,71	13,45	14,19
Japan: LNG	MBtu	5,63	7,80	12,70	13,16	14,52	15,28	16,05
OECD Steinkohle Importe	Tonnen	40,06	72,84	120,00	120,00	116,67	113,33	110,00
Preise nominell								
IEA Rohöl-importe	Barrel	28,00	69,33	107,34	120,27	148,23	175,13	206,37
Erdgas								
US Importe	MBtu	3,87	6,75	13,72	15,88	19,64	23,18	27,28
Europäische Importe	MBtu	2,82	7,03	11,97	13,83	17,13	20,31	24,00
Japan: LNG	MBtu	4,73	7,80	13,63	15,83	19,56	23,08	27,16
OECD Steinkohle Importe	Tonnen	33,65	72,84	128,81	144,32	157,21	171,11	186,07

Anm.: Werte für 2000 und 2007 sind historische Werte; Gaspreise auf Basis des Brennwerts; alle Preise für Massenlieferung, ohne Steuern; nominelle Preise beruhen auf einer angenommen Inflationsrate von 2,3 % ab 2008. 1 Btu (British Thermal Unit) entspricht etwa 1,06 GJ.

Abbildung 3.29: Verhältnis des Gas- und Kohlepreises zum Rohölpreis im Referenzszenario. Quelle: IEA, World Energy Outlook 2008.

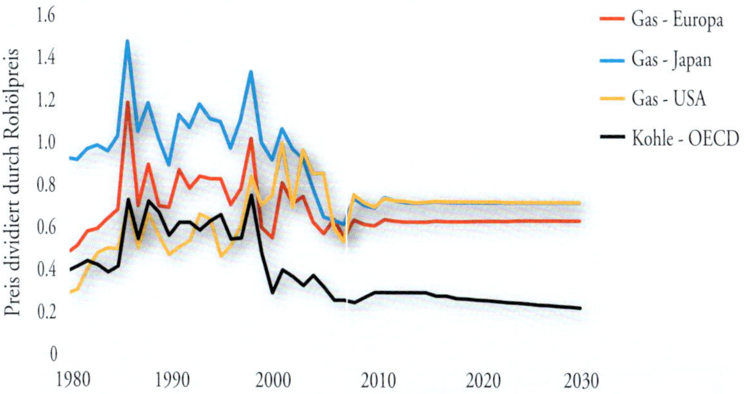

Szenarien für künftige CO_2-Preisentwicklungen

Hohe Preise für CO_2-Zertifikate wirken sich bei Elektrizität preissteigernd aus und begünstigen einen Wechsel von CO_2-intensiven Energieträgern zu CO_2-freien oder -armen Energieträgern.

Für die dritte Periode (2013 bis 2020) hat die EU-Kommission in ihrem „Impact Assessment" zum Klima- und Energiepaket einen CO_2-Preis von 39 €/t im Referenzszenario angenommen. Diesem Szenario lag allerdings nicht die derzeitige wirtschaftliche Entwicklung zu Grunde.

Als weiterer Unsicherheitsfaktor für Preisprojektionen im EU-ETS kommen die ausstehenden Verhandlungen zu einem internationalem Klimaschutzübereinkommen 2009 in Kopenhagen hinzu. Der Preis im EU-ETS wird davon beeinflusst werden, ob sich die Europäische Union ein strengeres Reduktionsziel setzt (bis zu 30 %). Dies hätte zur Folge, dass auch der Emissionshandelssektor verschärfte Reduktionsziele erfüllen müsste. Vorausgesetzt wäre, dass auch zahlreiche andere Länder, allen voran die USA, Reduktionsverpflichtungen übernehmen müssten. Auch die Nachfrage nach projektbasierte Emissionsreduktionen würde sich erhöhen, was preiserhöhend wirken würde. Ein Bericht der Weltbank verweist für die dritte Handelsperiode des EU-ETS – bei einem Reduktionsziel von –20 % – auf Preisprognosen von Fortis und von der Société Générale, welche die EUA Preise mit < 48 € bzw < 35 € ansetzen (World Bank 2008). CO_2-Emissionsrechte stellen Commodities dar, welche immer stärker auch von Finanzinvestoren gehandelt werden. Daraus kann sich ergeben, dass die Volatilitäten stark zunehmen, dass also – ähnlich wie bei anderen Commodities – die Preise stärkere Schwankungen zeigen, als es den tatsächlichen Knappheiten entspricht.

Diese Problematik führte zum Ruf nach Einführung eines praktikablen volatilitätshemmenden Stabilitätsmechanismus im EU-ETS, wie er im Klima- und Energiepaket der Europäischen Union angedacht ist. Es fehlen aber noch konkrete Konzepte mit adäquaten Instrumentarien, die die erwünschte Begrenzung des Preisbands sicherstellen könnten.

4. ZIELKOMPATIBLE VARIATIONEN FÜR EIN ÖSTERREICHISCHES ENERGIESYSTEM 2020

4.1 Neue Perspektiven für die Energiepolitik

4.1.1 Neue Maße: Von Energie-Flüssen zu Energie-Dienstleistungen

Das Verständnis von Energiesystemen steht derzeit vor einem Übergang von der bisherigen Fokussierung von Energie-Flüssen auf Energie-Dienstleistungen. Wohlstandsrelevant sind nämlich nicht die Mengen an Energie, die von Unternehmungen und Haushalten in Anspruch genommen werden, sondern die damit erzielbaren Dienstleistungen, wie

- thermische Dienstleistungen für die Temperierung von Gebäuden und für die Durchführung von Produktionsprozessen,
- mechanische Dienstleistungen für die Mobilität und für stationäre Antriebe, sowie
- spezifisch elektrische Dienstleistungen für Beleuchtung und Elektronik.

Welche Energie-Flüsse im Energiesystem beobachtbar sind, hängt nicht nur von der Höhe der Energie-Dienstleistungen, sondern vor allem von den gewählten Anwendungs- und Transformations-Technologien ab. Da sich herausstellt, dass dafür ein weites Spektrum an Technologien und Energieträgern verfügbar ist, öffnet sich ein ebenso weiter Bereich für das Volumen an Energie-Flüssen mit unterschiedlichen Emissionswirkungen bei Treibhausgasen und bodennahen Emissionen.

4.1.2 Neue Technologien: Steigerung der Energieproduktivität

In allen Schlüsselbereichen der Energie-Dienstleistungen sind Technologien verfügbar geworden, die bisherige Energieproduktivitäten um ein Mehrfaches erhöhen können. Die herausragenden Beispiele sind:

- Thermisch sanierte Gebäude, die mit einem Viertel der vor der Sanierung benötigten Energiemengen den gleichen energetischen Komfort liefern.
- Neubauten mit Passivhausqualität, die mit einem Zehntel der Energiemengen auskommen, die im Durchschnitt für Gebäude beansprucht werden.
- Der Übergang von Verbrennungsmotoren auf elektrische Antriebe in Fahrzeugen, wodurch eine Vervielfachung der Energieproduktivität erreichbar ist.

- Die gekoppelte Erzeugung von Elektrizität und Wärme, die durch Nutzung von Abwärme gegenüber einer ausschließlichen Stromerzeugung eine Vervielfachung des Brennstoffnutzungsgrades bringt.

Aufgrund der beschränkten Verfügbarkeit auch von erneuerbaren Energieträgern ist dieser Sprung bei den Energieproduktivitäten eine Voraussetzung für eine kontrollierte Reduktion des Einsatzes von fossilen Energieträgern.

Richtungsweisend für den Umgang mit diesen Technologie-Optionen sind die Arbeiten von Pacala und Socolow (2004) geworden, die energiepolitische Entscheidung vor allem als eine überlegte Wahl von weitgehend verfügbaren Technologien verstehen. In diesem Sinn soll Energiepolitik Anreize zur Realisierung jener technologischen Quantensprünge geben, die bestehende Energieproduktivitäten vervielfachen.

4.1.3 Neue Ziele: Die Herausforderungen für die Energie- und Klimapolitik

Österreich ist, wie alle Mitgliedstaaten der EU, mit unterschiedlichen Zeithorizonten für die Gestaltung der Energie- und Klimapolitik konfrontiert:

- Weiterhin gilt das Kyoto-Ziel, das im Zeitraum 2008 bis 2012 eine Verminderung der Treibhausgasemissionen um 13 % gegenüber 1990 erfordert. Wird dieses Ziel nicht im Inland erreicht, so müssen über die Kyoto-Mechanismen Emissionsrechte aus dem Ausland zugekauft werden.
- Im Dezember 2008 hat die EU durch den Rat und das Parlament weitreichende Energie- und Klimaziele für 2020 beschlossen (vgl. 2.9.3). Für Österreich gelten als Ziele ein Anteil von 34 % erneuerbarer Energie bezogen auf den Bruttoendenergieverbrauch und eine Reduktion der Treibhausgasemissionen um 16 % gegenüber 2005 für die nicht dem EU-Emissionshandelssystem unterworfenen Sektoren; die von diesem System erfassten Anlagen sollen EU-weit 21 % weniger Treibhausgase als 2005 emittieren. Diese Ziele sind kompatibel mit einer Reduktion der Treibhausgasemissionen der EU um 20 % gegenüber 1990. Die EU hat eine Reduktion von 30 % in Aussicht gestellt, falls Länder wie die USA, China und Indien sich zu einem Reduktionsziel nach 2012 verpflichten. Neben diesen Zielen ist auf EU-Ebene die Steigerung der Energieeffizienz um 20 % bis 2020 ein weiteres, eigenständiges politisches Ziel.
- Inzwischen haben innerhalb der EU Diskussionen über Energie- und Klimaziele für 2050 begonnen. Von mehreren Mitgliedstaaten wird eine Reduktion der THG-Emissionen von mindestens 50 %

gegenüber 1990 vorgeschlagen. Die Europäische Kommission beginnt, Perspektiven für eine „Post-Carbon-Society“ zu entwickeln (EU Kommission 2007).

Dass diese ambitionierten Ziele innerhalb der EU konsensfähig geworden sind, hat neben dem langfristigen Klimaproblem vor allem eine kurzfristige Motivation: Der EU ist ihre zunehmende Abhängigkeit von Energieimporten aus politisch problematischen Regionen bewusst geworden (vgl. 2.2). Als wirksame Antwort auf dieses akute Energieproblem bietet sich nur eine Senkung des Energiebedarfs, verbunden mit einer Erhöhung der Energieproduktivität und einer Ausweitung von erneuerbaren Energieträgern, an.

Diese klaren Zielsetzungen bedingen ein neues Verständnis für die künftige Entwicklung unseres Energiesystems. Durch die EU-Ziele für 2020 wird der Soll-Zustand des Energiesektors für diesen Zeitpunkt umrissen.

Für die politischen Entscheidungsprozesse bedeutet dies eine völlig neue Aufgabenstellung: Es sind für den Horizont 2020 jene Strukturen zu finden, die mit den Zielsetzungen für Treibhausgasemissionen und für Erneuerbare kompatibel sind. Von diesen Strukturen sind Pfade zurück zum aktuellen Zustand unseres Energiesystems zu entwickeln.

Wie eine solche Neuorientierung der energiepolitischen Entscheidungsprozesse unter Einbindung aller betroffenen Unternehmungen und Interessensvertretungen aussehen könnte, wird beispielsweise für Großbritannien demonstriert (Mander und Anderson, 2008). Die aus dem Blick auf die Vergangenheit begründeten Entscheidungen für unsere Energiesysteme – im Sinne von „Forecasting“ – brauchen somit eine Ergänzung durch einen von der Zukunft auf die Gegenwart schließenden Entscheidungsprozess – im Sinne von „Backcasting“.

4.2 Die neue Konzeption des Energiesystems

4.2.1 Energie-Dienstleistungen, Anwendungs- und Transformationstechnologien

Konventionelle Analysen des Energiesystems sind fokussiert auf die im Energiesystem beobachtbaren Energieflüsse von der Primärenergie bis zu der von Haushalten und Unternehmungen konsumierten Endenergie. Damit verbunden sind Fragestellungen, die sich bald als nur eingeschränkt beantwortbar erweisen:

- Mit welchen Energieflüssen sollen wir in Zukunft rechnen?
- Welche Technologien stehen für Effizienzsteigerungen zur Verfügung?
- Wie kann diese vermutete Energienachfrage bereitgestellt werden?

Abbildung 4.1: Struktur des Energiesystems

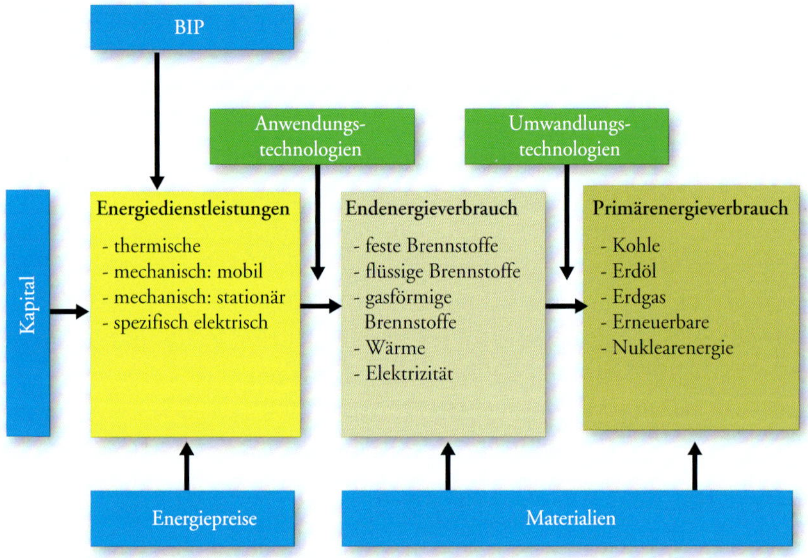

Neue Konzeptionen zum Verständnis des Energiesystems versuchen die Ursachen für die Energieflüsse dadurch besser zu verstehen, dass die technologische „Black Box" geöffnet wird. Dabei werden folgende essentielle Komponenten sichtbar, die ein Energiesystem in seinen Kausalitäten beschreiben und die in Abbildung 4.1 dargestellt werden:

Energie-Dienstleistungen

Der Ausgangspunkt sind die Energie-Dienstleistungen, die für Haushalte und Unternehmungen letztlich über die Qualität des Energiesystems entscheiden und wofür drei Typen von Dienstleistungen relevant sind:

- Thermische Dienstleistungen auf unterschiedlichen Temperaturniveaus, von niedrigen Umgebungstemperaturen in Gebäuden bis zu hohen Temperaturen in Industrieprozessen.
- Mechanische Dienstleistungen einerseits für Mobilität durch Fahrzeuge und andererseits für stationäre Antriebe durch Motoren aller Art in Haushalten und Produktionsanlagen.
- Spezifische elektrische Dienstleistungen für Beleuchtung und Elektronik, die nur mit elektrischer Energie bereitzustellen sind.

Das Volumen dieser Energie-Dienstleistungen reflektiert wirtschaftlichen Wohlstand. Die möglichen Einflussgrößen sind das Volumen der wirtschaftlichen Aktivität, approximiert durch das BIP.

Beispiele für Energie-Dienstleistungen wären die Beheizung, Kühlung und Beleuchtung von Wohnflächen, die in Jahres-Kilometern erfassten Mobilitätsaktivitäten von Personen und Gütern, die beleuchteten Straßen und die betriebenen elektronischen Geräte. Die detailliertere Diskussion dieser Überlegungen findet sich unten in Kapitel 4.4.

In den statistischen Datenbasen über Energiesysteme sind Informationen über Energie-Dienstleistungen nur sehr mangelhaft oder überhaupt nicht erfasst, da die Statistiken bisher in erster Linie auf die Verfügbarkeit von Energieträgern fokussiert waren. Informationen über die bestehenden Energie-Dienstleistungen und Perspektiven über deren künftige Entwicklung sind eine Voraussetzung für eine Abschätzung der künftigen Strukturen des Energiesystems.

4.2.2 Kriterien für die Technologieentscheidungen

Dieses strukturelle Verständnis des Energiesystems eröffnet vor allem die Einsicht, dass die gewünschten Energie-Dienstleistungen mit einer weiten Bandbreite von Energieträgern, sowohl hinsichtlich der Menge als auch deren Typ, bereitstellbar sind. Nach welchen Kriterien können diese Technologieentscheidungen getroffen werden?

Die erste Antwort könnte die Auswahl nach kostengünstigen Varianten sein. Dieser Vorschlag ist jedoch nur beschränkt brauchbar. Energiepreise sind, wie die jüngsten Erfahrungen zeigen, vor allem bei fossiler Energie, aber auch bei manchen erneuerbaren Energieträgern sehr volatil geworden und reflektieren nicht immer physische Knappheiten. Auch können Technologien, die derzeit noch als teuer erscheinen, nach einer Unterstützung bei der Marktdurchdringung sich als sehr kostengünstig erweisen. Solche Erfahrungen liegen beispielsweise beim energieeffizienten Bauen vor.

Technische Kriterien

Technische Kriterien für die Technologiewahl resultieren aus den beiden Hauptsätzen der Thermodynamik.

Nach dem Ersten Hauptsatz kann Energie nicht aus dem Nichts geschaffen werden. Ein gegebener Energieinput ist daher im Sinne eines hohen Outputs möglichst weitgehend zu nutzen. Beispielsweise erhöht die Nutzung von Abwärme den Wirkungsgrad, also den Anteil der genutzten Energie an der Gesamtenergiemenge.

Der Zweite Hauptsatz sagt im Wesentlichen, dass mechanische Arbeit vollständig in Wärme umgewandelt werden kann, aber nicht umgekehrt. Im Sinne einer höchstmöglichen Nutzung der mechanischen Arbeitsfähigkeit eines Energieträgers sollen daher Energieträger mit hoher Arbeitsfähigkeit, wie Elektrizität und Gas, in der Regel nicht zur Bereitstellung von Niedertemperatur-Wärme eingesetzt werden, denn das wäre ein qualitativer Effizienzverlust.

Ökonomische Kriterien

Ökonomische Kriterien betonen die Beurteilung des Gesamtsystems, das bei der Erbringung einer Energie-Dienstleistung involviert ist. Beispielsweise kann sich im Neubau für die Energiedienstleistung der Temperierung von Gebäuden herausstellen, dass die Passivhausbauweise verbunden mit thermischen Kollektoren und Photovoltaik für den geringen Restenergiebedarf sogar kostengünstiger ist als ein Niedrigenergiehaus mit Fernwärme aus einem mit Gas betriebenen Heizkraftwerk. Diese Betrachtung setzt freilich ausreichend lange Zeithorizonte voraus und hängt von den zukünftigen Energiepreisen sowie von den Kosten der benötigten Technologiekomponenten ab.

Ökologische Kriterien

Die Nutzung von fossilen Energieträgern hat gravierende Effekte auf das globale Ökosystem, die in einem die natürlichen Zyklen überschreibenden Klimawandel sichtbar werden. Neben den absehbaren Erschöpfungen bei Öl und Gas und deren eingeschränkter Verfügbarkeit aufgrund von strategischen Verknappungen ist dies ein weiterer Grund, kontrolliert die Nutzung von fossiler Energie zu reduzieren bzw. sie gezielt dort einzusetzen, wo die höchste Wertschöpfung zu erwarten ist.

4.3 Potenziale für die Restrukturierung des österreichischen Energiesystems

Um das Potenzial des österreichischen Energiesystems für eine Restrukturierung besser abschätzen zu können, ist ein internationaler Vergleich aufschlussreich. Dies wurde in Kapitel 3 dargestellt. Im Folgenden werden einige wesentliche Charakteristika des österreichischen Energiesystems nochmals zusammengefasst.

4.3.1 Charakteristische Eigenschaften des österreichischen Energiesystems

Einige aufschlussreiche Eigenschaften des aktuellen österreichischen Energiesystems begründen den Handlungsbedarf für energiepolitische Entscheidungen.

Dynamik des energetischen Endverbrauchs

Von zentralem Interesse ist die Entwicklung des energetischen Endverbrauchs, nämlich jener Energiemengen, die unmittelbar die Verbraucher in Haushalten und Unternehmungen erreichen.

Abbildung 4.2 zeigt den Verlauf der tatsächlichen Entwicklung und die zugehörigen Trendwerte bei den Veränderungsraten. Demnach hat sich in den letzten Jahren der Zuwachs beim Verbrauch an Endenergie bei rund zwei Prozent pro Jahr stabilisiert.

Abbildung 4.2: Dynamik des energetischen Endverbrauchs, Veränderung in Prozent gegenüber dem Vorjahr. Quelle: Statistik Austria, Gesamtenergiebilanz, 2008, eigene Berechnungen

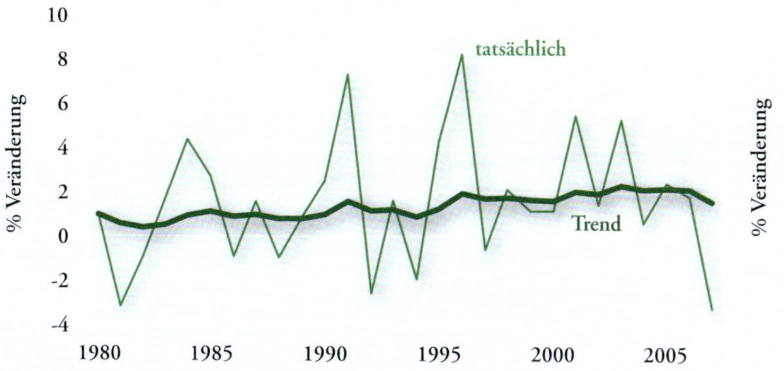

Energetischer Endverbrauch und Heizgradtage

Die Schwankungen um diesen Trend sind sehr eng mit einem Temperaturindikator korreliert, den Abweichungen der Heizgradtage von den Werten eines Normaljahres, wie aus Abbildung 4.3 ersichtlich. Die Darstellung dieser Zusammenhänge in Abbildung 4.4 führt zur Erkenntnis, dass eine Erhöhung von 10 Prozent bei den Heizgradtagen den Endenergieverbrauch um rund 4 Prozent ansteigen lässt[6].

Diese Information wiederum erlaubt es, den Endenergieverbrauch um diese Temperatureffekte zu kompensieren, wie in Abbildung 4.5 ausgewiesen. Wie wichtig eine solche Kompensation ist, wird am Wert für das Jahr 2007 erkennbar. Unkompensiert wurde ein Rückgang des Endenergieverbrauchs von 3,3 % festgestellt. Nach einer Berücksichtigung der in diesem Jahr extrem niedrigen Heizgradtage liegt der um die Temperatureffekte kompensierte Wert bei einem Anstieg von 1,2 %.

6) Freilich ist zu berücksichtigen, dass die enge Korrelation unter anderem in der Methodik der Statistik Austria begründet ist, da in den Berechnungsmodellen für Inter- und Extrapolationen die Heizgradtage die Haupteinflussgröße darstellen.

Abbildung 4.3: **Energetischer Endverbrauch und Heizgradtage 1980 bis 2007, Abweichung vom mehrjährigen Durchschnitt in Prozent. Quelle: Statistik Austria, Gesamtenergiebilanz, 2008, eigene Berechnungen**

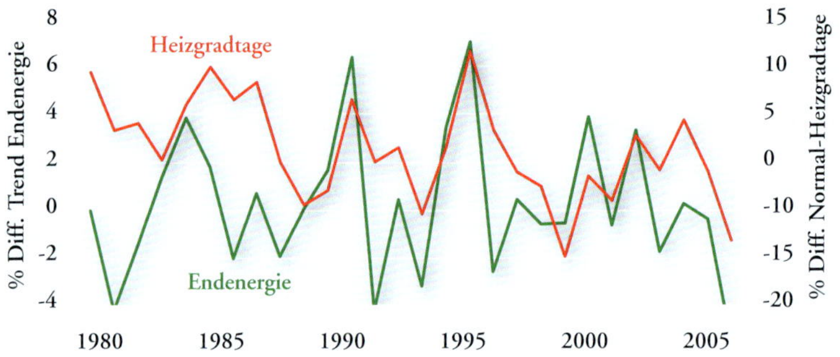

Abbildung 4.4: **Korrelation von energetischem Endverbrauch und Heizgradtagen, 1990 bis 2007; Abweichung vom mehrjährigen Durchschnitt in Prozent, für die Heizgradtage auf der Abszisse, für den energetischen Endverbrauch auf der Ordinate. Quelle: Statistik Austria, Gesamtenergiebilanz, 2008, eigene Berechnungen**

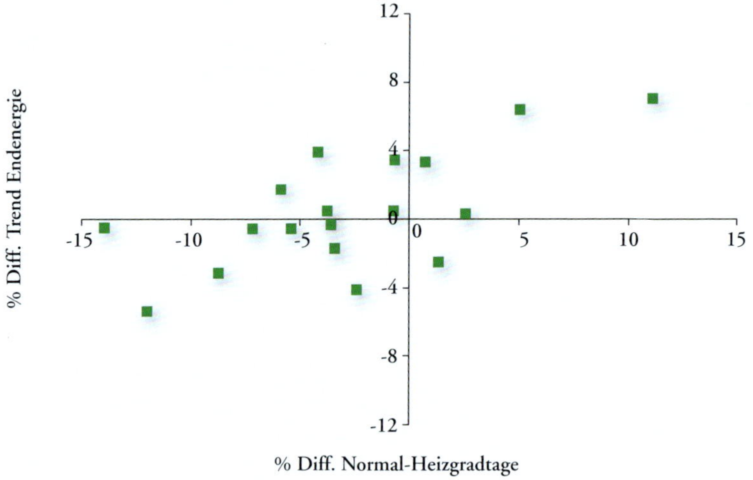

Abbildung 4.5: **Tatsächlicher und temperaturkompensierter energetischer Endverbrauch 1980 bis 2007, Veränderung in Prozent gegenüber dem Vorjahr. Quelle: Statistik Austria, Gesamtenergiebilanz, 2008, eigene Berechnungen**

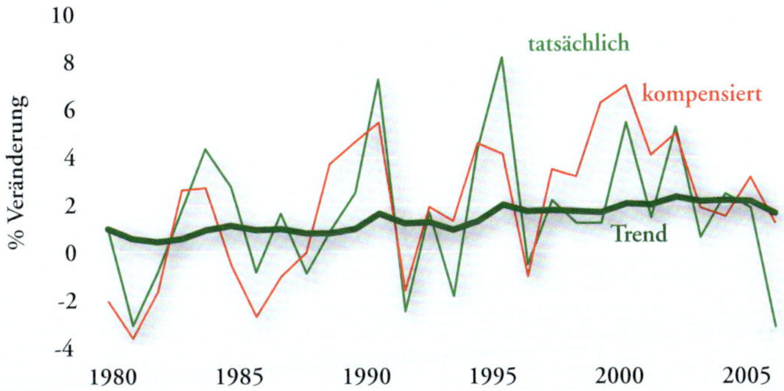

Eine besonders auffallende Eigenschaft des österreichischen Energiesystems ist somit dessen hohe Reagibilität auf Temperaturschwankungen, die den Heizbedarf der Gebäude begründen. Dieser Energiebedarf für die Bedeckung der Dienstleistung der Temperierung von Gebäuden könnte durch eine Verbesserung der thermischen Gebäudequalität deutlich verringert werden.

Energetischer Endverbrauch und wirtschaftliche Aktivität

Der energetische Endverbrauch ist eng mit der wirtschaftlichen Aktivität verbunden. Wird diese durch das reale Brutto-Inlandsprodukt gemessen, so können BIP-Elastizitäten[7] dargestellt werden. Abbildung 4.6 zeigt die zeitliche Änderung dieser Zusammenhänge der Veränderungsraten des energetischen Endverbrauchs bezüglich der Veränderungsraten des BIP. Aufschlussreich dabei ist sowohl die Dynamik des Gesamtverbrauchs als auch dessen Aufschlüsselung nach Sektoren.

7) Eine BIP-Elastizität von ε bedeutet, dass bei einem Wachstum des BIP um 1 % der Energieverbrauch um ε % wächst

Abbildung 4.6: BIP-Elastizitäten des energetischer Endverbrauchs. Quelle: Statistik Austria, Gesamtenergiebilanz, 2008, eigene Berechnungen

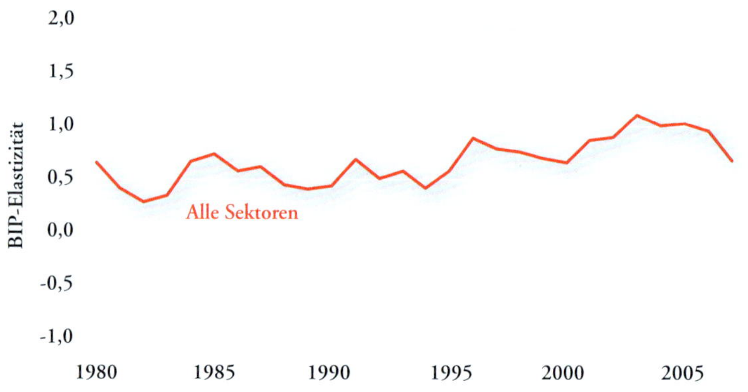

Die BIP-Elastizität für den Gesamtverbrauch pendelte, wie aus Abbildung 4.6 ersichtlich, bis zur Mitte der Neunzigerjahre um 0,5, stieg dann bis 2003 auf 1,1 und hat seither eine leicht fallende Tendenz. Somit ist in Österreich – im Gegensatz zu vielen anderen europäischen Ländern – keine Entkoppelung von Energieverbrauch und wirtschaftlicher Aktivität feststellbar.

Analysiert man die in Abbildung 4.7 dargestellte BIP-Elastizität für einzelne Sektoren, so entdeckt man eine sehr differenzierte Entwicklung. Herausragend sind die hohen Elastizitäten für den Sektor Verkehr, die auf eine Zunahme des Verkehrs im Inland und den grenzüberschreitenden Treibstoffkonsum zurückzuführen sind. Deutlich zunehmend ist die Abhängigkeit zwischen Energieverbrauch und wirtschaftlicher Aktivität im Bereich der Produktion, was auf ein überproportionales Wachstum der energieintensiven Produktionszweige zurückzuführen ist. Das ist kein Widerspruch zu den Darstellungen im Kapitel 5.3.1, wo ersichtlich wird, dass pro Bruttowertschöpfungseinheit der Energieeinsatz deutlich zurückgegangen ist und somit eine deutliche Erhöhung der Energieproduktivität stattgefunden hat. Die energieintensiven Sektoren haben aber in Österreich insgesamt ihr Produktionsvolumen überproportional zum BIP-Wachstum erhöhen können. Die restlichen Sektoren der Wirtschaft haben dagegen praktisch eine Entkoppelung von Energieverbrauch und wirtschaftlicher Aktivität erreicht.

Abbildung 4.7: BIP-Elastizitäten des energetischen Endverbrauchs der Sektoren. Quelle: Statistik Austria, Gesamtenergiebilanz, 2008, eigene Berechnungen

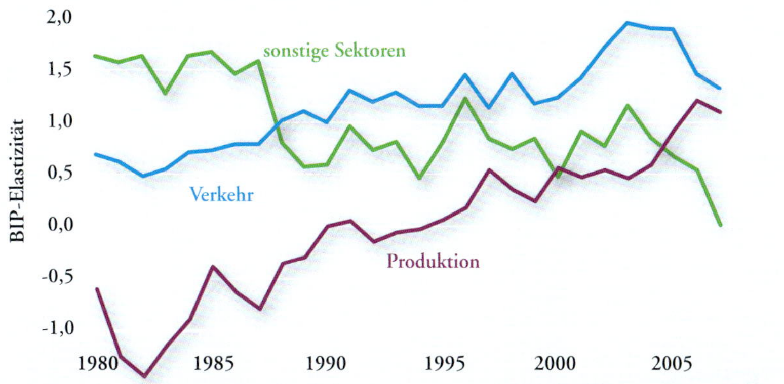

Verluste bei Transformation und Verteilung

Ein weiterer, oft übersehener Parameter zur Charakterisierung eines Energiesystems ist der Anteil der Verluste, die bei der Transformation und Verteilung von Energie zu verbuchen sind. In Österreich machen diese Verluste rund 15 % aus, was im internationalen Vergleich sehr niedrig ist und auf den hohen Anteil von Wasserkraft bei der Erzeugung von Elektrizität zurückzuführen ist (da aufgrund einer statistischen Konvention die Elektrizitätserzeugung aus Wasserkraft als verlustfrei gilt). Dennoch verbleibt für hocheffiziente Technologien zur kombinierten Erzeugung von Wärme und Elektrizität ein hohes nutzbares Potenzial.

Das Abwärmepotenzial kann zu einem relevanten Teil in Form von Fernwärme nutzbar gemacht werden, insbesondere mit hocheffizienten Kraft-Wärme-Technologien.

4.3.2 Die Interaktion der EU-Ziele für Emissionen und Erneuerbare

In den beiden Synthese-Berichten zu den Implikationen der im Energie- und Klimapaket der EU für 2020 enthaltenen Ziele für Treibhausgasemissionen und erneuerbare Energie (Nakicenovic und Schleicher, 2007 und 2008) werden die Zusammenhänge dieser beiden Ziele und der daraus resultierende Restrukturierungsbedarf für das österreichische Energiesystem dargestellt. Andere Aspekte, wie Kosten, volkswirtschaflichte Auswirkungen, Auswirkungen auf relevante Märkte oder Ressourcenverfügbarkeit, werden hier ausgeklammert. Als Erläuterung dazu dient die Abbildung 4.8.

Ausgangspunkt ist das Jahr 2005, für das der Endenergieverbrauch auf 100 normiert wurde. Der Anteil der Erneuerbaren in diesem Jahr betrug in Österreich 23 % und entspricht auch im Volumen bei der vorgenommenen Normierung diesem Wert. Eine Ausweitung des Volumens an Erneuerbaren um 45 % würde diese auf den Wert 34 bringen.

Abbildung 4.8: Szenarien für den Ausbau der erneuerbaren Energien und die Änderung des fossilen Einsatzes im Endenergieverbrauch bis 2020

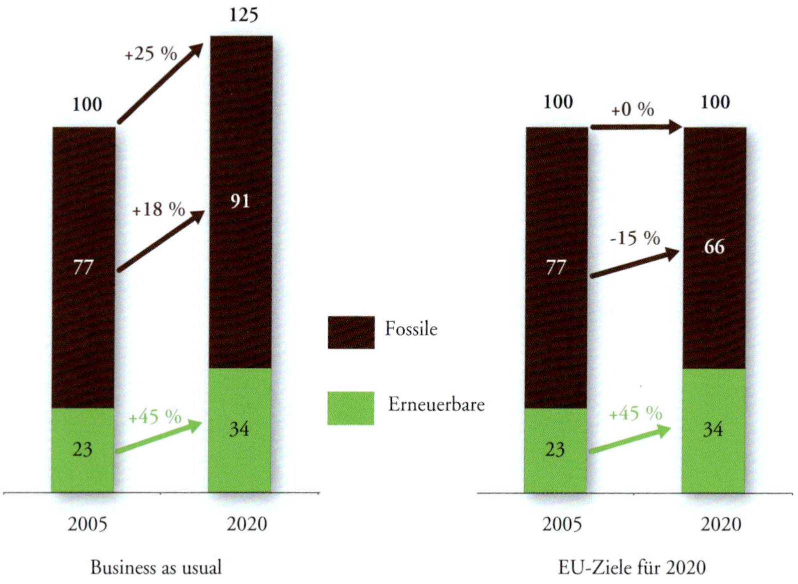

Ob diese Ausweitung zur Erfüllung der 2020-Ziele ausreichend ist, hängt somit stark von der Entwicklung des energetischen Endverbrauchs ab. Unter Business-as-Usual-Bedingungen würde nämlich der Endverbrauch bis 2020 unter Fortschreibung der derzeitigen Verbrauchsparameter um 25 % ansteigen. Das würde eine Ausweitung der fossilen Endenergie von 77 auf 91 Einheiten (d. h. um 18 %) implizieren. Somit blieben sowohl das Ziel für die Emissionsreduktion als auch für den Anteil der Erneuerbaren unerreicht: 34 Teile Erneuerbare von 125 Teilen Gesamtenergieverbrauch bedeuten nur einen Anteil der Erneuerbaren von 27 % am Endenergieeinsatz. Somit ergibt sich, dass die Erreichung der beiden Ziele faktisch eine Stabilisierung des energetischen Endverbrauchs voraussetzt. Dann wäre unter der Voraussetzung der angenommenen Ausweitung der Erneuerbaren ein Rückgang von fossiler Energie um 15 % erzielbar, was konform mit den EU-Zielen zur Emissionsreduktion von Treibhausgasen wäre.

Diese Betrachtung berücksichtigt nicht, dass die Emissionen aus den Anlagen, die am Emissionshandel teilnehmen, ab 2013 nicht das nationale Ziel für die Treibhausgasemissionen beeinflussen (siehe Kapitel 4.4.7).

Es stellt sich die Frage nach den Spielräumen, die die österreichische Politik bei der Erfüllung der vorgegebenen Verpflichtungen vorfindet. Ausgehend vom oben dargelegten Modell könnte der Anteil der erneuerbaren Energien noch mehr als „bloß" um 45 % ausgebaut werden, um einen höheren Energieverbrauch zu ermöglichen. Umgekehrt könnte man versuchen, die Endenergienachfrage nicht bloß zu stabilisieren, sondern sogar abzusenken, um das erforderliche Ausmaß der Erhöhung des erneuerbaren Anteils abzumildern.

Tatsächlich sind diese Spielräume aber nicht oder nur in sehr geringem Ausmaß vorhanden. Es ist evident, dass die Übererfüllung der beiden Zielparameter (Nachfragestabilisierung auf Niveau 2005 und Erneuerbarenausbau um 45 %) praktisch kaum in Betracht kommt, da sie bereits äußerst anspruchsvoll sind. So gesehen gibt es kaum Spielräume dafür, Anstrengungen auf der einen Seite zu verstärken, um sie auf der anderen Seite etwas zurücknehmen zu können. Die Spielräume betreffen mehr die Ausgestaltung der beiden Säulen, der Energieeffizienzpolitik und der Erneuerbarenpolitik, als die Gesamtbeiträge, die sie erbringen müssen.

Bei der Realisierung der vorliegenden Ausbaupläne für Gaskraftwerke sind die ungünstigen Wechselwirkungen mit den klima- und energiepolitischen EU-Zielen zu berücksichtigen. Bei allen Entscheidungen über die Restrukturierung des österreichischen Energiesystems ist die Interaktion der vorgeschlagenen Maßnahmen sorgfältig zu überlegen. Beispielsweise kann ein sinnvoll erscheinender Ausbau von Fernwärmenetzen in Konflikt mit Strategien kommen, die radikal durch Niedrigenergie- und Passivhausstandards den Wärmebedarf für Gebäude absenken.

Daher sind alle Entscheidungen, die einen signifikanten Einfluss auf die Nachfrage und Bereitstellung von Energie haben, auf ihre Gesamtwirkung im Energiesystem und ihre Kompatibilität mit den für Österreich geltenden EU-Zielen für 2020 zu überprüfen.

4.4 Veränderungen auf der Ebene einzelner Energieträger

4.4.1 Ausgangspunkt: Energiefluss 2005

Zur Erreichung der Ziele 2020 sind Veränderungen des österreichischen Energiesystems erforderlich, die oben gesamthaft dargestellt wurden. Diese Änderungen sollen im Folgenden auf der Ebene einzelner Energieträger und ihres Einsatzes in den verschiedenen Nutzenergiebereichen dargestellt werden. Ausgangspunkt für diese Betrachtung ist das gegenwärtige Energiesystem. Dabei wird das Jahr 2005 als repräsentativ gewählt, vor allem wegen seiner Bedeutung als Referenzjahr für die EU-Ziele bis 2020.

4.4.2 Energiefluss 2005 und CO_2-Emissionen

Die Abbildung 4.9 zeigt den Energiefluss im Jahr 2005 von der Aufbringung über die Umwandlung bis zum Endenergieeinsatz sowie die CO_2-Emissionen, die aus der Umwandlung und dem Endenergieeinsatz entstehen.

Die Basis für die Darstellung des Energieflusses ist die Gesamtenergiebilanz der Statistik Austria (von der Aufbringung bis zum Endenergieaufkommen) (Statistik Austria 2008) sowie für die Aufteilung des Endenergieaufkommens auf die einzelnen Einsatzbereiche die Nutzenergieanalyse der Statistik Austria (Statistik Austria 2007.1). Zwischen diesen beiden Datensätzen herrschen geringfügige Diskrepanzen, daher differieren die Summen des Endenergieeinsatzes und der Endenergieverwendung um 7,3 PJ.

Die Energiebilanz der Statistik Austria unterscheidet 26 Energieträger, von denen einige zu Aggregaten zusammengefasst werden. Beispielsweise umfasst „Kohle" die Energieträger Steinkohle, Braunkohle, Braunkohlen-Briketts, Brenntorf, Koks, Gichtgas und Kokereigas. „Gas" umfasst hingegen nur Erdgas. Unter „Erdöl" werden auch die Produkte aus der Erdölraffination subsumiert. Für die Details der Aggregierung wird auf die Dokumentation der Methodik der Energiebilanz verwiesen. Von der Aggregierung wurde in der vorliegenden Abbildung hinsichtlich der Umgebungswärme abgewichen, die aus Gründen der folgenden Diskussion getrennt ausgewiesen wird, sowie hinsichtlich der Unterscheidung zwischen fossiler und erneuerbarer Quellen bei Elektrizität und Fernwärme (s. unten).

Die Strichstärke der einzelnen Flüsse entspricht dem Energieinhalt, die angegebenen Zahlenwerte sind in Petajoule (PJ). Flüsse unter 5 PJ sind nicht eingezeichnet, gehen jedoch in die Berechnung ein.

Die nicht-energetische Verwendung von Energieträgern ist im Diagramm nicht enthalten. Es werden nur Netto-Importe bzw. -Exporte gezeigt, Lagerbewegungen werden den Importen bzw. Exporten zugeschlagen. Das bedeutet, dass beispielsweise der gezeigte Import von Gas (275,7 PJ) sich zusammensetzt aus Brutto-Import (339,6 PJ) plus Lagerentnahme minus Einlagerung (saldiert –18,1 PJ) minus Brutto-Export (35,0 PJ) minus der nicht-energetischen Verwendung (10,8 PJ).

Abbildung 4.9: Energiefluss 2005 (PJ) und CO_2-Emissionen (Beschreibung im Text)

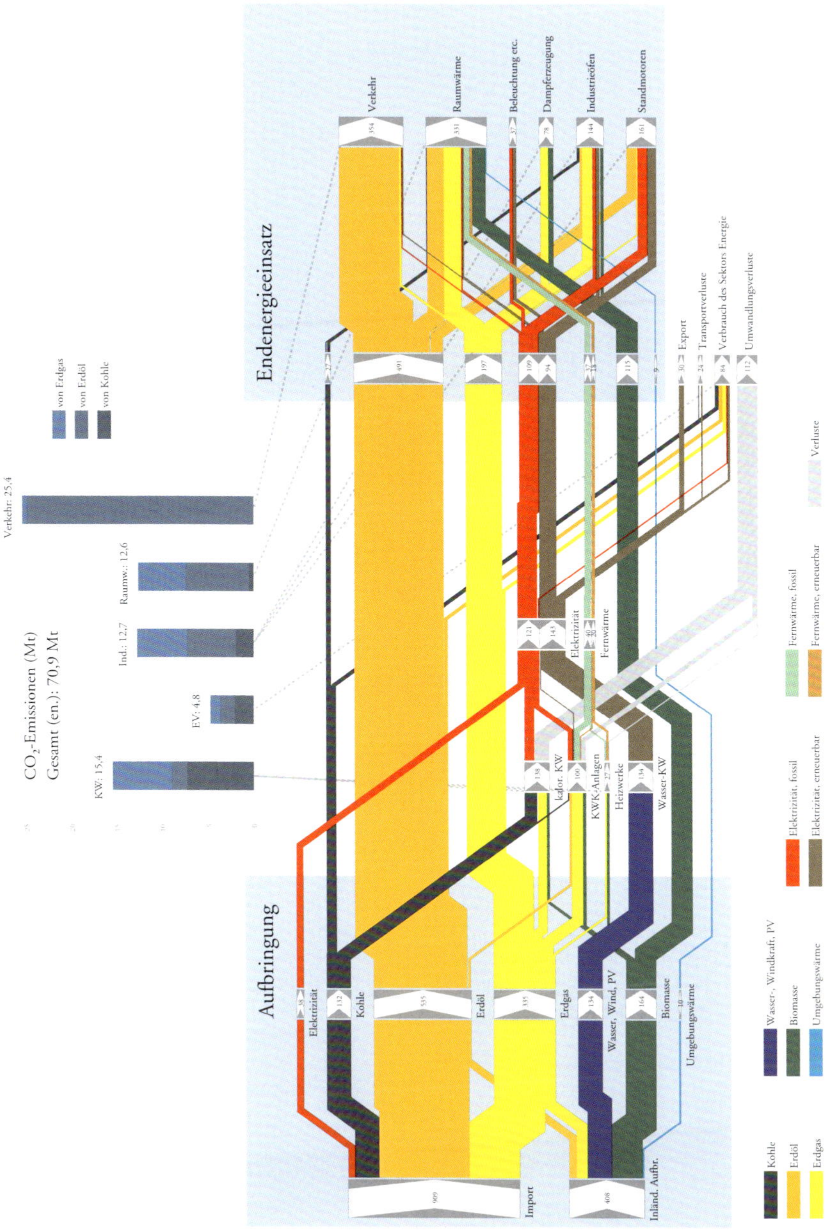

Von den Umwandlungsprozessen werden nur die Kraft- und Heizwerke gezeigt, während die Raffinerie, die Kokereien und der Hochofenprozess nicht eingezeichnet sind. Die dort stattfindenden Umwandlungsprozesse sind jedoch in den Flüssen berücksichtigt. Die Umwandlungsverluste der Raffinerie wurden den Transportverlusten zugerechnet. Zum Hochofenprozess ist anzumerken, dass nur der energetische Teil des Energieträgerflusses in die Abbildung Eingang findet, während der metallurgisch notwendige Einsatz von Koks zur nicht-energetischen Verwendung zählt und daher nicht in der Abbildung aufscheint.

Elektrizität und Fernwärme werden getrennt nach fossilen und erneuerbaren Quellen gezeigt. Bei der inländischen Erzeugung ist diese Zuordnung relativ unproblematisch (für den Umwandlungsausstoß wurde ein Anteil an Erneuerbaren angenommen, der dem Anteil am Umwandlungseinsatz entspricht); bei Import und Export von Elektrizität müssen jedoch Annahmen getroffen werden, da die Energiebilanz der Statistik Austria hier keine Unterscheidung zwischen erneuerbarer und fossiler Herkunft trifft. Es wurde angenommen, dass der Brutto-Import (73,4 PJ) von Elektrizität gemäß dem UCTE-Mix aufgeteilt ist, dass also 16,6 % aus erneuerbaren Quellen stammen. Für den Brutto-Export von Elektrizität (63,8 PJ) wurde angenommen, dass davon so viel aus erneuerbaren Quellen stammt, wie es dem österreichischen Umwandlungsausstoß entspricht (63,2 % erneuerbar). Mit diesen Annahmen und der oben beschriebenen Netto-Betrachtung ergibt sich, dass ein Netto-Import von fossiler Elektrizität im Umfang von 37,7 PJ erfolgt, während Elektrizität aus erneuerbaren Quellen netto im Umfang von 28,2 PJ exportiert wird. Weiters findet in geringem Ausmaß ein Netto-Export von Biomasse statt (2,0 PJ).

Anzumerken ist auch, dass der in der Nutzenergieanalyse getrennt ausgewiesene Einsatz von Elektrizität für elektrochemische Zwecke (1,8 PJ) dem Bereich „Beleuchtung etc." zugeschlagen wurde.

Auf eine Aufteilung des Endenergieeinsatzes auf Nutzenergie und Verluste wurde im Flussdiagramm verzichtet, da keine verlässliche und ausreichend umfassende Datenbasis bezüglich der Wirkungsgrade im Endenergieeinsatz existiert.

Nach dieser Betrachtung beläuft sich die saldierte Energieaufbringung auf 1.347,1 PJ, der Endenergieeinsatz auf 1.097,8 PJ und die saldierten Exporte, Verluste etc. auf 249,3 PJ.

Vom Endenergieeinsatz stammen 236,2 PJ aus erneuerbaren Energien, das entspricht einem Anteil der erneuerbaren Energie im Endenergieverbrauch von 21,5 %. Dieser Wert ist niedriger als in Kapitel 4.3.2 angeführt (23 %), was vor allem auf die Annahme zurückzuführen ist, dass der Anteil der erneuerbaren Elektrizität am Export dem Anteil am österreichischen Umwandlungsausstoß entspricht. Würde angenommen, dass nur fossil erzeugte Elektrizität exportiert wird und alle Elektrizität aus Erneuerbaren in Österreich verbraucht würde, ergäbe sich ein Anteil von 24,1 % erneuerbaren Energieträgern im Endenergieverbrauch.

In der Balkengrafik im oberen Teil werden die CO_2-Emissionen gezeigt, die mit der Umwandlung und dem Endenergieverbrauch einhergehen. Sie treten an den Stellen auf, an denen es zur Verbrennung fossiler Energieträger kommt, d. h. in den Kraft- und Heizwerken („KW"), beim Verbrauch des Sektors Energie („EV") sowie im Verkehr, bei der Raumwärmebereitstellung, bei der Dampferzeugung, in Industrieöfen und in Standmotoren. Die letzten drei Kategorien sind in der Abbildung zur Gruppe Industrie („Ind.") zusammengefasst, wobei anzumerken ist, dass die Nutzenergieanalyse beispielsweise die Verwendung von Erdgas zu Kochzwecken den Industrieöfen zurechnet, so dass in geringfügigem Maß in dieser Gruppe auch nicht-gewerbliche Emissionen enthalten sind. Für jede der Quellen werden Emissionen aus der Verbrennung von Kohle, von Erdöl und von Gas getrennt ausgewiesen.

Als Emissionsfaktoren wurden Mittelwerte für die Aggregate Kohle, Erdöl und Gas verwendet, namentlich 95 Tonnen pro TJ (t/TJ) bei Kohle, 75 t/TJ bei Erdöl und 55 t/TJ bei Gas. Viel differenziertere Emissionsfaktoren enthält die österreichische Treibhausgasinventur (UBA 2008). Die Gesamtemissionen von 70,9 Millionen Tonnen zeigen jedoch eine befriedigende Übereinstimmung mit den Daten der Treibhausgasinventur zu den CO_2-Emissionen aus Energieumwandlung und -verbrauch (ebd., Tab. 19) für das Jahr 2005 in der Höhe von 70,6 Millionen Tonnen. Die einzelnen Sektoren sind nicht mit den Sektoren (IPCC-Kategorien) deckungsgleich, wie sie in der österreichischen Treibhausgasinventur verwendet werden, und können daher nicht mit diesen verglichen werden. Beispielsweise ist in der vorliegenden Abbildung der landwirtschaftliche Verkehr unter „Verkehr" subsumiert, während er in der Treibhausgasinventur zur Kategorie „Energieeinsatz im produzierenden Bereich" (1.A.2.f) zählt. Weiters zählen in der vorliegenden Abbildung die Emissionen aus Anlagen zur Eigenstromerzeugung zu den Kraftwerken, während in der Treibhausgasinventur zur Kategorie 1.A.1.a nur die Emissionen der Kraftwerke zählen, die der öffentlichen Elektrizitätsversorgung dienen.

4.4.3 Vom Energienutzen zum Energiebedarf

Eine **quantitative** Beschreibung der Veränderungen bei Energieeinsatz und Energieumwandlung, die erforderlich wären, um die Ziele im Jahr 2020 zu erreichen, bedarf einer großen Zahl von Annahmen, u. a. über die Entwicklung der Preise von Energieträgern und über die Verfügbarkeit von Technologien. Die Entwicklung quantitativer Szenarien auf der Ebene der einzelnen Energieträger sprengt daher den Rahmen dieser Untersuchung.

Anstelle einer quantitativen Beschreibung kann aber zumindest **qualitativ** gezeigt werden, welche Veränderungen des Energiesystems Beiträge zu einer Erreichung der klima- und energiepolitischen Ziele für 2020 leisten. Dies wird im Folgenden versucht.

Wie in Kapitel 4.2 gezeigt wurde, ist der Ausgangspunkt dabei die Nachfrage nach dem Energienutzen im Endverbrauch. Zunächst werden Faktoren diskutiert, die für die Nachfrage nach dem Energienutzen in den einzelnen Verbrauchssektoren der Endenergie von Bedeutung sind.

Ausgehend vom nachgefragten Energienutzen und von den Wirkungsgraden, mit denen er zur Verfügung gestellt wird, ergibt sich der notwendige Endenergieeinsatz.

Im nächsten Schritt ist zu fragen, welche Energieträger für den Endenergieeinsatz in den einzelnen Verbrauchssektoren heranzuziehen sind. Daraus ergeben sich unmittelbar die CO_2-Emissionen, die aus den Verbrauchssektoren stammen, und der Anteil erneuerbarer Energieträger im Endenergieverbrauch. Hinsichtlich dieses Anteils legt die Richtlinie über erneuerbare Energien fest, dass in Österreich 2020 der Zielwert von 34 % zu erreichen ist.

Abhängig davon, wie viel Elektrizität und wie viel Fernwärme dabei in den Endenergieeinsatz eingehen, ergeben sich Erfordernisse für deren Produktion in Kraft- und Heizwerken und in der Folge für den Bruttoenergieeinsatz. Die Gestaltung der Umwandlungsprozesse ist ein weiterer Ansatzpunkt der Energiepolitik.

Schließlich sind Maßnahmen auf der Ebene der Aufbringung der Energieträger (inländische Aufbringung und Importe) zu diskutieren. Dabei fließen neben der Erreichung der Klima- und Energieziele für 2020 auch Aspekte der Versorgungssicherheit und der Diversifizierung der Aufbringung der Energieträger ein.

Diese Überlegungen können sich freilich nicht auf theoretische Betrachtungen allein beschränken, sondern müssen die Ausgangssituation des derzeitigen Energiesystems in Österreich (s. oben) sowie die Trends seiner Entwicklung berücksichtigen. Das Energiesystem 2020 wird also zwischen einer „business-as-usual"-Entwicklung und einem theoretisch erreichbaren Optimum (hinsichtlich der Treibhausgasemissionen und des Anteils erneuerbarer Energieträger) angesiedelt sein. Wo es im Endeffekt liegen wird, hängt u. a. von den erforderlichen Investitionsvolumina, der Verteilung der Vor- und Nachteile der Veränderung, der Verfügbarkeit neuer Technologien, der Entwicklung der Energiepreise ab. Im weiteren Sinn sind es die wirtschaftliche Entwicklung sowie der politische Gestaltungswille, die bestimmen, wie das Energiesystem 2020 beschaffen sein wird. Dass dieses dabei nicht isoliert betrachtet werden kann, sondern selbst wieder in ein Geflecht teils widersprüchlicher Ziele eingebunden ist, wurde bereits in Kapitel 2 gezeigt.

4.4.4 Veränderungen beim Endenergieeinsatz

Verkehr

Die Verkehrsleistung im Personenverkehr auf der Straße ist von 1990 bis 2004 um 32 % gestiegen, während sie auf der Schiene um 5 % zurückgegangen ist (BMVIT 2007, Tab. 7.2.2.2). Die Verkehrsleistung im Straßengüterverkehr ist von 1995 bis 2004 um 48 % gestiegen (nur österreichische LKW), im Schienengüterverkehr um 36 %. Diese Zahlen zeigen, mit welcher Trendentwicklung in diesem Sektor zu rechnen ist.

Die zurückgelegten Personenkilometer im Personenverkehr bzw Tonnenkilometer im Güterverkehr können als der Energienutzen angesehen werden, dessen Bedarf der Verkehr decken soll. Die Verringerung des Zuwachses der Verkehrsleistungen ist somit der erste Ansatzpunkt zur Verringerung der Emissionen des Verkehrs.

Gerade dieser Bereich ist freilich auf das Engste mit anderen gesellschaftlichen Entwicklungen verknüpft. Die zunehmende Konzentration der Produktion ist einer der treibenden Faktoren für die steigenden Längen von Arbeitswegen und für die immer größeren Transportleistungen im Güterverkehr. Während hier politische Eingriffe aus energie- oder klimapolitischen Erwägungen nicht zu erwarten sind, ist die Zersiedelung, ein weiteres Phänomen, das steigende Verkehrsnachfrage nach sich zieht, zumindest langfristig durch die Raumplanung beeinflussbar.

Ansatzpunkte für die Erbringung der oben diskutierten Verkehrsleistung mit geringerem Einsatz von Energieträgern sind u. a.:

- Verbesserung der Energieeffizienz der Antriebe (effizientere Motoren, Elektromotor statt Verbrennungsmotor)
- Verbesserung der Energieeffizienz der Fahrzeuge (leichtere Fahrzeuge)
- Verbesserung der Verkehrsleistung pro Fahrzeug (Fahrgemeinschaften, Vermeidung von Leerfahrten im Güterverkehr)
- Umstieg auf Verkehrsmittel mit effizienteren Antrieben bzw. Fahrzeugen (ÖV statt Individualverkehr, Schienengüterverkehr und Schiff statt Straßengüterverkehr)
- Umstieg auf Verkehrsmittel ohne Energieträgereinsatz (Fahrrad, Fußwege)

Darüber hinaus wirken manche Maßnahmen bei gleichem Energieeinsatz emissionsmindernd, beispielsweise die Verwendung von biogenen

Treibstoffen oder der Umstieg von Benzin- bzw. Dieselfahrzeugen auf Erdgasfahrzeuge.

So kann beispielsweise die zu erwartende Zunahme im Personenverkehr um etwa 35 % bis 2020 durch eine Ausweitung der Nutzung des ÖV von 15 auf 20 %, eine Ausweitung des Fuß- und Radverkehrsanteils von 3 auf 4 %, vermehrten Einsatz biogener Treibstoffe, einen Anteil von 7 % Elektroautos und von 10 % Erdgasautos, eine Ausweitung des Mitfahrens im PKW von 20 auf 25 % und schließlich eine Effizienzsteigerung der PKW um 10 % hinsichtlich der Emissionen kompensiert werden (auch unter Berücksichtigung der vorgelagerten Emissionen bei der Elektrizitätserzeugung). Auch wenn manche dieser Maßnahmen ambitioniert sind, so zeigen sie auf, dass es eine Reihe von Gestaltungsmöglichkeiten gibt, die allerdings erst in der Summierung trendverändernd wirken.

Raumwärme und Raumkühlung

In diesem Sektor besteht der Energienutzen in der Behaglichkeit der Räume, in denen sich Menschen aufhalten. Während im Verkehr mit den Personenkilometern und Tonnenkilometern ein vom Energieeinsatz unabhängiges Maß für den Energienutzen zur Verfügung steht, ist ein solches für die Behaglichkeit von Räumen nicht geläufig[8]. Hier wird vorwiegend mit dem Heizwärmebedarf und dem Kühlenergiebedarf von Gebäuden gearbeitet.

Die Trends im Wohnbereich werden einerseits durch die demographische Entwicklung (Zuwachs um etwa 30.000 Einwohner pro Jahr), die Zunahme der Zahl der Wohneinheiten (Zuwachs um etwa 34.000 Wohnungen pro Jahr) und die Zunahme der durchschnittlichen Wohnungsgröße (pro Jahr um 0,85 m^2) bestimmt, wodurch von 2005 bis 2020 die gesamte Wohnfläche in Österreich um etwa 27 % zunehmen wird (Trendfortschreibung des Mikrozensus der Statistik Austria). Andererseits sinkt der spezifische Heiz- und Kühlenergiebedarf im Wohnbereich kontinuierlich (von 1990 bis 2005 um 25 %); er lag im Schnitt über alle Wohnungen 2005 bei 168 kWh/(m^2·a) und wird – setzt sich der Trend fort – 2020 bei 127 kWh/(m^2·a) liegen. Damit würde 2020 der gesamte Heiz- und Kühlenergiebedarf im Wohnbereich (temperaturbereinigt) bei 196 PJ liegen, um 4 % weniger als 2005.

Ein weniger gut untersuchter Bereich ist die Beheizung und Kühlung betrieblich genutzter Gebäude. Hier dürfte es in den letzten Jahren zu beträchtlichen Zunahmen beim Energieverbrauch gekommen sein, durch die steigende Verbreitung von Kühlanlagen vor allem beim Elektrizitätsverbrauch. Es ist davon auszugehen, dass sich dieser Trend fortsetzen wird.

8) Dies wäre beispielsweise die Gesamtfläche von Wohngebäuden und betrieblichen Gebäuden, die eine für den Nutzungszweck angemessene Raumtemperatur hat.

Eine Beeinflussung der Zahl und der Größe der Wohnungen sowie der betrieblich genutzten Gebäude liegt außerhalb der Möglichkeiten der Klima- und Energiepolitik. Die Ansatzpunkte für die Verringerung der Nachfrage nach Energieträgern in diesem Bereich sind daher zweierlei:

- Verringerung des spezifischen Energiebedarfs der Objekte (Wärmedämmung, Sonnenschutz, energetische Standards im Neubau, verdichteter bzw. mehrgeschossiger Wohnbau an Stelle von Einfamilienhäusern)
- Effizienterer Einsatz der Energieträger (Brennwertgeräte, Mikro-KWK-Anlagen, die wärmegeführt auch Elektrizität erzeugen, sowie Nutzung von Abwärme durch Fernwärmeanschluss und Fernkühlung).

Zur Reduktion der CO_2-Emissionen trägt weiters bei:

- Energieträgerumstellung von hohen zu niedrigen oder keinen spezifischen CO_2-Emissionen (Ersatz von Kohle und Öl durch Erdgas, Biomasse oder Solarthermie; Umstellung von elektrischen auf solare Kühlsystemen).

Im Vergleich zur Situation 2005 kann die Substitution von Kohle durch Biomasse in der Raumwärmebereitstellung (2005 immerhin noch 5,7 PJ) über 500.000 t CO_2 einsparen, die Substitution von Heizöl (2005 bei 92,1 PJ) durch Erdgas würde eine Emissionsreduktion von 1,8 Mt CO_2 bringen, bei Substitution durch Fernwärme (aus bisher ungenutzter Abwärme: 2005 betrugen die Umwandlungsverluste in Kraftwerken 112 PJ) oder durch Biomasse würde die Emissionsreduktion sogar knapp 7 Mt CO_2 ausmachen.

Noch bedeutender als die Energieträgersubstitution sind Effizienzsteigerungen: Fortschrittliche Standards bei neuen Gebäuden liegen heute unter 30 kWh/($m^2 \cdot a$), also bei weniger als einem Fünftel des derzeitigen durchschnittlichen Heizwärmebedarfs der Wohngebäude. Gebäude, die keine externe Energiezufuhr mehr benötigen, sind schon heute Realität.

Langfristig erscheint es daher nicht völlig unrealistisch, den Bedarf an Raumwärme zu decken, ohne dabei CO_2 zu emittieren. Im großen Bereich des Bestandes an Gebäuden, die nicht wirtschaftlich auf Niedrigenergie-Standard gebracht werden können, sind zukünftig vorzugsweise die Energieträger einzusetzen, deren Stärke im Niedertemperaturbereich liegt: Fernwärme, Biomasse, Wärmepumpen und Solarthermie.

Die Nutzung von Elektrizität in Widerstandsheizungen entspricht nicht den Möglichkeiten, die dieser Energieträger bietet. Stattdessen kann Elektrizität dazu eingesetzt werden, Wärmepumpen zu betreiben, wodurch mit heutigen Technologien eine viermal so große Wärmemenge bereitgestellt werden kann.[9]

---

9) Dabei muss beachtet werden, dass es in der Richtlinie über Erneuerbare Energien klare Vorgaben für die Anrechenbarkeit von Wärmepumpen zu den Zielwerten gibt.

Die Nutzung von Erdgas für den Raumwärmebereich hat zwar im Vergleich zu Kohle und Heizöl wesentliche Vorteile (z. B. geringe Luftschadstoffemissionen, relativ niedrige CO_2-Emissionen, Entfall der Lagerung). Erdgas kann jedoch noch sinnvoller genutzt werden, wenn damit in einer Mikro-KWK-Anlage (Brennstoffwärmeleistung bis 50 kW) gleichzeitig Strom und Wärme erzeugt werden. Dies ändert zwar nicht den Gesamtwirkungsgrad, der in Mikro-KWK-Anlagen bei 80 bis 90 % liegt (bei einem elektrischen Wirkungsgrad von 20 bis 25 %), wird aber der Möglichkeit besser gerecht, aus Erdgas eine hochwertige Energieform wie Elektrizität zu gewinnen.

Beleuchtung und EDV

Wie bei der Raumwärme existiert auch bei der Beleuchtung kein gängiges Maß für den nachgefragten Energienutzen[10]. Freilich gibt es hier punktuell Ansätze, die zu einem Nachfragerückgang beitragen. Das klassische „Licht sparen" nimmt heute die Form von Zeitschaltungen für Beleuchtungen in Gebäuden oder von Reduktionen der Straßenbeleuchtung in späten Nachtstunden an. In beschränktem Maß sind hier Verbesserungen möglich. Dem stehen aber Entwicklungen gegenüber, die zu einer immer weiter steigenden Nachfrage nach Beleuchtung führen (Reklame und PR, Sicherheit von Verkehrswegen, etc.)

Neben der Beleuchtung zählen zu diesem Sektor auch die EDV und andere Einsatzbereiche von Elektrizität, die weder dem Antrieb noch der Beheizung dienen. Sie werden im Folgenden nicht weiter in die Betrachtungen einbezogen. Erwähnt sei lediglich, dass der Trend zu großen Flachbild-Fernsehgeräten zu einer wesentlichen Zunahme des Elektrizitätsverbrauchs beiträgt und u. a. die Gestaltung der Systemkonfiguration und das Nutzerverhalten Ansatzpunkte für Einsparungen bieten.

Als Lichtquelle ist die klassische Glühbirne bekanntermaßen äußerst ineffizient. Für die gleiche Beleuchtungsstärke benötigt eine Energiesparlampe bis zu 75 % weniger Energie. Aus diesem Grund wurden nun auf EU-Ebene im Rahmen der Ökodesign-Richtlinie technische Mindestanforderungen für Haushaltslampen festgelegt, die zu einem schrittweisen Ausstieg aus der Glühbirne bis zum Jahr 2016 führen werden. Dies wird einen erheblichen Beitrag zur Reduktion des Endenergieeinsatzes für Beleuchtung leisten. Unter der Annahme, dass die Hälfte des Energieeinsatzes in diesem Sektor zur Zeit für den Betrieb von Glühbirnen verwendet wird und dass ein Einsparpotenzial von zwei Drittel realistisch ist, kommt es zu einem Rückgang des Elektrizitätsverbrauchs um 12 PJ, das ist etwa ein Zehntel der österreichischen Elektrizitätsproduktion aus Wasserkraft.

---

10) In Frage käme die beleuchtete Fläche multipliziert mit der Beleuchtungsstärke.

Dampferzeugung, Industrieöfen, Standmotoren

Eine Diskussion der Trends und Veränderungsmöglichkeiten beim Energienutzen in diesen sehr heterogenen Kategorien geht über den Rahmen dieser Studie hinaus. Die Maßnahmen zur Steigerung der Effizienz bei diesen Prozessen können auch nur punktuell angesprochen werden.

Die Hälfte der 2005 in Österreich aufgebrachten Elektrizität wurde in Standmotoren verbraucht (102 PJ), weiters 54 PJ Benzin und Diesel und 5 PJ Erdgas. Den Standmotoren zugerechnet werden auch die im Haushalt eingesetzten Haushaltsgeräte und Haushaltskleingeräte.

Im Bereich der Haushaltsgeräte sind mit der Richtlinie 92/75/EWG über die Energieverbrauchsangabe Fortschritte erzielt worden, und die Energieeffizienz der Geräte wird laufend weiter verbessert. Da die Ausstattung der Haushalte mit den meisten Haushaltsgeräten mittlerweile fast vollständig ist (98 % der Haushalte haben einen Kühlschrank, 93 % eine Waschmaschine; Statistik Austria 2000), sind hier keine großen Verbrauchssteigerungen zu erwarten.

Effizienzsteigerungen sind im Bereich des Einsatzes von Kraftstoffen in gewerblich-industriellen Standmotoren durch Ausbau der Abwärmenutzung und durch Umstieg auf Elektromotoren möglich. Eine Abschätzung des damit verbundenen Potenzials erfordert eine detaillierte Untersuchung der Einsatzbereiche.

Im Bereich der Industrieöfen und der Dampferzeugung gibt die Nutzenergieanalyse keinen Aufschluss über die Temperaturniveaus, auf denen die Wärme bereitgestellt werden muss. Dies ist für die Frage von Bedeutung, welche Potenziale für den Ersatz der Primärenergieträger durch Fernwärme oder Umgebungswärme anzunehmen sind. Diese können für den Temperaturbereich bis etwa 200° C herangezogen werden, wie er z. B. in der Lebensmittelindustrie, der Textilindustrie oder der Papierindustrie benötigt wird. Auch die Schätzung, in welchem Ausmaß Abwärme aus Industrieöfen und Dampferzeugung genutzt werden kann, erfordert Untersuchungen in den einzelnen Branchen.

Schließlich ist festzuhalten, dass ein wesentlicher Teil der Emissionen aus den Bereichen Dampferzeugung und Industrieöfen aus Anlagen stammt, die dem Emissionshandel unterliegen und damit in ein europäisches energie- und klimapolitisches Regime eingebunden sind (siehe unten).

4.4.5 Nachfrage nach Energieträgern im Endenergieeinsatz

Tabelle 4.1 zeigt beispielhaft, wie sich die angesprochenen Änderungen auf die Nachfrage nach Energieträgern im Endenergieeinsatz auswirken.

Tabelle 4.1: Nachfrage nach Energieträgern im Endenergieeinsatz: Steigerung (+) oder Senkung (–) der Nachfrage nach einzelnen Energieträgern in Folge bestimmter Maßnahmen in verschiedenen Sektoren.

	Kohle	Erdöl	Erdgas	Biomasse	Umgebungswärme	Elektrizität	Fernwärme
Verkehr							
Biogene Treibstoffe		–		+			
Elektroautos		–				+	
Erdgasautos		–	+				
ÖV, Bahntransport		–				+	
Fahrzeugeffizienz		–					
Raumwärme							
Wärmedämmung		–	–	–			–
Kesseleffizienz		–	–	–			
Fernwärmeanschluss	–	–	–	–			+
Mikro-KWK						–	
Wärmepumpen	–	–	–		+	+	
CO2-arme Energieträger	–	–	–	+	+		
Beleuchtung							
Energiesparlampen						–	
Standmotoren							
Abwärmenutzung		–	–				
Umstieg auf Elektromotoren		–				+	

4.4.6 Veränderungen auf der Ebene der Umwandlung

Die Elektrizitätsnachfrage bestimmt, in welchem Ausmaß kalorische Kraftwerke betrieben werden, während Wasser- und Windkraftwerke sowie Photovoltaikanlagen unabhängig von der Nachfrage produzieren (für Wasserkraftwerke gilt dies über längere Durchrechnungszeiträume). Unter den oben genannten Maßnahmen zur Reduktion des Endenergieeinsatzes bewirken manche eine verstärkte, manche eine verringerte Nachfrage nach Elektrizität, wobei offen ist, ob die Gesamtnachfrage dadurch steigen oder sinken wird, auch wenn der Trend derzeit klar nach oben zeigt.

Maßnahmen in diesem Bereich sind:

- Neubau von Wasserkraftwerken (Neuerschließungspotenzial 16,5 TWh (60 PJ)) sowie Windkraft- und anderen Ökostromanlagen und
- Effizienzsteigerung durch Sanierung und Modernisierung von Klein- und Großwasserkraftwerken 1,4 TWh (5 PJ)) (VEÖ 2008)

Einer Studie im Auftrag des VEÖ zufolge können in einem ersten Schritt bis 2020 7 TWh (25 PJ) an Wasserkraft ausgebaut werden (Neubau und Effizienzsteigerung).

Maßnahmen bei kalorischen Kraft- und Heizwerken sind

- Nutzung der Abwärme als Fernwärme (Erhöhung des Gesamtwirkungsgrades);
- Effizienzsteigerung in Kraftwerken (Erhöhung des elektrischen Wirkungsgrades, bei KWK-Anlagen auch des Gesamtwirkungsgrades).
- Neubau und Netzverdichtung bei Nah- und Fernwärmeheizwerken

2005 betrugen die Abwärmeverluste aus kalorischen Kraftwerken 79,4 PJ. Darin ist ein erhebliches Potenzial für Effizienzsteigerungen zu sehen. Einzuräumen ist, dass dieses Potenzial nicht in vollem Umfang nutzbar ist, einerseits, da auch KWK-Anlagen einen gewissen Abwärmeverlust haben, andererseits, da an einigen der Kraftwerkstandorte keine Wärmeabnehmer vorhanden sind. Die österreichischen KWK Anlagen hatten 2005 einen durchschnittlichen elektrischen Wirkungsgrad von 34,5 % und einen thermischen von 38,5 %, gesamt also 73 %. Das ist zwar bedeutend besser als der Brennstoffnutzungsgrad der kalorischen Kraftwerke (42 %), hier liegt jedoch noch ein weiteres Verbesserungspotenzial.

Maßnahmen, die auf die Verringerung der CO_2-Emissionen abzielen, sind

- Energieträgersubstitution (von CO_2-intensiven zu CO_2-armen oder CO_2-freien Energieträgern)
- Abscheidung und Speicherung von CO_2 (Carbon Capture and Storage – CCS)

Eine weitere Maßnahme zur Effizienzsteigerung ist die Verringerung der Transportverluste, die insbesondere im Übertragungsnetz (12 PJ) auftreten. Hier können vor allem durch Lückenschluss im Übertragungsnetz sowie durch dezentrale Erzeugung und Maßnahmen zum Netzmanagement Verbesserungen erzielt werden.

4.4.7 Bedeutung des Emissionshandels

Im Gegensatz zur Kyoto-Periode 2008 bis 2012, in der die durch den Emissionshandel erreichten Verringerungen des Treibhausgasausstoßes Teil des nationalen Ziels sind, werden in der nachfolgenden Periode 2013 bis 2020 nur diejenigen Emissionen für das nationale Ziel berücksichtigt, die nicht aus Anlagen stammen, die dem Emissionshandel unterliegen (vgl. Tabelle 2.1). Für die Anlagen im Emissionshandel gilt ein EU-weites Reduktionsziel (–21 % bis 2020 bezogen auf die Emissionen 2005).

Welcher Anteil des österreichischen Treibhausgasausstoßes 2020 aus Anlagen stammen wird, die dem Emissionshandel unterliegen, lässt sich nicht genau voraussagen, da unter anderem Einzelheiten zur Einbeziehung von Kleinanlagen noch nicht bekannt sind. Einerseits werden gegenüber der derzeitigen Situation weitere Sektoren einbezogen, andererseits werden kleine Anlagen aus dem System entlassen. Die Kommission geht davon aus, dass in der Periode 2013 bis 2020 EU-weit etwa 40 % der Treibhausgasemissionen vom Emissionshandel erfasst werden. Als grober Anhaltspunkt in Österreich kann der Anteil der Emissionen dienen, die derzeit dem Emissionshandel unterliegen. Gemäß der österreichischen Treibhausgasinventur (UBA 2008, Tab. 23) lagen 2005 die gesamten CO_2-Emissionen aus Emissionshandels-Anlagen bei 33,37 Mt. Davon stammten 25,30 Mt aus der energetischen Nutzung von Brennstoffen, 8,09 Mt waren Prozessemissionen. Von den insgesamt 70,62 Mt CO_2-Emissionen aus dem Energiesystem (ebd., Tab.19) stammen also 35,8 % aus Emissionshandels-Anlagen[11].

Dem Emissionshandelsregime unterliegen der überwiegende Teil der kalorischen Kraftwerke, der KWK-Anlagen und der Heizwerke sowie ein wesentlicher Teil der Industrieanlagen. Da das nationale Ziel zur Emissionsreduktion bis 2020 („effort sharing“, –16 % gegenüber 2005) nur bezüglich derjenigen Emissionen festgelegt ist, die nicht dem Emissionshandel unterliegen, tragen Maßnahmen zur Verringerung der CO_2-Emissionen bei den genannten Anlagen nicht zur Erfüllung des österreichischen Emissionsreduktionsziels bei.

Die nationalen Maßnahmen in der Post-Kyoto-Periode müssen also diejenigen Emissionen verringern, die nicht dem Emissionshandel unterliegen: ausgehend von 59,89 Mt CO_2-Äquivalente im Jahr 2005 soll 2020 der Zielwert von 50,31 Mt erreicht werden. 2005 stammten davon 45,32 Mt CO_2-Emissionen (75,7 %) aus der Verbrennung fossiler Brennstoffe. Unter der Annahme, dass im Energiesystem die Emissionen ebenfalls um 16 % verringert werden sollen, ergibt sich als Zielwert, dass die

11) An den gesamten österreichischen Treibhausgasemissionen von 93,26 Mt CO_2-Äquivalente hatten die 33,37 Mt CO_2 aus den Emissionshandels-Anlagen ebenfalls einen Anteil von 35,8 %.

CO_2-Emissionen aus dem Energiesystem, die nicht dem Emissionshandel unterliegen, im Jahr 2020 bei 38,07 Mt liegen sollen.

4.5 Konturen eines nachhaltigen Energiesystems nach 2020

Einige Eckpunkte zeichnen sich ab, wie sich ein am Leitbild der Nachhaltigkeit weiterentwickeltes Energiesystem ab 2020 vom heutigen unterscheiden könnte.

Im Gebäudebereich sollten Volumen und Anteil der eingesetzten fossilen Energieträger sinken. Schrittmacher dieser Entwicklung ist die Energieeffizienzverbesserung. Der verbleibende Energiebedarf wird mit steigendem Anteil durch erneuerbare Energieträger gedeckt. Eine Halbierung der CO_2-Intensität bis 2020 erscheint erreichbar.

Im Mobilitätsbereich sollen ebenfalls Energie- und CO_2-Intensität sinken. Im PKW-Segment soll der Verbrauch bezogen auf die Energienutzung massiv fallen. Die Veränderung des Verkehrsträgermixes soll ebenfalls zur Verringerung der Energie- und CO_2-Intensität beitragen.

Im Stromerzeugungsbereich soll, auch unter der Prämisse des Kernenergieverzichts, der Anteil der Wasserkraft, steigen. Die Quoten der anderen erneuerbaren Energieträger sind ebenfalls anzuheben. Öl- und Gaskraftwerke werden nicht den Schwerpunkt der Investitionen bilden. Kohlekraftwerke mit CO_2-Abscheidung können eine Option sein, sobald die Technologie ausgereift und wirtschaftlich ist. Smart Metering und tageszeitabhängige Stromtarife sind flächendeckend umzusetzen, Smart Grids technologisch weiterzuentwickeln.

In der Industrie sind der Substitution der fossilen Energieträger durch nichtfossile Grenzen gesetzt. Der Energieeffizienzfortschritt sollte eine weitgehende Entkoppelung von Wirtschaftswachstum und Energieverbrauch ermöglichen.

Fossile Energieumwandlungen sollen, soweit sie weiterhin erforderlich sein werden, mit größtmöglichen Wirkungsgraden erfolgen. Dies legt eine breite Anwendung der KWK-Technologien bis in die kleinen Leistungsbereiche (Mikro-KWK) nahe.

5. POLITIKFELDER – MASSNAHMEN

Die bisherigen Kapitel haben das Zielsystem der Energiepolitik (Kapitel 2) und die faktischen Hintergründe einschließlich der offenbar „in die falsche Richtung“ weisenden Trendszenarien (Kapitel 3) beschrieben sowie versucht, von den für 2020 gesetzten Verpflichtungen aus Zielpfade „zurück in die Gegenwart“ aufzuzeigen. Diese sind durch Fortschreibung der bisherigen Energiepolitik aber nicht zu beschreiten. Vielmehr bedarf es einer grundlegenden Überarbeitung und Neuausrichtung. Das neue Design manifestiert sich in der Schaffung eines Koordinations- und Steuerungsinstruments, das die einzelnen Teile zusammenhält und für die nötige Konsistenz sorgt.

5.1 Masterplan Energie – Klima 2020

Ausgangspunkt der folgenden Überlegungen ist die Notwendigkeit der langfristigen Umstellung des Energiesystems: Das derzeitige kohlenstoffintensive Energiesystem ist in ein Energiesystem mit deutlich geringerer Kohlenstoffintensität überzuführen. Die Gründe dafür liegen einerseits im Streben nach Energieversorgungssicherheit, andererseits im Kampf gegen die Klimaerwärmung. Mit dem Zieldatum 2020 verpflichten sich die Mitgliedstaaten der Europäischen Union zu weit reichenden Reduktionen ihrer Treibhausgasemissionen und erheblichen Veränderungen ihres Energiemix.

In den heutigen Stand des programmatischen politischen Konsenses ist eingeschlossen, dass die für 2020 gesetzten Ziele nur als Zwischenziele auf dem Weg zu einer „Low Carbon Economy“ zu betrachten sind, die Kohlenstoffintensität also danach weiter massiv verringert werden soll.

Dem steht gegenüber, dass unsere Wirtschaft heute zu einem großen Ausmaß von kohlenstoffbasierten Energieträgern abhängig ist und eine so schwerwiegende Umorientierung des Energiesystems erhebliche negative Folgen für die Wirtschaft und die Bevölkerung haben kann, wenn ihr kein stimmiges Konzept zu Grunde liegt, das für die richtigen Prioritätensetzungen und Abfederungen sorgt. Punktuelle Anpassungen werden nicht genügen und sind unterm Strich teurer als eine Vorgangsweise, die das Energiesystem insgesamt auf den Prüfstand stellt und in die erwünschten Richtungen weiterentwickelt.

Grundsätzlich besteht über folgende Leitlinien Einigkeit:

- Der Umbau von „high carbon“ zu „low carbon“ erfordert viel Zeit, Erfolge treten in den meisten Bereichen nicht in kurzen Zeiträumen ein. So dauert die Erneuerung der österreichischen Kraftfahrzeugflotte mindestens 15 Jahre. Die Herstellung der Energieneutralität des Gebäudesektors nimmt wohl mindestens den doppelten Zeitraum in Anspruch. Kraftwerke, die jetzt gebaut werden, werden 20 bis 30 Jahre lang Strom ins Netz liefern.

- Je früher damit begonnen wird, Maßnahmen zur Erreichung der verpflichtenden Ziele zu setzen, desto größer sind die politischen Gestaltungsspielräume. Dies möge ein Beispiel illustrieren: Kurzfristig ist die Reduktion des Energieverbrauchs im Mobilitätssektor nur durch verbietende oder verteuernde Maßnahmen möglich, die auf die Verringerung der Fahrleistungen von PKW und LKW abzielen. Auf lange Sicht ist es hingegen möglich, die CO_2-Intensität des Fuhrparks durch technische Optimierung zu senken oder das Zusammenspiel zwischen öffentlichen Verkehrsträgern und Individualverkehr zu verändern.
- Je größer die politischen Gestaltungsspielräume sind, desto mehr Nutzen kann für den Wirtschaftsstandort Österreich erzielt werden. Immer wieder wird für das Klimapaket der Europäischen Union ins Treffen geführt, dass es auch zu Wachstum und zusätzlicher Beschäftigung beitragen kann. Diese positiven Wirkungen sind nur zu erzielen, wenn die erforderlichen Maßnahmen frühzeitig eingeleitet werden. Nur durch klare politische Rahmenbedingungen ist es möglich, die österreichische Umwelt- und Energietechnikbranche wettbewerbsfähig zu erhalten und die Wachstumspotenziale zu nutzen.
- Hingegen birgt eine retardierende, auf ad-hoc-Maßnahmen basierende Umstellung des Energiesystems erhöhte Nachteile und Risiken für die österreichische Volkswirtschaft. Als Beispiel seien die immer höheren „Strafzahlungen“ (als Kompensation für die Überschreitung des nationalen Emissionsplafonds) genannt, die nur noch finanzielle Transfers ohne nennenswerte Wertschöpfung für Österreich darstellen.
- Es wird nicht genügen, „low hanging fruits“ zu pflücken (sofern es solche überhaupt gibt). Die Umorientierung wird das gesamte Energiesystem erfassen müssen, um die vorgegebenen Zielsetzungen erreichen zu können.

Die Sozialpartner fordern daher, dass die Umstellung des Energiesystems auf einer sorgfältigen, langfristigen Planung beruhen soll und dazu ein leistungsfähiges Steuerungs- und Koordinationsinstrument zu schaffen ist. Damit ist schon impliziert, dass eine rein indikative Planung nicht ausreicht, da diese die geforderte Steuerung und Koordination nicht leisten könnte.

Zu unterstreichen ist die Dringlichkeit der Inangriffnahme der Erarbeitung des Masterplans. Um hohe Kosten zu vermeiden, die mit gravierenden Zielverfehlungen verbunden sein werden, und um die Chancen eines geordneten und „sanften" Umstiegs zu nutzen, darf keine Zeit verloren werden.

5.1.1 Eckpunkte des Masterplans Energie – Klima 2020

Der Masterplan Energie – Klima 2020 soll dieses Planungsinstrument darstellen. Er muss folgende inhaltliche Eckpunkte enthalten

- Umfassende, weitgehend datengestützte Befunde zur Ist-Situation des Energiesystems;
- Festlegung, wie ein nachhaltiges Energiesystem aussehen kann und welche „Zwischenstation" bis 2020 erreicht werden kann (Gesamtenergiemix, Darstellung der einzelnen Sektoren);
- Maßnahmenpakete für die Produktionsebene, die Verteilungsebene und die einzelnen Sektoren der Verbrauchsebene;
- Festlegung von Anforderungen, um Investitionen in Strukturen zu unterbinden, die mit dem angestrebten Energiesystem nicht kompatibel sind (z. B. Errichtung von kalorischen Kraftwerken an Standorten, an denen eine zufriedenstellende ganzjährige Wärmenutzung nicht gesichert oder unwahrscheinlich ist);
- Festlegung, welchem Sektor künftig wie viele CO_2-Rechte zustehen sollen.

Insbesondere soll der Masterplan dafür sorgen, dass die im Folgenden zu behandelnden Kernbereiche der Energiepolitik optimal gestaltet werden: die Wettbewerbspolitik, die Energieeffizienzpolitik, der Ausbau der Nutzung der erneuerbaren Energieressourcen, die Energieforschung, die Energieaußenpolitik, der Infrastrukturausbau und die Weiterentwicklung der steuerlichen Politikfelder.

Bei der Erstellung des Masterplans ist Vorsorge dafür zu treffen, dass für den Fall einer Zielverfehlung (sowohl bei den Klima-Zielen als auch bei den Zielen für erneuerbare Energie) Zukäufe aus dem Ausland erforderlich sind, die mit einem erheblichen Mittelbedarf einhergehen.

Derzeit findet diese Deckung nur zu einem kleinen Teil statt. Somit wären zum Beispiel am Ende der Kyoto-Periode (2008 bis 2012) mit einem Schlag die fehlenden Emissionsrechte für fünf Jahre nachzukaufen.

Daher unterstützen die Sozialpartner folgendes Modell: Für den Fall, dass die erforderlichen Reduktionen in einem Jahr nicht erreicht werden, sind Rückstellungen in einem Ausmaß zu bilden, in dem sie in späteren Jahren benötigt würden, um den Emissionsüberhang durch Zukauf von Zertifikaten abzudecken. Diese Mittel können für Zukäufe und vor allem für Investitionen in Österreich verwendet werden, die zertifizierte Emissionsreduktionen nach sich ziehen („domestic offset projects").

5.1.2 *Ausrichtung des Masterplans Energie – Klima 2020*

Der Masterplan Energie-Klima ist mehr als eine Fortschreibung bisheriger Strategiedokumente. Er unterscheidet sich von ihnen in seiner Ausrichtung in mehrfacher Hinsicht. Der Masterplan muss

- einen über mehrere Legislaturperioden hinausreichenden langfristigen Zeithorizont haben (im Unterschied zu den Regierungsprogrammen für jeweils eine Gesetzgebungsperiode),
- über Kompetenzgrenzen einzelner Kompetenzträger hinausgehen und alle gebietskörperschaftlichen Ebenen umspannen (diese Ausrichtung lag auch schon bisherigen Energie- und Klimakonzepten zu Grunde),
- mehr als bisher die Kooperation mit allen Beteiligten suchen, um Bremseffekte zu vermeiden und Multiplikator-Wirkungen zu erzielen,
- eine rechtliche Verbindlichkeit aufweisen, die sich neben der Bundesregierung auch auf die Kompetenzausübung der Länder erstreckt,
- jährliches Reporting an das Parlament und die Öffentlichkeit über Stand der Umsetzung, daraus resultierende Effekte und allenfalls erforderliche Anpassungen des Masterplans vorsehen;
- insbesondere sind die Wechselwirkungen mit anderen Politikbereichen, etwa der Verkehrspolitik und der Raumordnungspolitik, und in einem weiteren Sinn auch mit wirtschafts- und beschäftigungspolitischen Effekten zu beachten.

Daraus folgt, dass der Masterplan Energie – Klima in bewusster Abwendung von Vorläufern, wie den Energiekonzepten des Wirtschaftsministeriums und den Klimastrategien des Umweltministeriums, eine gesetzliche Fundierung benötigt. Der Masterplan muss direkten Einfluss darauf haben, was tatsächlich passiert.

Diesem weitreichenden Anspruch ist auch durch die Gestaltung des Prozesses der Planerstellung Rechnung zu tragen. Die Betonung der fachlichen Komponente zur Sicherstellung der richtigen inhaltlichen Ausgestaltung ist genauso wichtig wie die Begleitung des gesamten Prozesses durch die Beteiligten zur Sicherstellung der Akzeptanz der von ihm produzierten Handlungsempfehlungen.

Es ist einzuräumen, dass mehrere der für einen erfolgreichen Masterplan erforderlichen Eigenschaften auch insofern eine Herausforderung darstellen, als sie eine Weiterentwicklung der politischen Kultur, etwa in die Richtung eines kooperativen Föderalismus und der Überwindung von Partikularinteressen, erfordern.

5.2 Wettbewerbs- und Regulierungspolitik

5.2.1 Allgemeines

Vollkommener Wettbewerb auf Märkten herrscht nur selten vor. Insbesondere der Energiemarkt weist oftmals oligopolistische Marktstrukturen auf. Die Auswirkungen nicht vollkommenen Wettbewerbs treffen Konsumenten und die Wirtschaft gleichermaßen. Funktionierender Wettbewerb liegt daher sowohl im Interesse der Wirtschafts- und Standortpolitik als auch der Konsumenten und Beschäftigten.

Es gibt auch Märkte, die ein sogenanntes „natürliches Monopol" darstellen und stärkere Eingriffe des Staates erfordern, um Marktversagen zu korrigieren oder staatliche Ziele durchzusetzen: Im Bereich des Energiemarktes sind das die leitungsgebundenen Transport- oder Verteilernetze. Diese „Güter" lassen sich aus wirtschaftlichen Gründen nicht ohne weiteres vervielfältigen. Parallele Infrastrukturen und damit mehrere Infrastrukturanbieter wären nicht nur teuer, sondern auch unwirtschaftlich. Um allen Marktteilnehmern auf den vor- und nachgelagerten Märkten, die auf die Nutzung des Netzes angewiesen sind, einen fairen und diskriminierungsfreien Zugang zu den Netzen zu gewährleisten, bedarf es regulatorischer Maßnahmen und Rahmenbedingungen.

Als ordnungspolitische Instrumentarien dienen das Kartell- und das Regulierungsrecht. Sie haben als gemeinsames Ziel die Sicherung und Herstellung eines funktionierenden, fairen Wettbewerbs. Die Mittel und Wege, um diese Ziele zu erreichen sind unterschiedlich: Eine sektorspezifische Regulierung zeichnet sich durch eine hohe Eingriffsintensität aus, um einen Wettbewerb rasch herzustellen (ex ante-Kontrolle). Das Wettbewerbsrecht ist auf eine Korrektur von definiertem Fehlverhalten der Marktteilnehmer und auf Strukturkontrolle im Einzelfall ausgerichtet (ex post-Kontrolle). Es gibt aber auch Durchbrechungen: Bei der Fusionskontrolle durch die Wettbewerbsbehörde erfolgt eine ex ante-Betrachtung. Das Regulierungsrecht hat Vorschriften zur ex post-Missbrauchsaufsicht.

Grundsätzlich lässt sich der Bereich Regulierung und Wettbewerbspolitik sachlich in folgende drei Themenbereiche gliedern:

- Monitoring
- Ex ante-Regulierung
- Ex post-Aufsicht

Ex ante-Regulierung bezeichnet dabei die Gestaltung der Wettbewerbsverhältnisse des Energiemarktes über die allgemeinen Wettbewerbsregeln hinaus. Sie legt Regeln fest, die von allen Wirtschaftssubjekten des Sektors einzuhalten sind. Typischerweise beschäftigt sich die ex ante-Regulierung im Energiebereich zusätzlich mit dem Zugang zu „essential facilities", also den Netzen und den Gasspeichern. Wie in allen anderen Bereichen umfasst sie auch Regeln des Marktzutritts und des -verhaltens. Ex ante-Regulierung muss Entwicklungen im Markt im Vorhinein abschätzen (können), um effizient sein zu können. Teil der ex ante-Regulierung ist auch die Fusionskontrolle.

Ex post-Aufsicht hingegen beschäftigt sich mit dem Marktergebnis und kann Verhalten nur im Einzelfall korrigieren. Verfahren werden von Amts wegen oder durch Beschwerde eines Marktteilnehmers initiiert. Eine funktionierende ex post-Aufsicht benötigt daher entweder viele und ausreichend informierte Mitbewerber, um Missstände im Markt erkennen zu können und diese dann der Wettbewerbsbehörde anzuzeigen, oder es kann ein System der permanenten Marktaufsicht installiert werden, das laufend relevante Informationen erhält, um durch entsprechende Datenanalyse Fehlentwicklungen bzw. mögliches Fehlverhalten der Marktteilnehmer identifizieren zu können. Verbotene Vereinbarungen oder Verhaltensweisen können nur geahndet werden, wenn sie nachgewiesen werden können.

Gerade bei einer Liberalisierung früher monopolistisch organisierter Märkte wie der Gas- und Strommärkte, ist die verursachte Verzögerung bei einer ex post-Aufsicht besonders schädlich, da der Markteintritt von neuen Wettbewerbern möglicherweise alleine durch vorhandenes Diskriminierungspotenzial, das erst nach langwierigem Rechtsstreit beseitigt werden kann, verhindert wird. Deshalb wird gerade in diesem Bereich sehr stark auf ex ante-Regulierung gesetzt.

5.2.2 Wettbewerbspolitik

Die Wettbewerbspolitik befasst sich sowohl mit strukturellen Problemen der Märkte als auch mit dem Verhalten der Marktteilnehmer.

Der Schutz des Wettbewerbs erfolgt durch

- das Verbot von wettbewerbsbeschränkenden Verhaltenskoordinationen (Kartelle)
- das Verbot der missbräuchlichen Ausnutzung von Marktmacht und
- die Kontrolle von Zusammenschlüssen.

Kartellbehörden und Kartellrechtsvollzug in Österreich

Seit 1.7.2002 wurden im österreichischen Kartellrechtsvollzug erstmals weitgehend unabhängige Ermittlungs- und Aufgriffsbehörden geschaffen, die Verfahren vor den Kartellgerichten führen:

Die unabhängige Bundeswettbewerbsbehörde wurde beim BMWA (jetzt

BMWFJ) eingerichtet. Sie verfügt über effiziente Aufgriffs-, Ermittlungs- und Untersuchungskompetenzen und ist für die Sicherstellung eines funktionierenden Wettbewerbs verantwortlich. Sie wird von einem weisungsfreien und unabhängig gestellten Generaldirektor geleitet.

Im Geltungsbereich des Justizministeriums wurde ein weisungsgebundener Bundeskartellanwalt eingerichtet. Ihm obliegt die Vertretung öffentlicher Interessen in Angelegenheiten des Wettbewerbsrechts beim Kartellgericht. Wie auch die Bundeswettbewerbsbehörde hat auch der Bundeskartellanwalt Amtsparteienstellung im Verfahren vor dem Kartellgericht bzw. dem Kartellobergericht. Er verfügt aber über keine eigenen Ermittlungsbefugnisse.

Die Wettbewerbskommission ist als beratendes Gremium der Bundeswettbewerbsbehörde beigestellt. Sie gibt Empfehlungen zu angemeldeten Zusammenschlüssen ab und erstattet Gutachten zu wettbewerbspolitischen Fragen.

Das Kartellgericht trifft alle kartellrechtlichen Entscheidungen in Österreich in erster Instanz. Über Rechtsmittel gegen Beschlüsse des Kartellgerichts entscheidet das Kartellobergericht in zweiter und letzter Instanz.

Abbildung 5.1: Organisation des Kartellrechtsvollzugs in Österreich

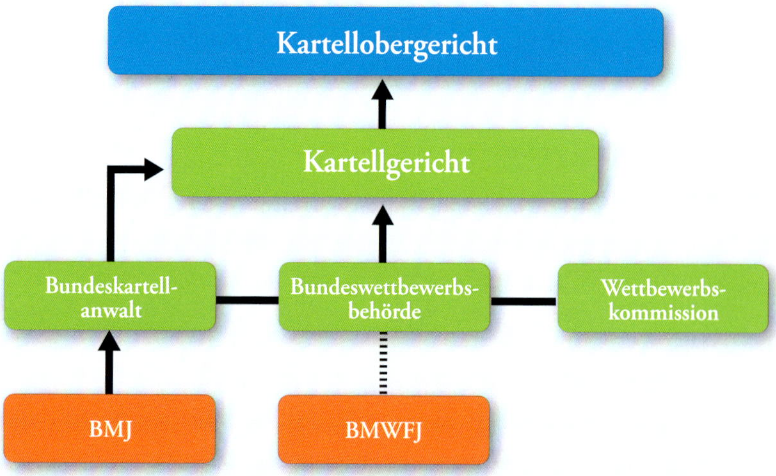

5.2.3 Regulierungspolitik

Österreich weist im Energiebereich eine sehr uneinheitliche Rechtsgrundlage auf. Die Gaswirtschaft ist von der Zuständigkeit her Bundessache, die Elektrizitätswirtschaft ist geteilte Kompetenz. Letzteres hat zur Folge, dass auch die Regulierungspraxis uneinheitlich erfolgt, vor allem auf Grund von Sonderregelungen in Landesausführungsgesetzen bzw. durch unterschiedliche Vollziehung durch die Landesbehörden (z. B. Lizenzbedingungen fur Netzbetreiber inklusive der zugehörigen Bestimmungen über die Entflechtung).

Viele der Regulierungsbereiche bei Gas und Strom wurden der Regulierungsbehörde Energie-Control GmbH (kurz E-Control) zugewiesen. Die Regulierungsbehörde besteht aus zwei eigenständigen Behörden, der E-Control Kommission (ECK) und der E-Control GmbH (ECG), wobei jedenfalls wesentliche Eingriffe in das Eigentumsrecht (z. B. Festsetzung der Netztarife) der E-Control Kommission zugewiesen wurden. Beraten wird die E-Control Kommission vom Energiebeirat, der sich aus Ministeriumsvertretern, Vertretern der Sozialpartner (und der IV) und in einigen Angelegenheiten Vertretern der Länder zusammensetzt. Die ECK genehmigt die Allgemeinen Geschäfts- und Betriebsbedingungen der Netzbetreiber und der Verrechnungsstellen. Dadurch sorgt sie für ein konsistentes System der Marktregeln, das notwendig ist, um eine Liberalisierung in einer Netzwerkindustrie erst zu ermöglichen. Die Marktregeln müssen alle essentiellen Prozesse im Wirtschaftsgeschehen abdecken.

Die E-Control GmbH fungiert als Geschäftsstelle der Kommission und entscheidet in einigen Überwachungs- und Lizensierungsangelegenheiten. Als Aufsichtsbehörde agiert der BMWFJ.

Die bisherige Regulierung konzentriert sich auf das Netzgeschäft. Sie beinhaltet vor allem die Festsetzung der Nutzungsentgelte sowie die Genehmigung der Allgemeinen Geschäfts- und Betriebsbedingungen (AGB). Kritisch zu sehen ist, dass der Festsetzung der Entgelte keine Kompetenz zur Definition der Leistungsinhalte der Netzbetreiber gegenüber steht (z. B. Qualität der Netze). Dadurch ist potenziell eine Verschlechterung der Netzqualität möglich, ohne dass die Behörde dies in die Kalkulation der Entgelte mit einbeziehen könnte.

Das „Vorschlagsrecht" hinsichtlich der zu genehmigenden AGB liegt aber immer noch bei den Netzbetreibern. Die Behörde kann keine bestimmten (einheitlichen) Regelungen vorschreiben, sondern nur eingebrachte ablehnen oder ändern. Insofern kann nicht sichergestellt werden, dass die Regulierung tatsächlich zu harmonisierten Marktbedingungen führt. Im Gasbereich hat deshalb die ECK eine Verordnungs-Kompetenz für den besonders wichtigen Wechselprozess erhalten. Im Strombereich ist eine entsprechende Kompetenz noch ausständig. Fazit ist, dass die Regulierungsbehörde die Möglichkeit braucht, um bestimmte Regelungen vorzusehen, wenn eine Harmonisierung notwendig ist, aber nicht erfolgt.

Weiters zeigt sich, dass funktionierender Wettbewerb nur dann möglich ist, wenn auch Massenprozesse – wie z. B. im Zusammenhang mit dem Lieferantenwechsel – im Wettbewerbsbereich harmonisiert werden. Hier besteht potenziell ein sehr unausgeglichenes Verhältnis der Interessen, da marktbeherrschende Unternehmen grundsätzlich ein geringeres Interesse an effizient funktionierenden Prozessen haben als neu eintretende Mitbewerber.

5.2.4 EU-Rechtliche Vorgaben

Ziel der Binnenmarkt-Richtlinien war es, einen Großhandelsmarkt in der Europäischen Union zu schaffen und industriellen Großverbrauchern den Zugang zu diesen internationalen Märkten zu erleichtern. Die Weiterentwicklung des Binnenmarktes und die offensichtlichen Probleme, die beobachtet wurden, haben aber weitreichende Konsequenzen auch auf andere Bereiche der Energie- und Klimapolitik gehabt, da sie potenziell Markt verzerrende Aspekte (Krisenvorsorge, Fördermodelle für bestimmte Erzeugungsarten elektrischer Energie) transparent gemacht haben.

Die Widersprüche zwischen dem Binnenmarktkonzept und gewünschten Beihilfen für bestimmte Stromerzeugungstechnologien (erneuerbare Energien, Kraft-Wärme-Kopplung) mündete dann 2001 und 2004 in entsprechenden Richtlinien (KWK-Richtlinie[12] und Erneuerbare-Energien-Richtlinie[13])

Gleichzeitig wurden die Beschleunigungsrichtlinien und die Verordnungen für grenzüberschreitenden Transport für Strom und Gas erlassen. Ziel war, eine volle Marktöffnung zu erreichen, da ungleich geöffnete Märkte u. a. zu wesentlichen Wettbewerbsverzerrungen geführt hatten. Dazu sollten die Vorgaben zur Unabhängigkeit der Netzbetreiber verschärft werden, und spätestens im Juli 2007 sollten alle Abnehmer die freie Lieferantenwahl haben.

Dieses zweite Paket hat allerdings das ursprüngliche Manko der EU-Rechtsakte nicht behoben. Der Versuch über rein national umzusetzende Rechtsakte einen integrierten Strom- und Gasmarkt herzustellen, hat sich als nicht zielführend erwiesen. Deshalb wurde ab 2006 in den sogenann-

12) Richtlinie 2004/8/EG des Europäischen Parlaments und des Rates vom 11.2.2004 über die Förderung einer am Nutzwärmebedarf orientierten Kraft-Wärme-Kopplung im Energiebinnenmarkt und zur Änderung der Richtlinie 92/42/EWG.

13) Richtline 2001/77/EG des Europäischen Parlaments und des Rates vom 27.9.2001 zur Förderung der Stromerzeugung aus erneuerbaren Energiequellen im Elektrizitätsbinnenmarkt.

ten regionalen Initiativen versucht, „kooperativ" die fehlende Rechtsbasis durch multilaterale Übereinkünfte zu ersetzen (z. B. Pentalaterale mit Frankreich, Deutschland und den Beneluxstaaten). Bis auf einige wenige Ausnahmen verlaufen diese Initiativen allerdings relativ schleppend, da sowohl seitens der Energie-Industrie als auch der Regulierung kein bestehendes Koordinierungssystem genutzt werden kann.

Marktintegration wird von vielen Mitgliedstaaten als mögliche Gegenmaßnahme zur hohen nationalen Marktkonzentration bei Strom und Gas gesehen. Dies betrifft vor allem die Märkte des Strom- und Gasgroßhandels. Effekte auf die Einzelhandelsmärkte sind dabei nur mittelbar zu erwarten. Der gesetzgeberische Schwerpunkt verlagert sich daher immer mehr auf die grenzüberschreitenden Großhandelsmärkte und weg von „nationalen" Regelungsinhalten, solange diese den Wettbewerb nicht erheblich verzerren können.

Das dritte Binnenmarktpaket versucht nun diese Koordinierungsmechanismen bei grenzüberschreitenden Aufgaben zu installieren. Die angedachten Netzbetreiberorganisationen, „European Networks of Transmission System Operators" (ENTSOs) erhalten die Aufgabe, die Regeln für den grenzüberschreitenden Handel sowie alle dafür notwendigen infrastrukturellen Regeln auszuarbeiten. Diese zusätzlichen Aufgaben haben die Unabhängigkeit der Übertragungsnetzbetreiber weiter ins Zentrum der Diskussion gerückt.

Die Koordinierung der regulatorischen Aspekte soll über eine neue Regulierungseinheit („Agency for the Cooperation of Energy Regulators", ACER) erfolgen. Diese Agentur soll unter anderem Leitlinien für die Ausarbeitung von Netzkodizes durch die ENTSOs erstellen und bei grenzüberschreitenden Infrastrukturen auch Entscheidungskompetenz etwa zur Kapazitätsvergabe erhalten. Insgesamt ist dies weiterhin ein extrem auf Kooperation aufbauender Ansatz. Im Vergleich zur US-Diskussion eines „Standard Market Design" (SMD), in dem die zentrale Regulierungsbehörde einen konsistenten Entwurf vorgelegt hat, wird hier über eine „Selbstregulierung der Branche" ein einheitliches Konzept erarbeitet.

5.2.5 Stufen der Wertschöpfung im Strombereich

Die Branchenuntersuchung der Bundeswettbewerbsbehörde (Bundeswettbewerbsbehörde 2005.1) hat folgende sachlich relevante Märkte definiert:

- Erzeugung,
- Ausgleichsenergie,
- Übertragung, d. h. der Transport von Elektrizität über Höchst- und Hochspannungsleitungen,

- Verteilung, d. h. der Transport von Elektrizität über Mittel- und Niederspannungsleitungen,
- Versorgung, d. h. die Belieferung von Endabnehmern mit Elektrizität, wobei dieser Markt in weitere Kategorien (Groß- und Kleinkunden) unterteilt wird, und
- Stromhandel, also den An- und Verkauf von Elektrizität und Derivaten.

Mehr als 60 % der Wertschöpfung erfolgt in der Erzeugung, ein weiteres Drittel in Transport und Verteilung, wobei der Transport lediglich etwa 10 % der Netzkosten insgesamt ausmacht. Der Vertrieb erwirtschaftet lediglich einen sehr kleinen Teil der Wertschöpfung.

Vor der Liberalisierung wurden die einzelnen Stufen der Wertschöpfung in der Regel von jeweils nur einem Energieversorgungsunternehmen erbracht (vertikal integriertes Unternehmen).

Seit der Liberalisierung in den Jahren 2001 und 2002 unterliegen die Ebenen der Erzeugung und der Versorgung grundsätzlich dem freien Wettbewerb.

Erzeugung und Handel

Der österreichische Erzeugungsmarkt dürfte mit jenem Deutschlands integriert sein, da es zu keinen wesentlichen Preisunterschieden kommt, die Handelsplätze, an denen die Erzeugung abgesetzt werden kann, Lieferung loco Deutschland und Österreich gleichermaßen anbieten und auch zu keinem Zeitpunkt des Jahres Netzengpässe auftreten, die eine Preisarbitrage verhindern könnten. Allerdings gibt es bisher keine relevante Entscheidung einer Wettbewerbsbehörde, sodass rechtlich die Frage der Marktabgrenzung noch nicht definitiv geklärt ist.

Unter der Annahme eines integrierten Marktes haben die österreichischen Produzenten nur einen sehr geringen Marktanteil, der sich allerdings als erheblich erweisen könnte, sollte es künftig einmal zu Netzengpässen kommen. Hinsichtlich der möglichen Marktmacht einzelner deutscher Unternehmen gibt es unterschiedliche Aussagen, wobei im wesentlichen keine Einigkeit darüber zu herrschen scheint, ob Preise, die die kurzfristigen Grenzkosten laufend überschreiten, missbräuchlich sind, oder jedenfalls notwendig sind, um vorhandene Fixkosten zu decken bzw. Investitionsanreize zu setzen.

Ausgleichsenergie

Ausgleichsenergie ist ein Submarkt des Erzeugermarktes. Es handelt sich um spezielle Anbieter, die zur Lieferung von Systemdienstleistungen herangezogen werden, die aufgrund der Nicht-Speicherbarkeit elektrischer Energie und aufgrund des für die Liberalisierung eingeführten Marktmodells erforderlich sind. Der Markt für Ausgleichsenergie ist sehr eng, das heißt nur wenige Unternehmen kommen als Anbieter in Betracht. Der Markt ist kleiner als Österreich.

Transport

Der Transportmarkt ist nach allgemeiner Auffassung ein natürliches Monopol. Transportnetzbetreiber stellen die Infrastruktur für Großhandelsmärkte zur Verfügung. Die Tätigkeit der Transportnetzbetreiber entscheidet daher über die Frage, wie knappe Netzkapazitäten vergeben werden, und über den Wettbewerb am Erzeugermarkt (z. B. die Frage, ob Anlagen diskriminierungsfrei an das Netz angeschlossen werden). Insgesamt sind Transportnetzbetreiber für einen effizienten Großhandelsmarkt verantwortlich. Deren Unabhängigkeit ist damit wesentlich für effiziente Produktion und damit Effizienz bei einem Großteil der Wertschöpfung. Finanziert wird der Transportnetzbetreiber von Netznutzungserlösen, sowie aus Erlösen durch die Versteigerung von Netzengpässen. Diese Versteigerungserlöse werden allerdings tarifsenkend verrechnet.

Verteilung

Die Verteilernetze sind ebenfalls natürliche Monopole, deren Nutzung zu von der Regulierungsbehörde festgelegten Tarifen erfolgt. Durch die große Anzahl der Verteilernetzbetreiber (ca. 130) in Österreich ist ein Vergleich der relativen Effizienz der Unternehmen möglich und wird von der Behörde herangezogen, um in einem Benchmarkingverfahren Effizienzverbesserungen vorzuschreiben. Die negativen Auswirkungen einer Cost-Plus Regelung („Golden Plating“) haben die Regulierungsbehörde zuletzt dazu bewogen, ein Anreizregulierungssystem einzuführen. Insgesamt wurden die Netztarife der Verteilernetzbetreiber um über 25 % gesenkt, was aber teilweise durch den erhöhten Stromkonsum und damit die höhere Mengenbasis der Tarife in Österreich zu erklären ist. Die Rolle der Verteilernetzbetreiber ist im Versorgungsmarkt mit der Rolle der Übertragungsnetze am Großhandelsmarkt zu vergleichen. Verteilernetzbetreiber sind die Datendrehscheiben des Endkundenwettbewerbs.

Versorgung

Wie bereits angedeutet, werden die Märkte für Großkunden (Netzanschluss auf der Mittelspannungsebene, Jahresverbrauch größer 1 GWh) und für Kleinkunden unterschieden. Während für Großkunden von einem österreichweiten Markt ausgegangen wird, dürften die Märkte für Kleinkunden lediglich auf das Netzgebiet des lokalen Versorgers beschränkt sein, d. h. den lokalen Anbietern für Kleinkunden steht definitionsgemäß kein wirksamer Wettbewerb gegenüber.

Wie die nachfolgende Abbildung 5.2 zeigt, wechseln trotz erheblicher Einsparungsmöglichkeiten (typischerweise über 200 € für Strom und Gas kumuliert) nur wenige Konsumenten den Versorger, sodass bis Ende 2007 lediglich 414.000 Zählpunkte einen neuen Versorger hatten. Es fällt auf, dass über 40 % der Wechselfälle vom Kleingewerbe durchgeführt wird.

Abbildung 5.2: Liberalisierungseffekte im österreichischen Elektrizitätsmarkt. Quelle: E-Control 2008.1

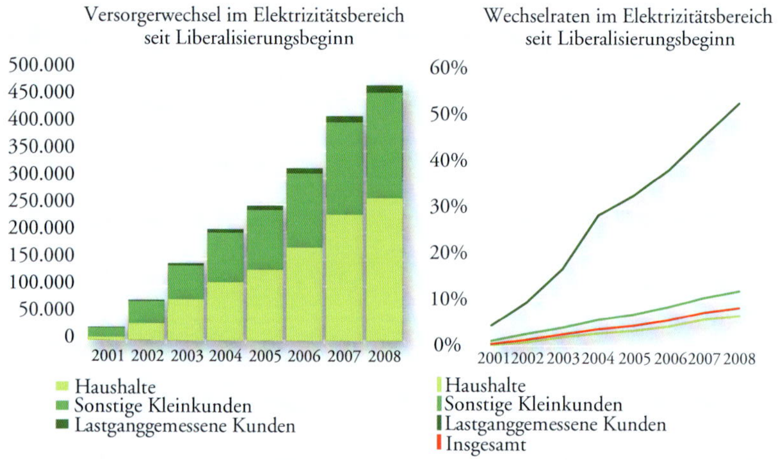

5.2.6 Stufen der Wertschöpfung im Gasbereich

Die Branchenuntersuchung der Bundeswettbewerbsbehörde aus dem Jahr 2005 (Bundeswettbewerbsbehörde 2005.2) hat folgende sachliche Märkte definiert:

- Großhandel (Importstufe),
- Regionale Weiterverteilung (Zwischenhandel),
- Ausgleichsenergie,
- Speicher,
- Lokale Weiterverteilung,
- Versorgung der Endabnehmer (Großkunden und Kleinkunden).

Großhandel

Der Großhandelsmarkt wird volumsmäßig von den wichtigsten Exportgesellschaften bestimmt, wie Gazprom (Russland), Sonatrach (Algerien), bzw. den einzelnen norwegischen Produzenten, die nach Auflösung des Verkaufskartells (GFU) direkt Verträge mit Importeuren abschließen. Die österreichischen Unternehmen RAG und OMV sind ebenfalls auf diesem Markt tätig. Vertragsbeziehungen auf diesem Markt sind zumeist sehr langfristig, was auch von der Wettbewerbsbehörde der EU akzeptiert worden ist.

Tabelle 5.1: Gasproduktion in Österreich 2007. Quelle: Geologische Bundesanstalt

	in Millionen Nm3	in Prozent	Veränderung zu 2006
OMV Austria Exploration & Production	1.309	71,3 %	4,9 %
Rohöl-Aufsuchungs AG	526	28,7 %	1,8 %
Gesamt	1.835	100,0 %	4,0 %

Regionale Weiterverteilung

Im Gasmarkt wird diese Funktion als eigener Markt definiert, da sie eine potenziell wesentliche Rolle in der Entwicklung des Wettbewerbs einnimmt. Während Importgas üblicherweise noch sehr konzentriert, das heißt nur durch ein oder zumindest nur sehr wenige Unternehmen, beschafft wird, stehen sich auf dieser Stufe bereits sehr viele konkurrierende Unternehmen gegenüber. Ein gleichberechtigter Zugang dieser Unternehmen zu Importgas ist daher eine der wesentlichen Notwendigkeiten, um angesichts hoher Importabhängigkeiten Wettbewerb zu ermöglichen.

Ausgleichsenergie

Ähnlich wie im Strom wurde dieser Markt im Zuge der Liberalisierung geschaffen. Im Gasbereich soll hier Flexibilität bereit gestellt werden, um kurzfristige Über- und Unternachfrage kompensieren zu können. Anbieter sind vor allem Speicherbetreiber. In Österreich erfüllt der Ausgleichsenergiemarkt aber auch eine Hilfsfunktion für kurzfristigen Handel, da hier ohne Kosten ungenutzte Kapazitäten zur Verfügung gestellt werden können. Bei stabilen Preisen, die in Österreich gegeben sind, kann auf diese Weise ein einfacher und transparenter Handel erfolgen.

Speichermarkt

Österreich importiert Gas in konstanten Mengen. Bei Minderbedarf im Sommer wird das Gas eingespeichert. Österreich verfügt über relativ günstige Porenspeicher (ehemalige Gasfelder), in denen sowohl kurzfristig als auch langfristig Gas gespeichert werden kann. Obwohl scheinbar sehr viele Anbieter auf diesem Markt tätig sind, können die Speicherprodukte doch kaum verglichen werden. Insofern ist auch dieser Markt als sehr eng zu bezeichnen.

Tabelle 5.2: Erdgas-Speicherkapazitäten in Österreich 2007. Quelle: OMV, RAG, Wingas

Speicher	Einpressleistung in m3/h	Anteil an Gesamtkapazität	Entnahmeleistung in m3/h	Anteil an Gesamtkapazität	Arbeitsgasvolumen in Mio. m3	Anteil an Gesamtkapazität
OMV-Schönkirchen	650.000	36 %	770.000	39 %	1.570	38 %
OMV-Tallesbrunn	125.000	7 %	160.000	8 %	300	7 %
OMV-Thann	115.000	6 %	130.000	7 %	250	6 %
Summe OMV-Speicher	**890.000**	**50 %**	**1.060.000**	**54 %**	**2.120**	**51 %**
RAG-Puchkirchen	400.000	22 %	400.000	20 %	850	20 %
Wingas-Haidach	167.000	9 %	167.000	9 %	400	10 %
Gazprom-Haidach	333.000	19 %	333.000	17 %	800	19 %
Speicher Haidach gesamt	**500.000**	**28 %**	**500.000**	**26 %**	**1.200**	**29 %**
Summe	1.790.000	100 %	1.960.000	100 %	4.170	100 %

Lokale Weiterverteilung

Lokale Weiterverteiler werden von den Zwischenhändlern bereits mit strukturierten Produkten bedarfsgerecht beliefert.

Endkundenmarkt

Dieser wird in die Märkte für Großkunden (über 500.000 m^3 Jahresverbrauch) und jene für Kleinkunden eingeteilt, wobei die gleiche regionale Abgrenzung gilt wie bei elektrischer Energie.

Der Endkundenmarkt ist durch sehr geringe Dynamik ausgezeichnet, wie folgende Wechselstatistik zeigt. Die Wechselzahlen im Gasbereich sind noch niedriger als im Strombereich und haben bis Ende 2007 lediglich eine Summe von knapp 50.000 Kunden erreicht.

Abbildung 5.3: Liberalisierungseffekte im österreichischen Erdgasmarkt. Quelle: E-Control 2008.1

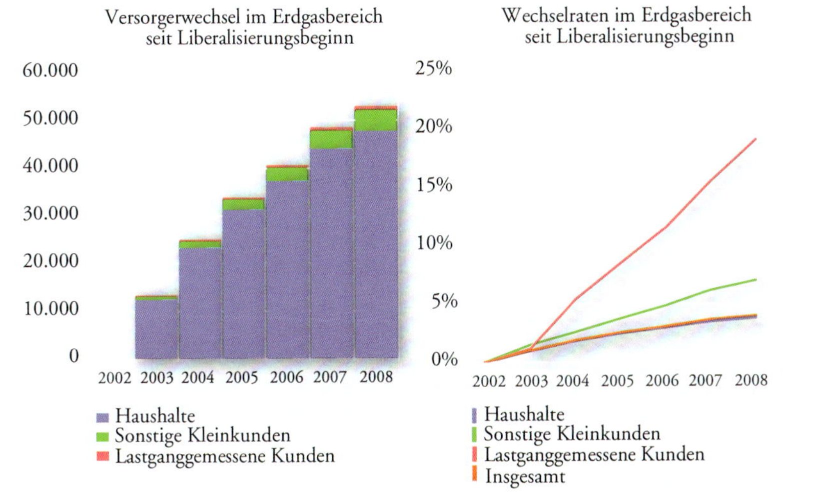

5.2.7 Stufen der Wertschöpfung im Mineralölbereich

Im Gegensatz zum Strom- und Gasmarkt unterliegt der Mineralölmarkt grundsätzlich den allgemeinen Wettbewerbsregeln. Ausnahmen finden sich zum Beispiel im Preisgesetz oder im Erdölbevorratungsgesetz.

Der Rohölmarkt wird im Wesentlichen in die folgenden zwei Bereiche unterteilt:

- den up-stream Bereich, der die Bereiche Suche, Erschließung und Förderung von Rohöl sowie Transport und Verkauf von Rohöl umfasst, und
- den down-stream Bereich, zu dem die Raffinierung, Lagerung und die Verteilung zum Endkunden (Tankstellennetz) zählen.

Die großen Mineralölunternehmen am österreichischen Markt sind vertikal integriert. Das heißt, diese Konzerne sind international in allen Wertschöpfungsstufen tätig, von der Exploration/Produktion über Raffinerie/Marketing bis hin zum Tankstellennetz. Zwischen den Unternehmen bestehen zum Teil gesellschaftsrechtliche Verflechtungen im Erzeugungs-, Transport- und Lagergeschäft. Diese oligopolistischen Marktstrukturen und gesellschaftsrechtlichen Verflechtungen lösen wettbewerbsrechtliche Bedenken aus.

Erdölförderung

Die Inlands-Rohölaufbringung für die Raffinerie in Schwechat erfolgt zu 90 % über die OMV, der Rest über die Rohöl-Aufsuchung AG (RAG).

Der überwiegende Teil des für die OMV-Raffinerie benötigten Rohöls wird importiert, wobei das Rohöl größtenteils über Langfristverträge bzw. über Förderlizenzen bezogen wird. Der Transport des Rohöls nach Österreich erfolgt fast ausschließlich über die Transalpine Ölleitung (TAL), an der alle großen Mineralölunternehmen beteiligt sind, die am westeuropäischen Markt tätig sind.

Raffinerie und Lager

Aus Rohöl werden bis zu 400 unterschiedliche Produkte erzeugt; die wichtigsten davon sind Benzine, Diesel, Heizöl und Kerosin. Die OMV betreibt die einzige Raffinerie in Österreich, mit der sie rund 45 % der Nachfrage nach Mineralölprodukten in Österreich abdeckt. Die Mitbewerber können seit 2003 von der OMV nur mehr Produkte beziehen oder diese importieren – bis 2002 konnten sie noch mittels Lohnverarbeitung Rohöl in der OMV-Raffinerie Schwechat raffinieren lassen. Der größte Teil der Mineralölprodukte wird per LKW, Kesselwagen oder Pipeline in Tanklagern zwischengelagert. Sowohl Tanklager als auch Pipelines sind überwiegend im Besitz der fünf großen Mineralölunternehmen.

Verteilung zum Endkunden – Tankstellenmarkt

Von den 2.810 bestehenden Standorten betrieben Ende 2007[14] die fünf größten Unternehmen BP, OMV AG, Shell Austria, Agip sowie Esso (sogenannte „Majors") 1.548 Tankstellen. Sie halten damit zusammen 55 % des Markts. Nach Absatzmengen ist der Marktanteil etwas größer, da die Majors einen höheren Mengenabsatz pro Jahr durchsetzen als freie Tankstellen. Den restlichen Tankstellenmarkt teilen sich die sogenannten „freien" Tankstellen und die Diskonter. Die Belieferung unterscheidet sich zwischen Majortankstellen und freien Tankstellen: Erstere wird vom jeweiligen Majorunternehmen beliefert. Die freien Tankstellenbetreiber müssen ihre Mengen entweder bei einem der großen Mineralölkonzerne einkaufen oder aber selbst importieren.

Der österreichische Tankstellenmarkt löst immer wieder wettbewerbsrechtliche Bedenken aus[15]: Kritisch wird vor allem der intransparente Preisbildungsprozess verbunden mit häufigen Preisänderungen gesehen.

5.2.8 Preisfindung auf den Energiemärkten

Warenhandelsplätze haben die Aufgabe, verlässliche Preisindikatoren für Märkte zu bieten, die die aktuelle Situation von Angebot und Nachfrage

14) vgl.: Tankstellenstatistik des Fachverbands der Mineralölindustrie

15) vgl.: Gutachten der Wettbewerbskommission vom 14.7.2008 bzw. Bundeswettbewerbsbehörde „Spritpreisuntersuchung" vom 11.7.2008

widerspiegeln. Die Preise bilden im Idealfall sowohl den aktuellen Wert der Ware, als auch die Risikoerwartung der Marktteilnehmer – wie im Falle von Termingeschäften – ab. Voraussetzungen dafür sind eine unverzerrte Preisbildung und eine ausreichende Transparenz. Erforderlich sind somit eine ausreichende Zahl an Teilnehmern und Umsätzen und ein verlässliches System der Publikation aktueller Preise. Während „over-the-counter" – Märkte (OTC-Märkte) üblicherweise eine relativ hohe Liquidität aufweisen, mangelt es ihnen sehr oft an der nötigen Transparenz. Bei Börsen ist zwar die Preistransparenz in vollem Umfang gegeben, allerdings leiden sie oft an geringer Liquidität. Angesichts der enormen finanziellen Mittel, die aus dem Finanzmarkt auf die Warenmärkte transferiert werden können, ist nicht auszuschließen, dass insbesondere bei Verträgen mit relativ späten Lieferzeitpunkten, die üblicherweise wenig liquide sind, Marktmanipulationen erfolgen.

Sofern diese Märkte starken Einfluss auf die reale Wirtschaftsentwicklung haben ist es deshalb notwendig, sie zu überwachen und zu regulieren. So kam es Ende der zweiten Hälfte 2007 und in der ersten Hälfte 2008 an den Rohstoffbörsen zu einem enormen Preisanstieg wichtiger Rohstoffe, etwa bei Rohöl und agrarischen Rohstoffen. Auch wenn sich die Preise seither wieder zurückgebildet haben, zeigt sich hier ein dringender Handlungsbedarf.

Strommarkt

Der Strommarkt ist aufgrund der spezifischen Situation der Nichtspeicherbarkeit und der extrem unterschiedlichen variablen Kosten besonders volatil. Preisindikatoren werden entweder auf OTC-Märkten durch Preisreporter oder auf Börsen ermittelt und veröffentlicht. Grundsätzlich stellen alle liberalisierten Märkte bereits Preisindikatoren zur Verfügung, allerdings ist oftmals die Liquidität und damit die Stabilität dieser Preise zu hinterfragen. Für den österreichischen Markt ist anzumerken, dass dieser mit dem deutschen voll integriert ist und daher sowohl die österreichische Strombörse EXAA als auch die deutsche EEX als Preisindikator für Österreich fungieren. Kleinere Preisunterschiede ergeben sich allerdings durch unterschiedliche Handelszeiten.

Gasmarkt

Der Gasmarkt in Europa ist einerseits durch langfristige Vertragsverhältnisse hinsichtlich der Importe und andererseits durch teilweise liquiden Handel insbesondere in europäischen Förderregionen gekennzeichnet. Die langfristigen Verträge sind an die Notierung unterschiedlicher Erdölprodukte gebunden. Im Zusammenspiel der Märkte ergeben sich dadurch gleichzeitig ein ölpreisgebundener Importgaspreis und ein kurzfristiger

Handelspreis an europäischen Handelsplätzen (Hubs, Börsen oder OTC als reiner Flanschhandel) auf oftmals sehr unterschiedlichem Niveau.

Rohöl- und Ölproduktenmarkt

Der Rohölpreis zeichnet sich durch eine sehr hohe Preisvolatilität aus. Als Indikator für die Preisentwicklung an den internationalen Rohölmärkten werden hauptsächlich zwei Referenzrohölsorten herangezogen: die amerikanische Rohölsorte West Texas Intermediate (WTI) und die europäische (Nordsee-)Rohölsorte Brent. Die größte Handelsplattform für die in Europa führende Rohölsorte Brent ist die ICE Futures mit Sitz in London. Die ICE London ist die größte Börse für Optionen und Futures auf Erdöl, Erdgas und elektrische Energie in Europa. Die frühere IPE Holding wurde 2001 von der Intercontinental Exchange (ICE), einer US-amerikanischen Börse, übernommen. Seit 2005 finden alle Warentermingeschäfte auf einer elektronischen Handelsplattform statt. Die ICE London wird von der britischen Aufsichtsbehörde Financial Services Authority beaufsichtigt. Den Mechanismen bei der Preisbildung des Rohöls kommt eine besondere Bedeutung zu, da Rohöl Leitmarkt für andere wichtige Energieträger – wie u. a. Gas und Strom – ist.

Für die Kraftstoffpreise in Österreich ist der Rotterdamer Produktenmarkt relevant. Dieser Markt unterliegt allerdings – anders als Börsen – keiner unabhängigen Aufsicht, was Kritik hinsichtlich der Preisfindungsmechanismen auslöst. Das Preisgefüge wird durch den nicht-standardisierten Handel über bilaterale oder „over-the-counter"-Märkte (OTC-Märkte) wesentlich beeinflusst. Die für den österreichischen Tankstellenpreis relevanten Referenzwerte sind die Platts-Notierungen; diese werden von privaten Preisreporten erhoben. Aufgrund der Relevanz auch für die anderen westeuropäischen Länder sollte die EU-Kommission aufgefordert werden, diesen Markt genauer zu untersuchen.

Am österreichischen Mineralölmarkt wird seit Jahren auf Wettbewerbsprobleme hingewiesen. Im Mittelpunkt der Kritik stehen vor allem hohe Treibstoffpreise verbunden mit einer intransparenten Preisbildung. Die österreichischen Mineralölunternehmen orientieren sich an den Rotterdamer Produktennotierungen wie z. B. Platts[16]. Die Ergebnisse einer Untersuchung des österreichischen Mineralölmarktes durch die Bundeswettbewerbsbehörde[17] im Jahre 2008 haben starke wettbewerbsrechtliche Bedenken bezüglich dieser Preisbildung ergeben (verzögerte Weitergabe von Preissenkungen).

---

16) Platts ist eine private Agentur und gehört zur McGraw-Hill-Gruppe (USA).

17) Vgl. www.bwb.gv.at

Abbildung 5.4: Entwicklung der Preise für Diesel und Eurosuper seit 2002, in Euro pro Liter. Quelle: AK-Treibstoffpreisanalyse

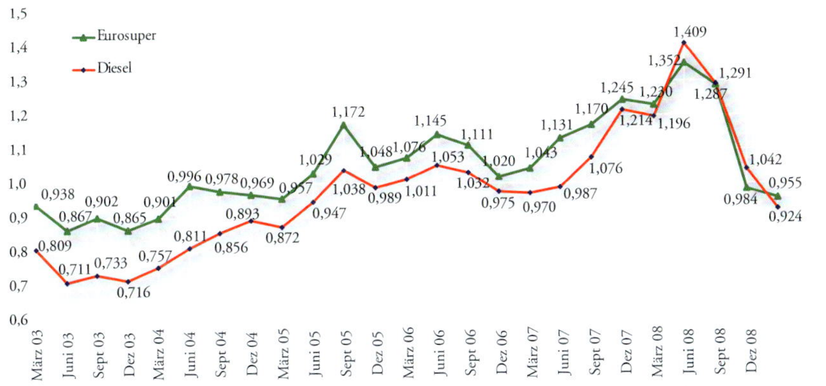

Finanzmarkt

Alle drei beschriebenen Märkte unterliegen im Wesentlichen den gleichen Regeln, jenen der Warenmärkte. Die dort aktiven Akteure sind sowohl tatsächlich für den eigenen Gebrauch handelnde Händler und Konsumenten als auch reine Finanzhändler, die Arbitrage-Geschäfte[18] durchführen oder im Extremfall auch spekulativ auf Preisschwankungen setzen. Finanzhändler sind vor allem auf Terminmärkten tätig, da nur diese ausreichend Zeit bieten, um auch physische Positionen wieder rechtzeitig zu schließen. Allgemein wird angenommen, dass Finanzhändler eine wichtige Rolle übernehmen, nämlich Liquidität bereitzustellen. Nur so kann sichergestellt werden, dass einerseits offene Positionen geschlossen werden können und andererseits die Marktmacht einzelner Händler relativ gering bleibt. Allerdings führen die Aktivitäten der Finanzhändler auch potenziell zu Überzeichnungen der Volatilität. Knappheitssituationen führen zu extremen Preissteigerungen und Produktüberschüsse zu extremem Preisverfall. Sie erhöhen damit das Handelsrisiko. Vor allem in den letzten Jahren war im Zusammenhang mit dem enormen Preis-, Volums- und Volatilitätsanstieg auf Rohstoffmärkten das Auftreten einer neuer Art von Akteuren zu beobachten, sogenannte Indexspekulanten. Im Gegensatz zu „traditionellen“ Spekulanten, die hauptsächlich durch Arbitrage auf Preisausschläge reagieren und ihre Position häufig umschlagen, bauen

18) Die Arbitrage bezeichnet das Erzielen von Gewinnen durch die Ausnutzung von Kursunterschieden für dasselbe Produkt. Der Kursunterschied entsteht durch den Handel an verschiedenen Märkten.

Indexspekulanten Positionen als Vermögensklasse auf. Die Preisentwicklungen der letzten Jahre sind ohne Einbeziehungen dieser neuen Akteure nur schwer erklärbar. Weiter gehende Überlegungen zur Preisentwicklung auf den Energiemärkten sollten diese neuen Akteure und ihr Verhalten daher auch einbeziehen.[19]

5.2.9 *Monitoring/Marktaufsicht*

In Österreich besteht kein permanentes Monitoring-System im Energiebereich. Lediglich der Handel mit Energiederivaten unterliegt teilweise der Wertpapieraufsicht, die regelmäßige Informationen erhält. Alle anderen Energiemärkte werden lediglich im Rahmen der allgemeinen Wettbewerbsaufsicht kontrolliert. Gerade die Netzwerkindustrien für Strom und Gas sowie der Mineralölmarkt, die sich regelmäßig durch hohe Marktkonzentration auszeichnen, sollten einem systematischen Monitoring unterworfen werden. Dazu sollte die zuständige Behörde die Möglichkeit erhalten, ein Datenset für jeden Markt zu definieren, das die jeweiligen Marktteilnehmer regelmäßig übermitteln müssen. Dies ist umso wichtiger, als keine gesetzliche Möglichkeit eines Eingriffes in die Preisbildung der Unternehmen vorgesehen ist.

Die Branchenuntersuchungen der BWB über die Strom- und Gasmärkte haben ergeben, dass die meisten Endkundenmärkte hoch konzentriert sind und dominante Unternehmen auf diesen Märkten bestehen. Ein entsprechendes Marktaufsichtssystem ist allerdings nicht vorhanden.

Dies gilt auch für den Mineralölbereich: Um sicherzustellen, dass sich der Treibstoffpreis an österreichischen Tankstellen im Einklang mit den internationalen Rohölpreis entwickelt – vor allem bei Preissenkungen – sind ein tägliches Preismonitoring und verstärkte Preiskontrollen erforderlich.

5.2.10 *Empfehlungen des Beirats*

Die klassischen Ziele des Wettbewerbs werden in einer möglichst effizienten Allokation knapper Ressourcen, der Sicherstellung leistungsgerechter Einkommensverteilung, der Entwicklung neuer und innovativer Produkte, Prozesse und Dienstleistungen sowie in der Begrenzung und Kontrolle von Marktmacht gesehen. Wettbewerb dient somit auch den volkswirtschaftlichen Zielen von Wachstum, Beschäftigung und Ressourcenschonung. Liberalisierung hat das Ziel, ehemalige Monopole dem Wettbewerb zuzuführen. Liberalisierung bedeutet aber nicht, dass per se

19) Vgl. dazu: Testimony of Michael W. Masters, Managing Member / Portfolio Manager, Masters Capital Management, LLC be senate.gov/public/_files/052008Masters.pdf

schon funktionierender Wettbewerb entsteht. Mit der bisherigen Liberalisierung des Energiemarktes konnten die volkswirtschaftlichen Ziele noch nicht im gewünschten Ausmaß erreicht werden. Zukünftige Liberalisierungsmaßnahmen haben eine soziale, wirtschaftliche und ökologische Ausrichtung und eine in sich konsistente, integrierte Energiepolitik zu gewährleisten.

Die österreichische Energiepolitik ist durch eine Zersplitterung der Kompetenzen und das verfassungsrechtlich abgesicherte Mehrheitseigentum der öffentlichen Hand an den wesentlichen Energieversorgungsunternehmen im Strombereich gekennzeichnet. Die verfassungsrechtlichen Vorschriften bringen auch das öffentliche Interesse am Energiebereich in besonderer Weise zum Ausdruck. Der damit verbundene Interessenskonflikt der öffentlichen Hand als Mehrheitseigentümer einerseits und als Gesetzgeber bzw. Verwaltungs- und Aufsichtsbehörde anderseits ist aufzulösen.

Liberalisierung und Privatisierung sind voneinander getrennt zu sehen. Ein liberalisierter Energiemarkt schließt daher die Beibehaltung von Anteilen der öffentlichen Hand an den Energieversorgern nicht aus.

Funktionierender Wettbewerb im Rahmen zielgerichteter Regulierung auf nationalen und europäischen Energiemärkten dient auch der Erreichung anderer energiepolitischer Zielsetzungen: Versorgungssicherheit, Effizienz in der Energieversorgung, Klimaschutz.

Deklariertes Ziel der Politik der Europäischen Union ist die Stärkung des Wettbewerbs auf den europäischen Energiemärkten und die Schaffung eines funktionierenden Binnenmarktes. Dies soll zu einer Intensivierung des grenzüberschreitenden Handels mit Strom und Gas führen. Als Voraussetzung wird die Durchsetzung der EU-Liberalisierungspakete in allen Mitgliedsländern zur Schaffung eines einheitlichen Binnenmarktes gesehen. Im Rahmen des 3. Energie-Binnenmarktpaketes wurde, wie auch von der österreichischen Bundesregierung gefordert, das Modell des unabhängigen Übertragungsnetzbetreibers („Independent Transmission Operator“, ITO) als gleichberechtigte Alternative zu den Modellen der eigentumsrechtlichen Entflechtung („Ownership Unbundling“) und des unabhängigen Verteilernetzbetreibers („Independent System Operator“, ISO) eingeführt. Entscheidet sich ein Mitgliedstaat für das ITO-Modell, sind zusätzliche Auflagen wie die Einrichtung eines „Compliance Officers“ und die Einhaltung einer „cooling-off“-Periode für Manager vorgesehen. Die Sozialpartner sprechen sich für eine rasche und effektive Umsetzung des 3. Binnenmarktpakets aus. Die Integration der europäischen Märkte erfordert auch eine stärkere Koordinierung der europäischen Regulatoren und Übertragungsnetzbetreiber sowie die Ausarbeitung einheitlicher Regeln für den europäischen Netzverbund. Die besondere Rolle der Übertragungsnetzbetreiber erfordert deshalb auch ein besonderes Maß an Unabhängigkeit.

Korrespondierend dazu wird auf österreichischer Ebene als Ziel von Wettbewerbsmaßnahmen die verstärkte Integration der regionalen Märkte angesehen – wie z. B. die Zusammenlegung der Regelzonen und der Verteilnetze. Dies kann dazu beitragen, eine wettbewerbskonforme Marktstruktur aufrechtzuerhalten bzw. zu schaffen.

Eine wichtige Voraussetzung für funktionierenden Wettbewerb auf leitungsgebundenen Energiemärkten ist ein fairer und diskriminierungsfreier Zugang zu den Netzen für alle Mitbewerber. Zur Durchsetzung dieses Rechts sind alle gesetzlichen Instrumentarien zur Stärkung des Wettbewerbs und zur Verhinderung von Marktmissbräuchen auf den österreichischen und europäischen Energiemärkten auszuschöpfen. Vor allem Fusionen sind – insbesondere im Hinblick auf die Sicherstellung einer ausreichenden Anzahl von Mitbewerbern sowie auf die Auswirkungen des Zusammenschlusses auf die Endkundenmärkte – streng zu prüfen.

Nach der neuen Richtlinie über erneuerbare Energien ist für die Einspeisung von Elektrizität aus erneuerbaren Energieträgern ein vorrangiger Netzzugang vorgesehen.

Verteilernetzbetreiber haben wettbewerbsrelevante Informationen allen Marktteilnehmern diskriminierungsfrei zur Verfügung zu stellen. Verteilernetzbetreiber könnten so als „market facilitators" fungieren und dadurch eine wichtige Rolle als Vermittler von Marktinformationen auf dem Endkundenmarkt einnehmen. Wichtige wettbewerbsbelebende Maßnahmen können aber auch von den Endkunden selbst gesetzt werden, indem sie nämlich die Wechselmöglichkeiten von Lieferanten in Anspruch nehmen. Voraussetzung dafür sind aber ausreichende und transparente Informationen und das Vertrauen in den Wechselprozess.

Die Sozialpartner sind überzeugt, dass verstärkte Informationsmaßnahmen über die Vorteile eines Anbieterwechsels seitens der österreichischen Bundesregierung wesentliche Impulse für eine höhere Wechselbereitschaft bei den Konsumenten schaffen würden.

Parallel dazu gilt es, den Wechselprozess – vor allem im Strombereich – zu harmonisieren. Dazu sind die rechtlichen Voraussetzungen für die E-Control-Kommission zu schaffen. Eine der wichtigsten Maßnahmen ist die Entbürokratisierung und Beschleunigung des Wechselprozesses. Um rasch auf Angebote reagieren zu können, sollte der Wechselprozess für den Endkunden von derzeit rund fünf Wochen auf fünf Werktage reduziert werden. Voraussetzung dafür ist eine vollkommene Automatisierung des Wechselprozesses.

Derzeit bestehen auf Seiten der Konsumenten massive Informationsdefizite im Hinblick auf Preise sowohl verschiedener Energieanbieter als auch im Hinblick auf die Unterscheidung zwischen Lieferanten und Netzbetreiber. Diese sind aufzulösen: Um den Konsumenten transparent die für einen Wechsel notwendigen Informationen zu geben, ist eine klare Unterscheidung zwischen Netzbetreiber und Energielieferant durch getrennte Fakturierung Voraussetzung.

Eine starke und effiziente Wettbewerbsaufsicht mit adäquaten Sanktionsmöglichkeiten, insbesondere zur Beschränkung der Marktmacht der Unternehmen, sowie im Falle von Marktmachtmissbrauch, ist zum Wohl der Energieverbraucher notwendig. Dazu müssen die beteiligten Aufsichtsbehörden effizient zusammenarbeiten und über ausreichende personelle und finanzielle Ressourcen verfügen. Im Detail impliziert eine effektive Aufsicht ein systematisches und laufendes Wettbewerbsmonitoring der Energiemärkte mit dem Ziel, anhand vorab definierter ökonomischer Daten wettbewerbsrechtlich relevante Fehlentwicklungen früh zu erkennen bzw. missbräuchliches Verhalten aufzudecken. Zur wirksamen Durchsetzung von Rechtsvorschriften sind die bestehenden Verwaltungsstrafen spürbar zu erhöhen. Stellt die Regulierungsbehörde fest, dass ein Unternehmen durch einen Verstoß gegen energierechtliche Vorschriften einen wirtschaftlichen Vorteil erlangt hat, sollte die Regulierungsbehörde die Möglichkeit haben, beim Kartellgericht einen Antrag auf Gewinnabschöpfung zu stellen.

Börsen, deren Preisentwicklung einen starken Einfluss auf die reale Wirtschaftsentwicklung haben sind zu überwachen und entsprechend zu regulieren. In Zusammenarbeit mit den Aufsichtsbehörden in anderen EU-Mitgliedstaaten und mit politischer Unterstützung durch die Bundesregierung ist auf eine verstärkte, effektive Kontrolle der internationalen Energiebörsen und OTC-Märkte im Hinblick auf die Preisbildung hinzuarbeiten.

Der Regulierungsbehörde kommt eine zentrale Rolle bei der Liberalisierung der Gas- und Strommärkte zu. Der Regulator trägt damit eine hohe volkswirtschaftliche Verantwortung. Diese spiegelt sich vor allem in der Langfristplanung wider, die bedarfsgerecht zu erfolgen hat. Auch gilt es, Synergiepotenziale weiter auszunutzen, um damit die österreichischen Netztarife auf ein europäisch vergleichbares Niveau heranzuführen. Dies hat unter Aufrechterhaltung der Versorgungssicherheit und notwendiger Investitionen ins Netz zu erfolgen. Regulierungsziele betreffen auch die Durchsetzung von Konsumentenrechten bzw. -interessen. Dazu zählen insbesondere die Erhöhung der Transparenz bei den Energiepreisen sowie die Sicherstellung, dass Kostensenkungen an die Endkunden weitergegeben werden. Die Regulierungsbehörden müssen zur Erfüllung ihrer Aufgaben mit zahlreichen Rechten und Befugnissen ausgestattet werden. Gleichzeitig tragen sie mit ihren Entscheidungen eine hohe volkswirtschaftliche Verantwortung. Es besteht daher ein berechtigtes öffentliches Interesse, die Regulierungsbehörden in eine demokratische Verantwortung und Kontrolle mit einzubeziehen. Dies beinhaltet eine deutlich verbesserte regelmäßige Informationsverpflichtung der Regulierungsbehörde gegenüber dem Parlament.

Für einkommensschwache Konsumenten ist die Versorgung mit Strom und Wärme langfristig zu sichern. Die bisher bereits oftmals geübten Kulanzlösungen seitens der Lieferanten sind zwar positiv zu bewerten, können aber ein Modell zur Versorgungssicherung für diese Bevölkerungsgruppe nicht ersetzen. Mehrkosten, die dieser Gruppe teilweise bei Zahlungsschwierigkeiten entstehen, sollten überprüft und möglichst beseitigt werden.

Die heimische Wirtschaft, insbesondere die energieintensiven Unternehmen, spielt bei der nachhaltigen Entwicklung Europas eine wichtige Rolle und leistet einen maßgeblichen Beitrag zur Reduzierung der Emissionen. Der österreichische Wirtschaftsstandort darf daher im internationalen Wettbewerb keine Nachteile durch überhöhte nationale Energiekosten erfahren.

5.3 Verbesserung der Energieeffizienz

Die Senkung der Nachfrage nach Energie durch ihre sinnvolle Nutzung und durch die Verbesserung der Effizienz ihres Einsatzes ist die zentrale Säule einer nachhaltigen Energiepolitik. Durch die effiziente Erzeugung und Verwendung von Energie kann Primärenergie gespart werden, und zwar ohne eine Einbuße für den Verbrauchernutzen. Energieeffizienzinvestitionen können deutliche quantitativ und qualitativ positive Beschäftigungseffekte haben. Die relative Verringerung der Nachfrage hat einen preisdämpfenden Effekt auf die Energiepreise mit den entsprechenden verteilungspolitischen Wirkungen.

Mittelfristiges Ziel einer nachhaltigen Energiepolitik muss es sein, nicht die Energieträger, sondern den Nutzen, dem der Energieeinsatz dient, zu leistbaren Preisen zur Verfügung zu stellen (z. B. Mobilität statt Treibstoffe, komfortables Raumklima statt Heizöl, etc.). Daher müssen größte Anstrengungen dahin gesetzt werden, die Bedürfnisse der Menschen mit geringerem Energieeinsatz zu befriedigen. Umfassende (auch strukturelle) Maßnahmen zur Verringerung des Energiebedarfs sind daher gefordert.

Begriffe

Als **Energieeffizienz** wird das Verhältnis von Ertrag (an Leistung, Dienstleistungen, Waren oder Energie) zu Energieeinsatz bezeichnet. Absolute

Angaben zur Energieeffizienz erfordern daher ein einheitliches Maß für den betrachteten Ertrag. Auf gesamtwirtschaftlicher Ebene wird die Energieeffizienz häufig als BIP pro Energieeinsatz gemessen. Bei Angaben der Energieeffizienz im Zeitverlauf sind darüber hinaus die Preisveränderungen zu berücksichtigen.

Als **Energieintensität** wird der Kehrwert der Energieeffizienz bezeichnet.

Unter **Energiesparen** wird eine Verbrauchsminderung verstanden, wenn eine energieverbrauchende Tätigkeit nicht mehr durchgeführt wird oder eine energieverbrauchende Leistung nicht mehr nachgefragt wird. In Abgrenzung zur Energieeffizienz wird eine Einsparung von Energie, die auf den Verzicht auf eine energieverbrauchende Tätigkeit zurückgeht, als **Energiesuffizienz** bezeichnet.

Als **Energienutzen** wird hier der physikalische Nutzeffekt, der Nutzwert oder der Vorteil verstanden, der mit dem Einsatz von Endenergie verbunden ist. Bei der Befriedigung eines Bedürfnisses (z. B. Mobilität, behagliches Raumklima, Helligkeit am Arbeitsplatz) geht es um die Verfügbarkeit dieses Nutzens. Dies ist grundsätzlich nicht davon abhängig, mit welcher Energiemenge dieser Nutzen zur Verfügung gestellt wird – Energie selbst ist im Allgemeinen nicht das erstrebenswerte Gut.

Maßnahmen zur Verringerung des Energieeinsatzes können auf verschiedenen Ebenen gesetzt werden, je nach dem, wie umfassende Veränderungen damit einhergehen. Nach steigendem Grad der damit verbundenen Veränderungen lassen sich Maßnahmen zur Verringerung des Energieeinsatzes wie folgt unterscheiden:

- Verbesserung des Wirkungsgrades eines Geräts (z. B. geregelte statt ungeregelte Pumpen, Energiesparlampen) oder einer anderen energieverbrauchenden Einheit (z. B. Wärmedämmung von Gebäuden);
- Nutzung bisher ungenutzter Energieflüsse (z. B. Abwärmenutzung);
- Veränderung der Technologie, mit der ein (gleichbleibender) Energienutzen zur Verfügung gestellt wird (z. B. Mobilität mit ÖV statt mit PKW; Verbesserte Tageslichtnutzung in Gebäuden);
- Veränderungen, die eine geringere Nachfrage nach einem bestimmten Energienutzen bedingen (z. B. Raumentwicklung unter Berücksichtigung der räumlichen Nähe zu sozialer Infrastruktur, dadurch Verringerung der Verkehrsnachfrage; Teleworking);
- Verhaltensänderungen; sie spielen insbesondere bei den organisatorischen und technologischen Veränderungen sowie bei der Vermeidung unnötigen Energieverbrauchs (z. B. Abschalten nicht benötigter Geräte) eine zentrale Rolle.

Darüber hinaus haben auch Veränderungen beim Verbrauch von Produkten, zu deren Herstellung mehr oder weniger Energie benötigt wird (sog. „graue Energie") Einfluss auf den Energieverbrauch. Für den nationalen Energieverbrauch ist dies dann relevant, wenn die Herstellung dieser Produkte im Inland erfolgt.

5.3.1 Entwicklungen in Österreich

Im Folgenden wird ein Überblick über die Entwicklung des Energieverbrauchs im Vergleich zur Bruttowertschöpfung und damit der Energieintensität in Österreich und für einzelne Branchen gegeben.

Abbildung 5.5 zeigt links den Anstieg der Bruttowertschöpfung zu konstanten Preisen sowie den Anstieg des Gesamtenergieverbrauchs in Österreich seit 1976, jeweils bezogen auf 1976=100. Rechts ist die resultierende Veränderung der Energieintensität (in TJ pro Mio. €) für die gesamte österreichische Wirtschaft sowie gesondert für die Industrie seit 1976 dargestellt. Während in der Industrie die Energieintensität weiterhin leicht sinkt, ist sie seit den neunziger Jahren in der Gesamtwirtschaft im Wesentlichen konstant. Eine Entkopplung des Energieverbrauchs vom Wirtschaftswachstum findet somit nicht mehr statt.

Abbildung 5.6 zeigt die Veränderung der Energieintensität in den vier energieintensivsten Branchen seit 1976. Wesentliche Rückgänge gab es in der Metallerzeugung und -bearbeitung bis etwa 1990. In der chemischen Industrie kam es bis etwa 1988 ebenfalls zu signifikanten Rückgängen, die aber in kurzer Zeit danach teilweise wieder wettgemacht wurden. Seit etwa 1990 stagniert die Energieintensität im Wesentlichen. Die sinkende Energieintensität der gesamten Industrie ist somit in erster Linie auf strukturelle Veränderungen zurückzuführen: Weniger energieintensive Produktionszweige nehmen relativ an Bedeutung zu.

5.3.2 Globale und sektorielle Ziele auf EU-Ebene

Die Richtlinie 2006/32/EG verpflichtet die Mitgliedstaaten dazu, für 2016 einen generellen nationalen Energieeinsparrichtwert von 9 % des Durchschnittsverbrauchs der Jahre 2003 bis 2007 festzulegen; dieses Einsparungsziel ist durch Energieeffizienzmaßnahmen zu realisieren. Dem entsprechend wurde für Österreich ein Einsparziel von 80.400 TJ ermittelt. Dieses Ziel gilt als erreicht, wenn ausreichend Energieeffizienzmaßnahmen implementiert wurden, deren (theoretische) Wirkungen sich anhand des Evaluierungsmechanismus auf 80.400 TJ addieren. Die Entwicklung des gesamten Energieverbrauchs spielt somit im Rahmen dieser Richtlinie keine Rolle.

Abbildung 5.5: Links: Anstieg der Bruttowertschöpfung zu konstanten Preisen sowie Anstieg des Gesamtenergieverbrauchs in Österreich seit 1976, Index 1976=100. Rechts: Entwicklung der Energieintensität (in TJ pro Mio. €) für die gesamte österreichische Wirtschaft sowie für die Industrie seit 1976 (nach Kratena, 2007)

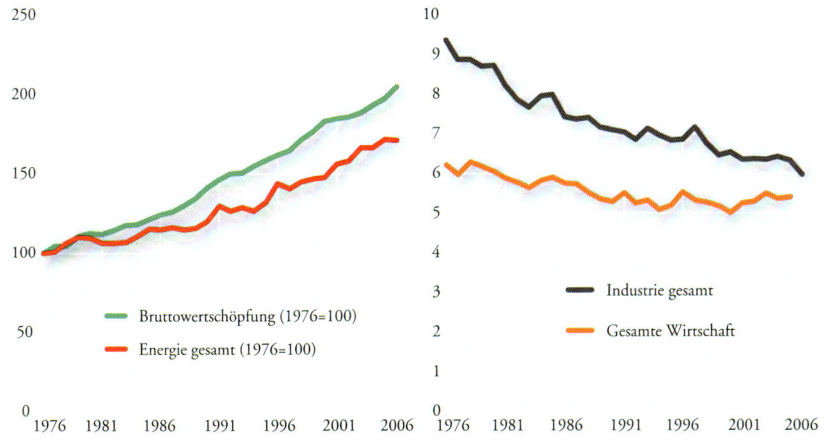

Abbildung 5.6: Entwicklung der Energieintensität ausgewählter Sektoren, 1976 bis 2006, in TJ pro Mio. €, bezogen auf die Bruttowertschöpfung zu konstanten Preisen (nach Kratena, 2007)

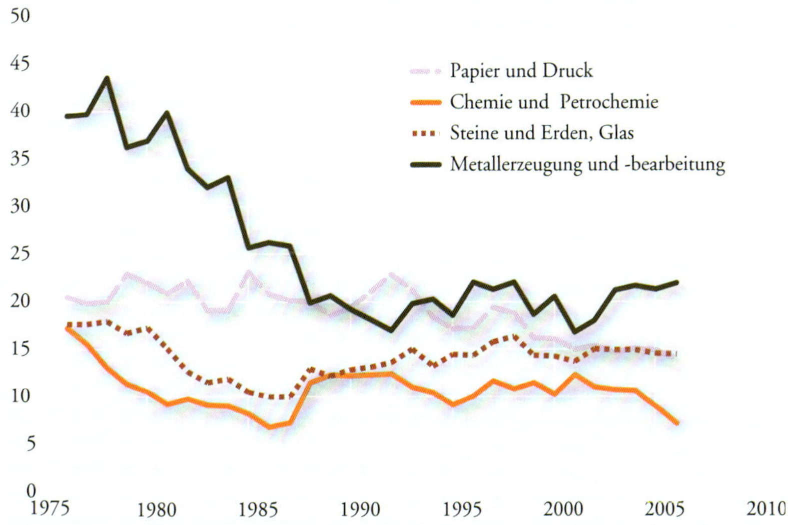

Ein weiteres Energieeffizienzziel für die EU wurde in den Schlussfolgerungen des Europäischen Rates am 8. und 9. März 2007 festgelegt, namentlich „dass die Energieeffizienz in der EU erhöht werden muss, damit im Einklang mit dem von der Kommission in ihrem Grünbuch zur Energieeffizienz geschätzten Einsparpotenzial das Ziel, 20 % des EU-Energieverbrauchs gemessen an den Prognosen für 2020 einzusparen, erreicht wird“ (Europäischer Rat 2007). Es handelt sich also ebenfalls um ein Ziel im Vergleich zu einer Business-as-usual-Entwicklung.

In diesen Schlussfolgerungen hob der Rat fünf Maßnahmen als besonders bedeutend hervor: Energieeffizienz im Verkehr, dynamische Mindestanforderungen für die Energieeffizienz von energiebetriebenen Geräten, Verbesserung des Verhaltens der Energieverbraucher hinsichtlich Energieeffizienz und Energieeinsparung, Innovation und Technologie im Energiebereich und Energieeinsparungen bei Gebäuden.

Im Klima- und Energiepaket, das die Kommission am 23. Jänner 2008 vorgeschlagen hat, findet sich das Energieeffizienzziel nicht ausdrücklich wieder. Eine massive Steigerung der Energieeffizienz ergibt sich aber implizit aus den Zielen für die Treibhausgasemissionen und dem Ziel für den Ausbau der erneuerbaren Energien (vgl. auch Kapitel 4.3.2).

Am 13. November 2008 hat die Kommission in Fortführung des „Strategic EU Energy Review“ (SEER) mehrere Dokumente vorgelegt. Der Aktionsplan „Energiesicherheit und Solidarität“ (EU Kommission 2008.1) beschäftigt sich mit Kernbereichen, die helfen sollen, die Nachhaltigkeit, Wettbewerbsfähigkeit und Versorgungssicherheit in der EU-Energielandschaft sicherzustellen, namentlich mit Energieinfrastruktur, Energiefragen in internationalen Beziehungen, Verbesserung des Krisenmanagements bei Öl und Gas, Energieeffizienz sowie verbesserter Nutzung der in der EU vorhandenen Energieressourcen. Im Bereich der Energieeffizienz beabsichtigt die Kommission u. a.:

- eine Revision der Gebäuderichtlinie
- eine Revision der Richtlinie über die Energieeffizienz von Geräten
- eine Revision der Ecodesign-Richtlinie (einschließlich der Beendigung des Einsatzes von Glühbirnen)
- eine Verbesserung der Umsetzung der KWK-Richtlinie
- die Vorlage eines Ökosteuerpakets (u. a. Prüfung von begünstigten Mehrwertsteuersätzen zur Verbesserung der Energieeffizienz)

In ihrer Mitteilung „Energieeffizienz: Das 20 %-Ziel erreichen“ (EU Kommission 2008.2) stellt die Kommission fest, dass die Umsetzung der bisher beschlossenen Maßnahmen nur ausreicht, um die Energieeffizienz bis 2020 um etwa 13 % zu verbessern. Daher seien vermehrte Anstrengungen nötig, um das 20 %-Ziel zu erreichen. Die Kommission setzt sich dabei auch mit den Hemmnissen bei der Umsetzung der Energieeffizienzziele auseinander.

5.3.3 Programme und Pläne in Österreich

Auf Bundesebene bestehen mehrere Programme und Pläne, die auf eine Verbesserung der Energieeffizienz abzielen.

- Die Klimastrategie des Bundes (BMLFUW 2007), erstellt unter Federführung des BMLFUW, misst der Steigerung der Energieeffizienz neben dem Ausbau des Anteils erneuerbarer Energieträger besondere Bedeutung zu. Umfangreiche Maßnahmenbündel in den Sektoren Raumwärme, Kleinverbrauch und Energiebereitstellung sowie Verkehr enthalten (teils übermäßig) ambitionierte Ziele.
- Der Energieeffizienzaktionsplan (BMWA 2007), erstellt 2007 von der Energieagentur im Auftrag des BMWA, umfasst eine detaillierte Analyse der bestehenden und zukünftigen Maßnahmen zur Steigerung der Energieeffizienz.
- Das Grünbuch Energieeffizienz (E-Control 2008.2), erstellt 2008 von der Energie-Control GmbH im Auftrag des BMWA, enthält sektorielle Empfehlungen von Maßnahmen mit dem Fokus nationaler Beeinflussbarkeit; manche der angeführten Maßnahmen erfordern einen sehr hohen finanziellen Mitteleinsatz.
- Das Regierungsprogramm der XXIV. Legislaturperiode (23.11.2008) bezeichnet die Energieeffizienz als die wichtigste Säule des nachhaltigen Energiesystems und betont wieder, dass die internationalen Klimaschutzziele nur über eine deutliche Senkung des Energieverbrauchs erreichbar seien. Neben der Entwicklung eines nationalen Masterplans Energieeffizienz werden einige besonders bedeutsame Handlungsfelder benannt, wobei der Schwerpunkt auf energetischen Standards von Gebäuden und Nutzung von Abwärmepotenzialen (Fernwärme) liegt. Auch im Kapitel zum Klimaschutz wird nochmals die besondere Bedeutung der Energieeffizienz hervorgehoben.

In den Bundesländern spielt die Energieeffizienz in den relevanten Planungen eine unterschiedlich starke Rolle. Eine Auflistung der relevanten Dokumente findet sich im Energieeffizienzaktionsplan (BMWA 2007, S. 13). Beispielhaft für ein Länderprogramm sei das oberösterreichische Energieeffizienz-Programm „Energie Star 2010“ aus dem Jahr 2004 genannt, das fünf Strategiefelder (Information, Gebäude, Unternehmen, Öffentlicher Sektor, Verkehr) identifiziert, für die Maßnahmencluster abgeleitet wurden. Als weiteres Beispiel sei das umfassende „Städtische Energieeffizienz-Programm (SEP)“ (2006) der Stadt Wien genannt.

5.3.4 Sektorielle Betrachtung

Den höchsten Anteil am gesamten Energieverbrauch in Österreich hatte im Jahr 2006 mit fast 31 % der Verkehr, gefolgt vom produzierenden Sektor mit 29 % und den Haushalten mit rund 25 % des gesamten Verbrauchs. Öffentliche und private Dienstleistungen sind für etwa 12,5 %, die Landwirtschaft für 2,2 % des Energieverbrauchs verantwortlich (Quelle: Statistik Austria, zitiert nach E-Control 2008.2). Nach Nutzkategorien ergibt sich das Bild in Abbildung 5.7.

Abbildung 5.7: Nutzenergiekategorien des Endenergieeinsatzes, Österreich 2006, in Prozent. Quelle: E-Control 2008.2

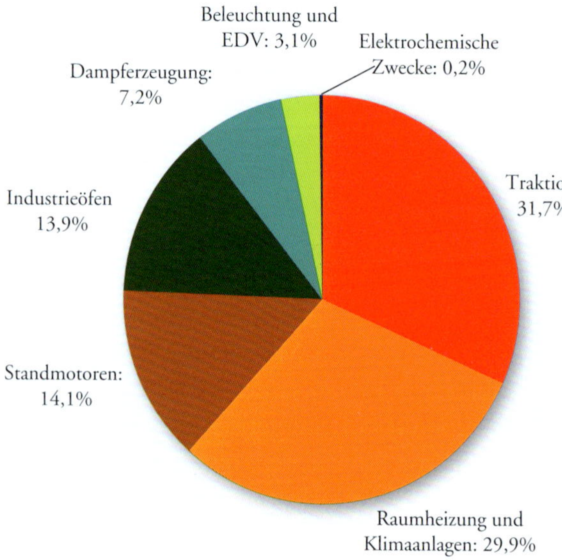

Raumwärme und –kälte

45 % des Endenergieverbrauchs der Haushalte werden im Bereich Raumwärme und Klimatisierung eingesetzt. Der bestimmende Faktor für den Energieverbrauch in diesem Bereich ist der spezifische Energiebedarf des Gebäudebestandes. Starken Rückgängen beim Heizenergiebedarf im Neubau (Niedrigenergiestandard, Passivhausstandard) steht der im Schnitt hohe Heizenergiebedarf beim Gebäudebestand gegenüber. Ein weiterer treibender Faktor ist die steigende Wohnfläche pro Person, die auch mit der Verringerung der Zahl von Personen pro Haushalt zusammenhängt.

Daten für den Haushaltsbereich liefert der Mikrozensus der Statistik Austria. Trotz des Ansteigens der durchschnittlichen Wohnflächen in der Zeit von 1990 bis 2005 um 16 % (von 84 auf 97 m^2) und der Zunahme der Zahl der Wohnungen um 20 % (von 2,9 auf 3,5 Millionen) stieg der Endenergiebedarf für Raumwärme und Klimaanlagen (temperaturbereinigt) lediglich um 3 % (von 197,5 PJ auf 203,7 PJ), da der durchschnittliche Heizwärmebedarf in dieser Zeit um 26 % (von 226 auf 168 kWh/$m^2 \cdot a$) sank. Die Verbesserung der thermischen Qualität des durchschnittlichen Gebäudebestands hat also den Mehrverbrauch durch mehr und größere Wohnungen fast kompensiert.

Den durchschnittlichen Heizenergiebedarf verschiedener Wohnhausarten in Abhängigkeit von der Errichtungsperiode zeigt Abbildung 5.8. Der Heizenergiebedarf von kleinen Mehrfamilienhäusern liegt im Schnitt bei 64 % des Wertes für Einfamilienhäuser, bei großen Mehrfamilienhäusern sogar nur bei 54 %.

Im Gegensatz zu Wohngebäuden wird dem Heizenergiebedarf gewerblicher und öffentlicher Gebäude und besonders dem Bedarf an Kühlenergie von Gebäuden erst seit kürzerem die gebührende Aufmerksamkeit zuteil.

Während der Energiebedarf im Gebäudebestand also sehr hoch ist, setzen sich im Wohnungsneubau Standards durch, die nur einen Bruchteil des Energiebedarfs des Bestandes benötigen (Niedrigenergiestandard mit unter 30 kWh/$m^2 \cdot a$, Passivhausstandard mit unter 10 kWh/$m^2 \cdot a$). Eine Vereinbarung zwischen Bund und Ländern gemäß Art 15a B-VG, die zum Ziel hat, diese Verbesserungen in den Bauordnungen festzuschreiben, soll 2009 in Kraft treten.

Damit zeigt sich, dass die wesentliche Herausforderung in diesem Bereich darin besteht, die Sanierung des Gebäudebestandes voranzutreiben, in erster Linie die der vor 1980 errichteten Einfamilienhäuser. Obwohl schon seit langem die Steigerung der Sanierungsrate politisches Programm ist, sind die Erfolge bescheiden: Pro Jahr werden weniger als ein Prozent der betroffenen Gebäude energetisch saniert, die Sanierungsrate ist sogar rückläufig. Erfolge zeigen sich vor allem bei Gebäuden von Wohnbaugenossenschaften und bei kommunalen Wohnbauten.

Die Länder haben im Jahr 2007 etwa 550 Millionen Euro an Wohnbauförderungsmitteln für Sanierungsmaßnahmen vergeben (BMF 2007), davon etwa die Hälfte für energetische Sanierungsmaßnahmen. Eine Steigerung der Sanierungsrate erfordert einen höheren Mitteleinsatz, jedoch vor allem im Einfamilienhausbereich auch die Überwindung von

Abbildung 5.8: Heizenergiebedarf des Gebäudebestandes in kWh/m2·a nach Altersklassen und Gebäudetypen; EFH: Einfamilienhaus, MFH: Mehrfamilienhaus klein/groß, NWG: Nicht-Wohngebäude. Quelle: BMWA 2003

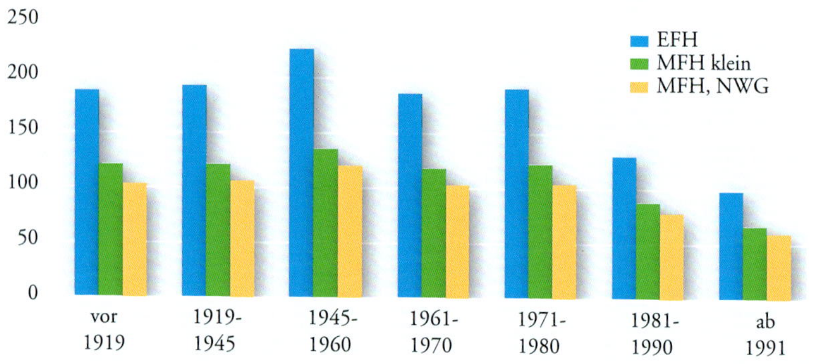

nichtfinanziellen Hindernissen. Beispielsweise sind vielfach die Einsparpotenziale nicht bekannt; die Unannehmlichkeiten der Sanierungsarbeiten können abschreckend wirken, oder es wird mit der Sanierung zugewartet, bis die nachfolgende Generation das Haus übernommen hat.

In Gebäuden mit Mietwohnungen ist der Anreiz für den Vermieter gering, eine thermische Sanierung durchzuführen, da er über die Betriebskosten die hohen Energiekosten eines Hauses schlechter energetischer Qualität auf die Mieter abwälzen kann. Die Wertsteigerung der Immobilie in Folge energetischer Sanierung wird dabei vom Vermieter oft nicht als ausreichender Anreiz wahrgenommen.

Ein Impuls zur Verbesserung der energetischen Situation der Gebäude wird von der Verpflichtung zur Vorlage eines Energieausweises erwartet. Bei allen neuen Gebäuden ist ein Energieausweis bereits beim behördlichen Bauverfahren vorzulegen. Auch bei umfassender Sanierung, bei Zusowie bei Umbauten ist ein Energieausweis nötig. Ab 2009 ist er auch bei Verkauf oder Vermietung von Wohnungen, Büros oder Betriebsobjekten vorzulegen. Die Gültigkeitsdauer des Energieausweises beträgt zehn Jahre. Verantwortlich für das Vorliegen ist der Bauherr, der Vermieter bzw. der Verkäufer des Objekts.

Neben der energetischen Sanierung ist die Nutzung von Abwärme in Form von Fernwärme die bedeutendste Maßnahme im Gebäudebereich. Im Allgemeinen können dafür Abwärmepotenziale der Industrie und der Elektrizitätserzeugung genutzt werden. Da der Transport von Wärme über längere Strecken mit Verlusten verbunden ist, muss auf einen geringen

Abstand von Wärmequelle und Verbraucher Bedacht genommen werden. Problematisch ist dies insbesondere bei bestehenden Wärmeanbietern, in deren Nähe kein geeigneter Abnehmer liegt.

Wegen der langfristigen Auswirkungen spielt für künftige Standortentscheidungen die Raumentwicklung eine zentrale Rolle: Standorte von Industriebetrieben bzw. EVU, die Wärme abzugeben haben, und Standorte von Betrieben oder von Wohngebieten, die an ein Fernwärmenetz angeschlossen werden können, sind koordiniert zu planen. Die Ausweisung von Fernwärmevorranggebieten kann hierbei hilfreich sein. Es ist anzustreben, dass in Zukunft Anlagen mit großen Abwärmemengen nur an Standorten zugelassen werden, wo auch eine Abnahme der Wärme sichergestellt ist, und dass im Umfeld großer Wärmeanbieter vermehrt die Ansiedlung von Wärmeverbrauchern gefördert wird.

Verkehr und Mobilität

Der Bereich Verkehr und Mobilität hat von 1990 bis 2006 mit einer Steigerung von etwa 72 % die bei weitem höchste Zuwachsrate im Energieverbrauch gezeigt. Dies ist insbesondere auf den Straßenverkehr zurückzuführen. Während der durchschnittliche spezifische Energieverbrauch der PKW praktisch seit 2000 stagniert und der der LKW sogar gesunken ist, sind die Fahrleistungen massiv angestiegen. Allerdings führt die vergleichsweise geringe Kraftstoffbesteuerung in Österreich dazu, dass ein erheblicher Teil des national verkauften Kraftstoffs dem sogenannten Tanktourismus dient, also im Ausland verbraucht wird. Gemäß den Bilanzierungsregeln der Klimarahmenkonvention werden die damit verbundenen CO_2-Emissionen jedoch Österreich zugerechnet. Mit der Mineralölsteuererhöhung von 0,03 Euro pro Liter für Benzin und 0,05 Euro pro Liter für Diesel, die mit 1. Juli 2007 in Kraft trat, wurde dieser Effekt etwas abgeschwächt. Darüber hinaus haben die Kraftstoffpreise, die von Anfang 2007 bis Mitte 2008 relativ hoch lagen, zu einem Verbrauchsrückgang geführt, der jedoch nicht Zeichen einer nachhaltigen Veränderung ist.

Eine wichtige Maßnahme, mit der diesen Zuwächsen und den damit verbundenen CO_2-Emissionen entgegengetreten werden soll, ist derzeit die Substitutionsverpflichtung von fossilem Treibstoff durch einen biogenen Anteil (siehe Kapitel 5.4).

Die Liste möglicher Effizienzmaßnahmen im Verkehr ist lang und hinreichend bekannt, in der Praxis spielen sie freilich kaum eine Rolle. Beim Personenverkehr wird die Effizienzsteigerung von Verbrennungsmotoren oft an erster Stelle genannt, doch ist zu berücksichtigen, dass ihr thermodynamische Grenzen gesetzt sind, die einen Wirkungsgrad von 30 % schwer überschreitbar machen. Bedeutend höher sind die Einsparpotenziale bei Umstieg auf öffentliche Verkehrsmittel, teils wegen der bedeutend effizienteren Elektromotoren, teils wegen der viel höheren Zahl der mitfahrenden Personen. Einen ähnlichen Effekt hat auch die Bildung von Fahrgemeinschaften. Darüber hinaus kann eine große Zahl von Wegen statt mit dem PKW mit Fahrrad oder zu Fuß zurückgelegt werden.

Auch im Bereich des Güterverkehrs sind Einsparungen durch Abwicklung über effizientere Verkehrsmodi (Schiene) und durch eine Verbesserung der Auslastung (Vermeidung von Leerfahrten, effizientere Logistik) zu erzielen. Dabei ist anzumerken, dass die Situation in diesem Bereich in Österreich vergleichsweise gut ist: Die Transportleistung der Bahn hat von 1999 bis 2005 um 25 % zugenommen, während die des Straßengüterverkehrs um 16 % stieg. Der Anteil der Bahn am Gütertransport in Österreich (Modal Split) liegt im Spitzenfeld der EU-15 (BMVIT 2007).

Dass trotz dieser auf der Hand liegenden Effizienzmaßnahmen die Trends in die entgegengesetzte Richtung gehen, zeigt, dass die Einsparungen durch energieeffizientere Verkehrsabwicklung den Nutzern keinen ausreichenden Anreiz geben. Weiters bedingen auch längerfristige Trends, auf welche der öffentliche Verkehr teils unzureichend reagiert, eine Zunahme des Verkehrsaufkommens, u. a. die steigende Zersiedelung, der Verlust an Arbeitsplätzen in manchen ländlichen Regionen, die Flexibilisierung von Arbeitszeiten, die Verringerung der Möglichkeit oder des Willens von Verkehrsunternehmen, wenig rentable Strecken querzufinanzieren, die zunehmende Just-In-Time-Produktion, deren Flexibilitätsanforderungen die Bahn überfordern, die Erweiterung der EU und der zunehmende Güteraustausch im freien Markt.

Die Verbrauchsrückgänge während der Hochpreisepisode der Treibstoffe (Mitte 2007 bis Mitte 2008) haben gezeigt, dass es im Personenverkehr eine Reaktion auf Preissignale gibt. Die Daten deuten darauf hin, dass diese Preisepisode zu einer stärkeren Beachtung des Treibstoffverbrauchs beim Neuwagenkauf geführt hat. Freilich kann es sein, dass diese Reaktionen nach einer Gewöhnungsphase wieder verschwinden. Zu berücksichtigen ist, dass wirksame Preissignale verteilungspolitisch unerwünschte Effekte haben, da sie dazu führen, dass gerade ärmere Menschen weniger mobil werden, falls keine adäquaten Angebote an öffentlichen Verkehrsmitteln zur Verfügung stehen.

Industrie und Gewerbe

Im produzierenden Sektor sind die drei dominierenden Energieverbrauchskategorien die Standmotoren (35 %), die Industrieöfen (ohne Einsatz von Koks für die Roheisenerzeugung) (28 %) und die Dampferzeugung (24 %). Der Rest von 13 % teilt sich auf die anteilsmäßig weniger bedeutenden Bereiche Raumheizung/Klimaanlagen und Beleuchtung/

EDV auf. Nicht erfasst ist dabei der Energieverbrauch des Verkehrs, der vom produzierenden Bereich generiert wird. (E-Control 2008.2).

Einzelne Branchen unterscheiden sich wesentlich in der Entwicklung des Energieverbrauchs: Während der Energieverbrauch in den Sektoren Eisen und Stahl sowie Steine und Erden seit 1970 praktisch konstant geblieben ist, stieg er im selben Zeitraum in der Chemieindustrie auf über das Dreifache und in der Papierindustrie auf das Zweieinhalbfache (E-Control 2008.2, S. 76).

Für die Entwicklung des Energieverbrauchs der Industrie ist in erster Linie die Entwicklung der Wirtschaftsleistung verantwortlich, aber auch eine Reihe anderer Faktoren, wie Produktionsmengen, Strukturumbrüche in einzelnen Branchen oder die technologischen Fortschritte in den Produktionsprozessen.

Während der Energieverbrauch in den genannten Branchen deutlich gestiegen ist, ist ihr spezifischer Energieverbrauch, umgelegt auf Produktionseinheiten, gesunken. Bei der Papierindustrie ist der spezifische Energieverbrauch pro produzierter Einheit Papier seit 1990 um 31 % und in der Stahlindustrie seit 1980 um 18,4 % gesunken (E-Control 2008.2, S. 82). Die voestalpine benötigt im Vergleich westeuropäischer Stahlhersteller am wenigsten Energie für die Produktion einer Tonne Stahl. Mit 1,65 GJ Energieverbrauch pro Tonne Ziegel liegt Österreichs Ziegelindustrie gemeinsam mit Deutschland im EU-Spitzenfeld, seit 1980 ist der Energieverbrauch pro Tonne Ziegel um 30 % gesunken.

Die Branchen unterscheiden sich stark danach, welchen Anteil die Energiekosten an den gesamten Kostenfaktoren (einschließlich Lohnkosten) haben. Am höchsten ist er mit 15,3 % in der Eisen- und Stahlerzeugung (NACE[20] 271), gefolgt von der Ziegelindustrie (NACE 264) mit 14,9 %. In der Papierindustrie (NACE 211) liegt er bei 8,9 %, in der Herstellung chemischer Grundstoffe (NACE 241) bei 5,9 % (Jahr 2005; Quelle: Statistik Austria, eigene Berechnungen; Anmerkung: Daten für die Zementindustrie nicht verfügbar). Je höher der Anteil der Energiekosten, desto höher wird im Allgemeinen die Bedeutung sein, die ein Unternehmen Energieeffizienzmaßnahmen beimisst. Für die tatsächliche Umsetzung spielen weiters die erwartete Amortisationszeit und die technische Möglichkeit von energiesparenden Maßnahmen eine Rolle.

Energieeffizienzmaßnahmen sind einer der Förderschwerpunkte im Rahmen der Umweltförderung des Bundes. Im Rahmen dieses Förderschwerpunktes werden verschiedene Maßnahmen auf betrieblicher Ebene gefördert, die zu einer Erhöhung der Energieeffizienz bei der Energieumwandlung oder -versorgung führen, namentlich

20) NACE bezeichnet die statistische Systematik der Wirtschaftszweige in der Europäischen Gemeinschaft („Nomenclature statistique des Activités économiques dans la Communauté Européenne").

- Betriebliche Energiesparmaßnahmen (z. B. Wärmerückgewinnungsanlagen, Stromeinsparungen);
- Industrielle Abwärmenutzung;
- Energiesparmaßnahmen in Anlehnung an die jeweiligen Energiebranchenkonzepte;
- Optimierung von Regelungen;
- Energetische Optimierung von betrieblichen Abwasserreinigungsanlagen

In den Jahren 2005 bis 2007 wurden mit Förderungen von 10,2 Millionen Euro Investitionen von 45,2 Millionen Euro ausgelöst, die insgesamt zu einer Verringerung der CO_2-Emissionen um 92.000 Tonnen pro Jahr führten. Über die Lebensdauer der Investitionen gerechnet bedeutet das eine Kosteneffizienz von 8 Euro pro Tonne (BMLFUW 2008). Dabei ist zu berücksichtigen, dass Investitionen, deren Amortisationszeit unter fünf Jahren (bei KMU: unter drei Jahren) liegt, nicht förderfähig sind. Diese Zahlen und die hohe Zahl von Einreichungen zeigen, dass im produzierenden Bereich ein beträchtliches Energieeffizienzpotenzial zu attraktiven Kosten besteht. Voraussetzung dafür, dass es realisiert wird, ist freilich auch die Information über die technischen Möglichkeiten.

Aus diesem Grund setzen sowohl das Grünbuch der E-Control als auch der nationale Energieeffizienzaktionsplan den Schwerpunkt im produzierenden Bereich auf Informationsinstrumente, die den Unternehmen helfen sollen, Energiesparmaßnahmen zu identifizieren.

Auch wenn in jedem einzelnen Betrieb besondere Verhältnisse bei der Energienutzung herrschen, gibt es doch auch viele Gemeinsamkeiten. Das Umweltbundesamt Wien hat 2005 eine Monographie (M-172) veröffentlicht, in der energieeffiziente Technologien beschrieben werden, die in der Industrie sektorübergreifend einsetzbar sind (UBA 2005). Detailliert werden die Möglichkeiten und Grenzen von Wärmerückgewinnung, Ventilationssystemen, Motoren und Steuerungen, Pumpenregelung, Druckluftsystemen u. v. m. dargelegt und hinsichtlich ihrer Einsparpotenziale untersucht.

Während in großen, energieintensiven Betrieben meist ein Energiemanagement zu finden ist (häufig in Verbindung mit einem CO_2-Management, falls der Betrieb dem Emissionshandel unterliegt), fehlen KMU die Ressourcen dafür. Günstigenfalls sind die Verantwortlichen für Energieeffizienzfragen bereits sensibilisiert; dann können spezifische Schulungen und Informationen zu konkreten Effizienzmaßnahmen zu Einsparungen führen. Anderenfalls hilft die Vermittlung von Grundkenntnissen, das Thema Energieeffizienz ins Bewusstsein zu rücken.

Ein vielversprechendes Modell für die verstärkte Umsetzung von betrieblichen Energieeffizienzmaßnahmen ist die Möglichkeit, dass auch

Unternehmen, die nicht dem Emissionshandel unterliegen, durch Energieeffizienzmaßnahmen Emissionsrechte generieren, aus deren Verkauf sie zusätzlichen Erlös ziehen können (sog. „domestic offset projects").

Beleuchtung und Kleinverbrauch von Elektrizität

Der Einsatz von Energiesparlampen ist eine der populärsten Energieeffizienzmaßnahmen. Das Potenzial dieser Maßnahme wird jedoch in der öffentlichen Wahrnehmung häufig überschätzt. Relativ betrachtet ist der Ersatz von herkömmlichen Glühbirnen durch Energiesparlampen zwar wirksam: Eine Energiesparlampe benötigt für die gleiche Leuchtstärke nur etwa 20 % der elektrischen Energie, die eine Glühbirne verbraucht; wird ihr höherer Anschaffungspreis berücksichtigt, so spart die Energiesparlampe immer noch rund zwei Drittel der Kosten ein. Insgesamt sind die Effekte dieser Maßnahme aber gering, da der Verbrauch von Elektrizität für die Beleuchtung nur einen geringen Teil des Gesamtenergieverbrauchs ausmacht. Die Stromrechnung eines Haushaltes kann jedoch merklich verringert werden (Größenordnung 100 Euro pro Jahr).

Ein im Gegensatz zur Beleuchtung häufig unterschätzter Stromverbrauch liegt im Bereitschaftsmodus vieler elektronischer Geräte (Stand-by-Betrieb). Gerade ältere Geräte zeigen hier eine relativ hohe Leistungsaufnahme, schon einige Watt können hier einen beachtlichen Verbrauch bedeuten. Erfahrungsgemäß wird auf dieses Merkmal beim Kauf von Geräten kaum geachtet, so dass hier gesetzliche Maßnahmen (auf EU-Ebene) geboten erscheinen. Ähnliches gilt für Netzgeräte, die häufig dauernd am Netz angeschlossen sind.

Weitere wesentliche Verbraucher im Haushalt sind Waschmaschinen, Geschirrspüler und Kühl- und Gefrierschränke. Für alle diese Geräte gibt es mittlerweile eine EU-einheitliche Effizienzkennzeichnung, die die Geräte in die Klassen A (sehr energieeffizient) bis G (wenig energieeffizient) einteilt. Die Fortschritte bei der Konstruktion von Kühlgeräten führen dazu, dass für sie mittlerweile auch die Klassen A+ und A++ eingeführt wurden.

Bei Haushaltsgeräten und Beleuchtung kommt dem Nutzerverhalten große Bedeutung zu, absolut gesehen spielt dies jedoch für den Gesamtenergieverbrauch nur eine untergeordnete Rolle. Ob eine besondere Fokussierung auf diesen Bereich das Bewusstsein der Konsumenten und Konsumentinnen für die Energieeffizienz stärkt oder ob dies im Gegenteil die Aufmerksamkeit von den bedeutenden Energieverbrauchern – Verkehr und Raumwärme – ablenkt, ist eine offene Frage.

Energieumwandlung

Die Steigerung der Energieeffizienz bei der Energieumwandlung bezieht sich vorrangig auf den thermischen Kraftwerkspark. Insgesamt stammt in Österreich noch rund ein Viertel der erzeugten Elektrizität (öffentliche und unternehmenseigene Anlagen) aus thermischen Kraftwerken, in denen die anfallende Wärme aus der Stromerzeugung nicht ausgekoppelt wird. Der thermische Kraftwerkspark (kalorische Elektrizitätserzeugung) hat in Österreich – je nach eingesetztem Brennstoff und Stand der Anlage – einen Wirkungsgrad zwischen 29 und 58 %. Dementsprechend geht mehr als die Hälfte der zur Stromerzeugung eingesetzten Primärenergie in diesen Anlagen verloren. Im Vergleich dazu liegt der Wirkungsgrad für KWK-Anlagen bei durchschnittlich 73,8 %. Daher ist die Nutzung der Primärenergieträger weiter zu verbessern.

Betrachtet man etwa die Menge an fossilen Energieträgern, die in Kraftwerken eingesetzt wird, dann können im Idealfall 31.000 TJ an Energie eingespart werden, wenn diese in KWK-Anlagen eingesetzt würde. Allerdings müssen dabei auch andere Faktoren (z. B. Standort, tatsächlicher regionaler Wärmebedarf, Förderung und Ausbau der Infrastruktur etc.) berücksichtigt werden (E-Control 2008.2, S. 29–30).

Mittel- und Langfristig: Effizienzsteigerungen durch Änderungen der Rahmenbedingungen

Einen großen Einfluss auf den Energieverbrauch im Verkehr und bei der Beheizung hat die Siedlungsstruktur. In hoch verdichteten Räumen sind Wege häufig kürzer als in zersiedelten, großflächigen Gebieten, so dass viele Wege zu Fuß, mit dem Fahrrad oder mit dem ÖPNV günstiger und schneller zu erledigen sind als mit dem PKW. Hohe Verdichtung trägt zu deutlich geringerem Heizenergieverbrauch bei: Im Vergleich zu einer Wohnung in einem Wohnblock verbraucht ein Einfamilienhaus gleicher Wohnfläche bei gleicher technischer Ausstattung zwei Drittel mehr an Heizenergie.

Energiesparende Massenverkehrsmittel können nur ab einer gewissen Siedlungsdichte gut ausgelastet werden und dadurch einen hohen Kostendeckungsgrad erreichen. Erst verdichtete Stadtstrukturen ermöglichen die Finanzierung hochattraktiver ÖPNV-Angebote.

Möglichkeiten, über Siedlungspolitik auf den Energieverbrauch des Verkehrs und der Beheizung Einfluss zu nehmen, bestehen auf vielen Ebenen: Raumordnung (Regional-, Flächennutzungs-, Stadtentwicklungs- und Bebauungspläne), Entwicklung von Verkehrskonzepten, finanzielle Förderung bzw. Steuerung (ÖPNV-Fahrpreise, Pendlerpauschale, Wohnbauförderung, Ökosteuer, Maut), ideelle und direkte Unterstützung von energieeffizienteren Verkehrsmitteln (Werbung, Jobtickets, Vorbildwirkung) und fußgeher- und radfahrerfreundliche Kommunalpolitik.

5.3.5 *Empfehlungen des Beirats*

In mehreren politischen Planungsdokumenten (Energieeffizienzaktionsplan, Innovation & Klima, Grünbuch Energieeffizienz) werden in unterschiedlichen Detaillierungsgraden Maßnahmen zur Steigerung der Energieeffizienz vorgeschlagen. Ohne Anspruch auf Vollständigkeit werden im Folgenden die wichtigsten Gruppen von Maßnahmen kurz diskutiert und daraus Empfehlungen der Sozialpartner abgeleitet.

Dabei ist festzuhalten, dass einige der Maßnahmen, die zu einer Verbesserung der Energieeffizienz führen, sinnvoll nur auf europäischer Ebene gesetzt werden können – sei es, weil die Warenverkehrsfreiheit dies erfordert, sei es, weil anderenfalls inakzeptable Wettbewerbsverzerrungen die Folge wären. In Österreich sind – abhängig von der föderalen Kompetenzverteilung – einige Maßnahmen auf Bundesebene, andere auf Landesebene zu setzen. Auch hinsichtlich der einzusetzenden Instrumente ist zu differenzieren: Während in manchen Bereichen schon mit verbesserter Information Fortschritte erzielt werden können (z. B. Energieeffizienzkennzeichnung), wird es in anderen Fällen Förderungen der öffentlichen Hand oder Steuererleichterungen für die Verbesserung der Energieeffizienz brauchen. Einige Maßnahmen schließlich werden am besten gesetzlich vorgeschrieben.

1. **Energieberatung, Smart Metering, Benchmarking, Energiemanagement und Energiebuchhaltung**

   Bei der Energieberatung ist – sowohl im Haushalts- als auch im Gewerbe- und Industriebereich – bedarfsgerecht eine Mischung einfacher, leicht zugänglicher Beratungen und umfassender, individueller Beratungen vorzusehen, um das Verständnis für Energieeffizienzpotenziale optimal zu heben und die Verbraucher zu motivieren, die Maßnahmen tatsächlich durchzuführen. Für Haushalte und KMU wird dabei ein kostenloses Angebot an Erstberatungen empfohlen.

   Bei Smart Metering (zeitlich hoch aufgelöste Verbrauchsmessung mit Datenübertragung) handelt es sich um eine Maßnahme, die nicht unmittelbar verbrauchsmindernd wirkt; stattdessen wird eine Möglichkeit geschaffen, den Verbrauch besser zu analysieren. Im Zusammenwirken mit zeitlich differenzierten Tarifen kann es einen Beitrag zur Verringerung der Spitzenlastnachfrage leisten. Smart Metering erfolgt auch im Interesse der EVU. Die Kosten für die Zähler sollten daher überwiegend von diesen getragen werden; der Datenschutz ist sicherzustellen.

   Benchmarking (Feststellung der Energieeffizienz eines Prozesses im Vergleich zu anderen gleichartigen Prozessen) hilft, wenig effiziente

Prozesse zu identifizieren, und kann damit einen Anreiz zur Verbesserung schaffen.

Auch die Verbreitung von Energiemanagementsystemen und die Energiebuchhaltung im gewerblichen Bereich ist ein vorbereitendes Instrument, hat aber weiterreichende Auswirkungen. Es wird vorgeschlagen, einfache Energiemanagementsysteme und fokussierte Energieberatungen als Voraussetzung für umwelt- oder energierelevante Förderungen der öffentlichen Hand zu normieren. Zur Verbesserung der Beraterakzeptanz sollten möglichst auf die jeweiligen Segmente spezialisierte Energieberater eingesetzt werden.

2. **Strenge Standards für Industriemotoren und Geräte, Ausweisung spezifischer Energiekosten auf Geräten, Gerätetauschprogramme, Energiesparlampenprogramm**

   Verbindliche Standards für Industriemotoren oder Haushaltsgeräte können nur auf EU-Ebene vorgeschrieben werden. Ein Austauschprogramm für alte, wenig effiziente Geräte kann als Förderprogramm gestaltet werden, wobei zu beachten ist, dass gerade besonders alte Geräte ohnehin ausgetauscht werden müssen, wodurch es zu Mitnahmeeffekten kommen kann. Es wird empfohlen, den Gerätetausch zu fördern, um insbesondere in einkommensschwachen Haushalten die Ausstattung mit energieeffizienten Geräten zu verbessern. Die Ausweisung spezifischer Energiekosten wird als informatorisches Instrument empfohlen.

   Ein Energiesparlampenprogramm wird lediglich als Informationsinstrument empfohlen, da die Kosten von Energiesparlampen einschließlich des Betriebs sehr rasch die Kosten von Glühlampen unterschreiten. Auf EU-Ebene wurde ein mittelfristiger Ausstieg aus wenig effizienten Glühlampen beschlossen.

3. **Technologische Fortschritte bei Heiz- und Kühlsystemen**

   Der vermehrten Nutzung von Abwärme für Zwecke der Raumwärme kommt überragende Bedeutung zu. Zu diesem Zweck sind umfassende, regionale Wärmenutzungskonzepte (Nahwärmenutzung, Fernwärme unter den Gesichtspunkten Aufbringung, Verteilung und Verbrauch, Ansiedlung wärmeverbrauchender Betriebe) zu erstellen.

   Ein bislang wenig erschlossenes Feld sind Mikro-KWK-Anlagen, die in kleinen Leistungsbereichen (bis 50 kW Brennstoffwärmeleistung) neben der Raumwärme auch Elektrizität erzeugen und damit den Gesamtwirkungsgrad einer Heizanlage erheblich steigern. Hier werden Schritte zur marktnahen Entwicklung und zur Marktdurchdringung empfohlen.

   Neben der Solarthermik soll auch die Umgebungswärme mittels

Wärmepumpen stärker genutzt werden, vorzugsweise in Regionen, in denen eine Anbindung an Fernwärme nicht möglich ist.
Die steigende Nachfrage nach Gebäudekühlung soll zwecks Eindämmung des Elektrizitätsverbrauchs in diesem Bereich vermehrt durch alternative Kühlsysteme gedeckt werden, beispielsweise mittels Fernkälte oder solarer Kühlung (Absorptionsprinzip).

4. **Energetische Standards im Neubau**
Dieser Maßnahme kommt hohe Bedeutung zu. Die Kompetenz liegt bei den Ländern. Auch betriebliche und öffentliche Gebäude müssen erfasst werden, und im Wohnbau sind auch nicht-geförderte Gebäude einzubeziehen. Um die Weiterentwicklung der Standards anzuregen, sollen 10 % der geförderten Objekte Passivhausstandard erreichen.
Mit der Betrachtung des Gesamtenergiebedarfs wird neben dem Heizenergiebedarf auch der Kühlenergiebedarf einbezogen, eine immer wichtigere Größe, besonders im Bereich der Nicht-Wohngebäude. Dabei sind auch Konzepte der konstruktiven Vermeidung des Kühlenergiebedarfs (z. B. Abschattung) anzuwenden und weiterzuentwickeln.

5. **Energetische Sanierung von Gebäuden**
Die notwendige Steigerung der Sanierungsrate im Bestand der Wohngebäude – mit einem Fokus auf den besonders sanierungsbedürftigen Gebäuden der Bauperiode 1945 bis 1980 – erfordert einen zusätzlichen Mitteleinsatz. Eine Umschichtung der WBF-Mittel zu Gunsten der Sanierungen führt zu unerwünschten Steigerungen der Wohnkosten im Neubau. Mit dem Konjunkturpaket 2008 (Zuschuss des Bundes: je 50 Millionen Euro pro Jahr für die Sanierung von Wohngebäuden und von Nicht-Wohngebäuden) ist dazu ein erster Schritt gesetzt.
Wesentlich für die Steigerung der energetischen Sanierungsrate ist die Identifikation und Überwindung von Hemmnissen für die Sanierung, die nicht in Fragen der Finanzierung liegen (z. B. mangelnde Kenntnisse über die Einsparpotenziale, Unannehmlichkeiten der Sanierung). Neben den Wohngebäuden sind auch betriebliche und öffentliche Gebäude einzubeziehen. Contracting-Modelle sind so zu gestalten, dass nicht nur die einfachsten Effizienzgewinne realisiert werden. Eine eingehende Energieberatung ist als Voraussetzung für geförderte Sanierungen zu normieren.
Über die Bedeutung der Investor-Nutzer-Problematik bei Mietobjekten (ein Investor trägt die Kosten, der Nutzer des Objekts lukriert die Vorteile durch verringerte Energiekosten) bestehen unterschiedliche Auffassungen. Es wird zu prüfen sein, ob die bestehenden Lö-

sungsansätze in § 18 MRG (Heranziehungen der Mietzinsreserve; bewilligungspflichtige, befristete Anhebung des Hauptmietzinses) ausreichen und warum im Bereich der gemeinnützigen Wohnbauträger die Sanierungsrate höher als in den übrigen Bereichen ist.

6. **Energie-Contracting, Domestic Offset Projects (DOP)**
   Contracting kann einen Beitrag zur Realisierung von Energieeffizienzpotenzialen leisten, hat jedoch den Nachteil, dass vor allem die einfachsten und am raschesten wirkenden Maßnahmen realisiert werden. Ein vielversprechendes alternatives Modell für die verstärkte Umsetzung von Energieeffizienzmaßnahmen sind sog. Domestic Offset Projects (DOP), bei dem Unternehmen, die nicht dem Emissionshandel unterliegen, durch Energieeffizienzmaßnahmen Emissionsrechte generieren, aus deren Verkauf sie zusätzlichen Erlös ziehen können. Es wird empfohlen, im Rahmen der Umweltförderung ein Pilotprogramm zum Ankauf von Emissionsrechten aus DOP einzurichten.
7. **Raumordnung und Raumplanung unter dem Gesichtspunkt des Energieverbrauchs**
   Dem Bereich Raumordnung kommt eine hohe Bedeutung bei der Determinierung des zukünftigen Energieverbrauchs im Verkehr und im Gebäudebereich zu. Dabei sind die Besonderheiten einer äußerst langfristig wirkenden Umstellung, die gelegentlich im Widerspruch zu kurzfristigen Interessen steht, anzusprechen. Es wird empfohlen, in enger Kooperation mit den Ländern die hier bestehenden Ansätze zu bündeln und Best-Practice-Beispiele zu verbreiten. Ein interessanter Ansatz ist in diesem Zusammenhang ein „Energieausweis für Siedlungen", wie er zurzeit in Niederösterreich erarbeitet wird.
   Unnötiger Energieverbrauch durch zusätzliche Fahrzeugkilometer und Staus aufgrund von Flaschenhälsen und fehlenden Verbindungsstrecken bei Schienen-, Wasser- und Straßeninfrastruktur ist zu vermeiden. Planungs- und Genehmigungsverfahren bei Infrastruktur mit überörtlichem Interesse sollen effizienter gestaltet werden, etwa durch eine Rahmenkompetenz des Bundes bei überörtlicher Raumplanung, bindende Informations-, Koordinations- und Kooperationsverpflichtungen zwischen den Gebietskörperschaften oder durch Vereinheitlichung der neun landesspezifischen Raumordungsgesetze.
   Daneben kommt der Raumplanung ein hoher Stellenwert bei der Festlegung von Standorten von Kraftwerken, Industrie- und Gewerbegebieten sowie Wohngebieten unter dem Gesichtspunkt von Angebot und Nachfrage von Niedertemperaturwärme (Fernwärme-

ausbau) zu. Kalorische Kraftwerke sollen in Zukunft nur mehr an Standorten errichtet werden, an denen eine weitgehende Wärmenutzung möglich ist.

8. **Anreize zur vermehrten Nutzung öffentlicher Verkehrsmittel und zur Verringerung des Individualverkehrs**
   Der Ausbau und die Attraktivierung öffentlicher Verkehrsmittel werden nachdrücklich empfohlen. Dabei ist zu berücksichtigen, dass Komfort, Verlässlichkeit und Geschwindigkeit des öffentlichen Verkehrs einschließlich des ÖPNV für die Nutzer ebensolche Bedeutung haben wie der Preis. Intervallverdichtungen, Verbesserung der Anschlüsse und – angesichts steigender Arbeitszeitflexibilisierung – die Ausdehnung auf Tagesrandzeiten sind die wesentlichen Herausforderungen. Eine günstigere Tarifgestaltung ist jedenfalls anzustreben und durch Unterstützungen der öffentlichen Hand zu fördern. Ein Element einer Attraktivierung des ÖV ist das Anrecht auf die große Pendlerpauschale, wenn nachweislich öffentliche Verkehrsmittel genutzt werden.
   Um eine wesentliche Verschiebung des Modal Split zu erreichen, muss der ÖV im Vergleich zum PKW-Verkehr deutlich attraktiver gestaltet werden. Neben verkehrsplanerischen Maßnahmen sind Preissignale, die den Individualverkehr verteuern, eine Möglichkeit der Steuerung; bei diesen sind jedoch ungünstige Verteilungswirkungen zu berücksichtigen.
9. **Güterverkehr, Kostenwahrheit, Verlagerung**
   Im Bereich des Güterverkehrs sollen Fortschritte zur Erhöhung der Energieeffizienz vor allem durch Anreize zur Verlagerung auf die Schiene und auf Wasserstraßen erzielt werden. Maßnahmen in diesem Bereich sollen die Kostenwahrheit erhöhen, den Schienengüterverkehr attraktivieren (Ausbau von Umschlags- und Logistikzentren, Förderung von Anschlussbahnen und Kombi-Verkehr, Lückenschluss im Schienennetz) und zur rascheren Ökologisierung und Modernisierung des Fuhrparks beitragen.
10. **Marktdurchdringung effizienter Motorentechnologien und Fuhrparkerneuerung (z. B.: Förderung effizienter Fahrzeuge, weitere Ökologisierung der NoVA und der KFZ-Steuer, Verbot von ineffizienten Motoren)**
   Bei diesen Maßnahmen ist zu berücksichtigen, dass Belastungen bei den Fixkosten ein weitaus weniger wirksames Signal aussenden als eine Erhöhung der fahrleistungsabhängigen variablen Kosten (bei gleichzeitiger Verringerung der Fixkosten). Weiters sind im Sinne einer langfristigen Strategie Alternativen zum Verbrennungsmotor aufzubauen. Verstärkt sind daher Forschungsaktivitäten in diesem

Bereich zu setzen (z. B. Batterieentwicklung für Elektrofahrzeuge).

11. **Einhaltung von vorgeschriebenen Fahrgeschwindigkeiten, Geschwindigkeitsbegrenzung, Spritsparinitiative, Ausbau der Telematik**
    Wie Beispiele in anderen Staaten zeigen, haben strengere Kontrollen der bestehenden Geschwindigkeitsbeschränkungen (sowohl LKW als auch PKW) beachtliche Wirkungen. Verringerte Fahrgeschwindigkeiten haben – gleichgültig, auf welche Weise sie zu Stande kommen – auch positive Auswirkungen auf das Unfallgeschehen sowie auf Lärm- und Luftemissionen.
    Ein verstärkter Einsatz der Verkehrstelematik hat weniger Fahrzeugkilometer, eine erhöhte Sicherheit und einen effizienteren Energieeinsatz zur Folge.
12. **Effizienzsteigerung bei Kraftwerken**
    Der Ersatz kalorischer Kraftwerke ohne Wärmeauskopplung durch effiziente KWK-Anlagen leistet einen bedeutenden Beitrag zur Steigerung der Energieeffizienz. Voraussetzung dafür ist, dass die Abwärme sinnvoll genutzt werden kann.
    Bei bestehenden Kraftwerken mit überholter Technologie ist die Anpassung an den aktuellen Stand der Technik vordringlich, um das vorhandene Erzeugungspotenzial voll auszuschöpfen.
    Daneben spielen auch Maßnahmen zur Verringerung der Leitungsverluste eine nicht zu unterschätzende Rolle.
    Weiters ist industrielle Abwärme in das öffentliche Fernwärmenetz einzuspeisen.

5.4 Nutzung erneuerbarer Energiequellen

5.4.1 Ausgangslage

Die Nutzung erneuerbarer Energieträger ist seit Jahrzehnten ein wesentlicher Eckpfeiler der österreichischen Energiepolitik. Nicht zuletzt aufgrund dieser Schwerpunktsetzung auf Bundes- und Landesebene liegt Österreich bei der Nutzung erneuerbarer Energieträger bereits heute im europäischen Spitzenfeld. Erneuerbare Energieträger haben im Jahr 2005 laut Eurostat 23,3 % des österreichischen Endenergieverbrauchs gedeckt[21]. Damit liegt

21) Anteil der erneuerbaren Energieträger am Endenergieverbrauch mit normalisierter Erzeugung aus Wasserkraft, enthält Verbrauch im Energiesektor und Netzverluste bei Elektrizität und Wärme. Roubanis, N. und Dahlström, C. (2007): Statistik der erneuerbaren Energieträger 2005. Eurostat Daten kurz gefasst, Europäische Gemeinschaften.

Österreich beim Ausbau erneuerbarer Energien im EU-Vergleich am 4. Platz und bereits jetzt über dem EU-Ziel von 20 %. Beim Anteil erneuerbarer Energieträger an der Stromerzeugung liegt Österreich in der EU sogar an erster Stelle.

Während sich der Importanteil (ca. 70 %) zur Abdeckung des österreichischen Primärenergiebedarfs fast ausschließlich aus fossilen Energieträgern zusammensetzt, wird die inländische Energieaufbringung (ca. 30 %) zum überwiegenden Teil durch erneuerbare Energieträger bewerkstelligt. Von ca. 459 PJ inländischer Rohenergieerzeugung werden etwa drei Viertel durch erneuerbare Energie und nur ein Viertel durch fossile Energieträger abgedeckt. Die inländische Erzeugung von erneuerbarer Rohenergie zeigt einen langfristig positiven Entwicklungstrend; Von 1970 bis 2007 konnte der Entfall der inländischen Erzeugung an fossiler Rohenergie (–135 PJ) durch die Ausweitung der erneuerbaren Energieträger überkompensiert (+227 PJ) werden (Statistik Austria 2008).

Abbildung 5.9: Entwicklung der inländischen Erzeugung von erneuerbarer Rohenergie in Österreich von 1970 bis 2007 in PJ. Quelle: Statistik Austria 2008

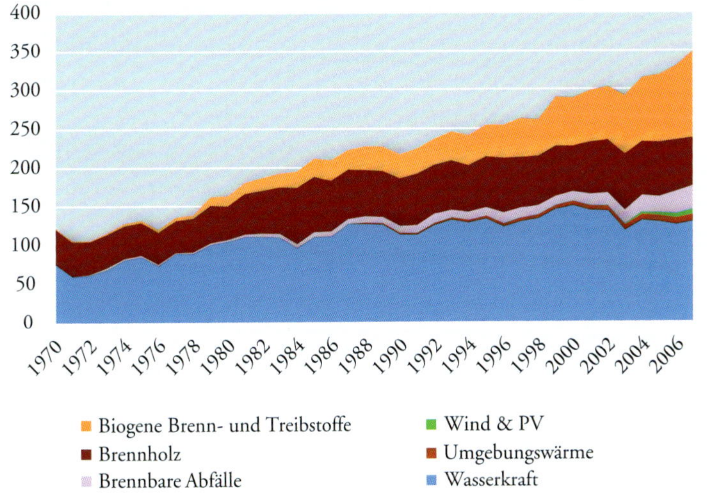

Biogene Energieträger

Die nähere Betrachtung der erneuerbaren Energieträger zeigt, dass der größte Anteil am Bruttoinlandsverbrauch von biogenen Energieträgern (59 % – 213 PJ) erbracht wird. Der Beitrag der Wasserkraft (36 % – 130 PJ) hat auch große Bedeutung, variiert aber in Abhängigkeit der jeweiligen Niederschlagssituation und der damit in Verbindung stehenden

Ausschöpfung des Regelarbeitsvermögens der Wasserkraftwerke erheblich. Während der Beitrag der Wasserkraft durch stark reduzierte Ausbauaktivitäten seit Mitte der achziger Jahre stagniert, konnte in den letzten 20 Jahren die deutlichste kontinuierliche Steigerung im Bereich der biogenen Brenn- und Treibstoffe erzielt werden (Statistik Austria 2008).

Durch den traditionellen Nutzungshintergrund hat in Österreich Holz nach wie vor bei den erneuerbaren Energieträgern eine besondere Rolle. Neben der Brennholznutzung in manuell beschickten Holzfeuerungsanlagen (Scheitholzkessel, Kachelöfen, etc.) konnte Holz in Form von Hackgut und Pellets in automatischen Feuerungsanlagen kontinuierlich neue Marktanteile gewinnen. Nicht zuletzt trägt auch die energetische Verwertung der Ablaugen der Papierindustrie erheblich zu den holzbasierten Energieträgern bei.

Bei der Holznutzung gibt es seit mehr als 100 Jahren eine strikte gesetzliche Verankerung des Nachhaltigkeitsprinzips. Die Nutzung ist auf den jährlichen Holzzuwachs (die Zinsen) beschränkt, die kurzfristige Vernichtung des Rohstoffvorrates (des Kapitals) auf Kosten nachfolgender Generationen ist in der Forstwirtschaft durch strikte gesetzliche Nachhaltigkeitsvorgaben ausgeschlossen. Gemäß der letzten Waldinventur wurde nur 60 % des jährlichen Holzzuwachses genutzt, auch unter Berücksichtigung ökonomischer und ökologischer Nutzungsbeschränkungen ergeben sich daher erhebliche Nutzungspotenziale im österreichischen Wald. Am deutlichsten ausgeprägt ist dabei die Unternutzung des jährlichen Holzzuwachses im Bereich des Kleinwaldbesitzes (< 200 ha), während die Forstbetriebe (>200 ha) und die Österreichischen Bundesforste ihre Nutzungspotenziale weitgehend ausschöpfen. Besonders ist die Tatsache hervorzuheben, dass zeitgleich mit der energetischen Nutzungssteigerung der Holzvorrat im österreichischen Wald von 780 Mio. Vfm (Vorratsfestmeter) in der Inventurperiode 1961/70 um 315 Mio. Vfm auf 1.095 Mio. Vfm in der letzten Inventurperiode 2000/02 erhöht werden konnte (Datenquelle: BFW, Österreichische Waldinventur).

Die landwirtschaftlich genutzte Fläche lag in Österreich zwischen 1910 und 1940 bei ca. 4,3 Mio. ha. Bis in die 50er Jahre hat die „energetische Versorgung" der Zugtiere einen bedeutenden Teil der landwirtschaftlich genutzten Fläche gebunden. Ab 1950 hat sowohl die Landwirtschaft als auch der gesamte Transportsektor von Zugtieren zu Maschinen und Kraftfahrzeugen mit Verbrennungsmotoren gewechselt. Die bislang benötigten Futterflächen wurden für andere Nutzungen frei. Ertragssteigerungen durch züchterischen Fortschritt und weitere Optimierungen der Bewirtschaftung kompensierten in der Folge den auf Grund von Flächenversiegelungen (in der Periode 2007 bis 2008 etwa 12 ha pro Tag) und Aufforstungen bedingten Rückgang der landwirtschaftlich genutzten Fläche um ca. 1 Million ha auf derzeit ca. 3,3 Mio. ha (Quelle: Bruckmüller, E. et al, 2002).

Abbildung 5.10: Bruttoinlandsverbrauch an erneuerbaren Energieträgern in Österreich im Jahr 2007 in PJ. Quelle: Statistik Austria 2008

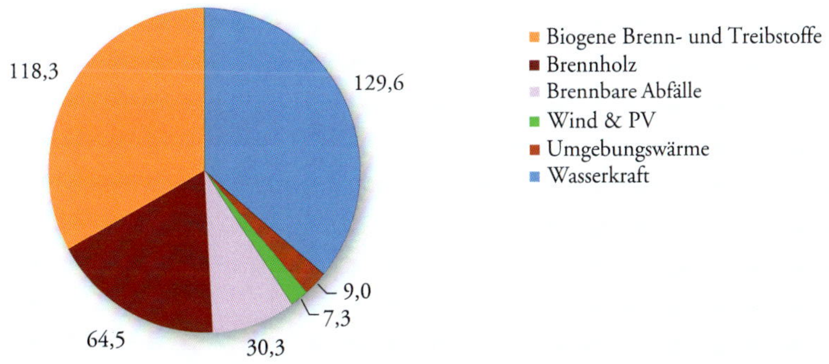

Trotz der langfristigen Veränderungen der Flächennutzungen zugunsten des Waldes bestehen auch auf den heute landwirtschaftlich bewirtschafteten Flächen relevante Nutzungspotenziale für biogene Brenn- und Treibstoffe. Bei der Bewertung des Rohstoff- bzw. Flächenpotenzials für die Produktion biogener Treibstoffe muss beachtet werden, dass nur der Stärke- und Zuckeranteil der eingesetzten Rohstoffe für die Ethanolerzeugung bzw. nur der Ölanteil für die Biodieselerzeugung genutzt wird und die eiweiß- und faserhaltigen Nebenprodukte zu hochwertigen Futtermitteln (DDGS, Raps-Presskuchen) veredelt werden. Da derzeit jährlich ca. 550.000 t Sojaschrot als Futtermittel nach Österreich importiert werden, hat dieser Aufbau einer zusätzlichen Futtermittelproduktion im Inland eine besonders hohe Wertigkeit.

In Österreich werden derzeit Bioethanol, Biodiesel und Pflanzenöle in marktrelevanten Mengen als biogene Treibstoffe verwendet. Biomethan wird als Treibstoff vorerst nur in einzelnen Versuchs- oder Demonstrationsanlagen getestet. Im Kalenderjahr 2007 wurden ca. 4,2 % der fossilen Kraftstoffe durch biogene Kraftstoffe substituiert (gemessen am Energieinhalt). Dazu wurden ca. 370.000 Tonnen Biodiesel, 18.000 Tonnen Pflanzenöl und 23.000 Tonnen Bioethanol eingesetzt.

Durch den Einsatz der Biotreibstoffe wurde in Österreich im Verkehrssektor im Jahr 2007 eine Treibhausgaseinsparung von rund 0,9 Mio. t CO_2-Äquivalente erzielt. Bei vollständiger Umsetzung des in Österreich bereits ab 1.10. 2008 geltenden 5,75 %-Biotreibstoffzieles wird sich diese Einsparung auf ca. 1,4 Mio. t CO_2-Äquivalente erhöhen. Der gesamte Treibhausgasausstoß des Verkehrssektors wird in Österreich allerdings mit ca. 24 Mio. t CO_2-Äquivalenten eingestuft, wodurch sich noch umfassende weitere Handlungsbedürfnisse für eine deutliche Verbesserung der Nachhaltigkeit in diesem Sektor ergeben (Datenquelle: UBA, Biokraftstoffe im Verkehrssektor in Österreich 2008).

Biokraftstoffe und Rohstoffe für biogene Energieträger werden in zunehmendem Ausmaß auch international gehandelt. Österreich importiert einerseits nennenswerte Mengen an Ölsaaten und Pflanzenölen für die Biodieselproduktion sowie Biodiesel, andererseits hat der Import von Sägerundholz aus Deutschland und Tschechien zur Versorgung der Sägeindustrie große Bedeutung (Datenquelle: Statistik Austria, FHP, Außenhandelsbilanz; AMA). Durch die ambitionierten Zielvorgaben für erneuerbare Energien in allen Mitgliedstaaten der EU könnten sich auch für Österreich deutliche Veränderungen in den bisherigen Rohstoffströmen mit unseren Nachbarländern ergeben.

Stromerzeugung aus Wasserkraft

Hinsichtlich Stromerzeugung existieren in Österreich vor allem im Bereich der Wasserkraft noch ungenutzte Ressourcen, die mit relativ geringem Unterstützungsaufwand ausbaubar sind. Rund 60 % des österreichischen Stromes (38.000 GWh) werden jährlich durch Wasserkraft erzeugt. Rund 5.500 GWh – also ca. 14 % der Wasserkraft – kommen dabei aus dem Bereich der Kleinwasserkraft (Wasserkraftanlagen unter 10 MW).

Für die Wasserkraftnutzung besteht ein technisch-wirtschaftlicher Ausbauspielraum gemäß Masterplan Wasserkraft des BMWA von 16.000 bis 18.000 GWh. Das tatsächlich ausbaufähige Gesamtpotenzial für Wasserkraft bis 2020 wird je nach Rahmenbedingungen auf ca. 4.000 bis 7.000 GWh eingeschätzt, wobei das Optimierungspotenzial des gesamten Kraftwerksparkes (Re-Powering) noch eingehender erhoben werden müsste. Allein im Teilbereich der Kleinwasserkraft wird ein Optimierungspotenzial für bestehende Anlagen im Ausmaß von 700 GWh und ein Neubaupotenzial von 2.000 GWh genannt (Datenquelle: Kleinwasserkraft Österreich).

Ein besonderer Vorteil der Wasserkraftnutzung liegt in der Unabhängigkeit von Rohstoffverfügbarkeiten und volatilen Rohstoffpreisentwicklungen sowie der Marktreife der Technologie. Die Speicherbarkeit in Pumpspeicherkraftwerken und der gezielte Einsatz in Spitzenlastzeiten stellen eine besondere Wertigkeit dar.

Zunehmende Witterungsextreme im Zuge der Klimaänderung (extreme Hochwässer, Dürreperioden) können die optimale Ausschöpfung des Regelarbeitsvermögens der Laufwasserkraftwerke erschweren. Auch die typischen jahreszeitlichen Schwankungen der Wasserstände mit maximalen Pegelständen während der Schneeschmelze und minimalen Pegelständen in den kältesten Monaten bewirken bei Laufwasserkraftwerken eine ungünstige Korrelation mit den jahreszeitlich bedingten Fluktuationen der Stromnachfrage.

Entwicklungsmöglichkeiten bei Windkraft

Auch die Stromerzeugung aus Windkraftanlagen hat erhebliches Ausbaupotenzial. Derzeit liefern etwa 600 Windkraftanlagen mit insgesamt knapp 1.000 MW Leistungskapazität ca. 2.000 GWh Strom pro Jahr. Bis 2020 könnte die Stromproduktion im günstigsten Fall auf 7.000 GWh mehr als verdreifacht werden. Im Hinblick auf die technische Weiterentwicklung (Trend zu großen Anlagen) werden die Zahl der Anlagen und die in Anspruch genommenen Flächen nicht in diesem Ausmaß wachsen. Unter Berücksichtigung der Modernisierung (Re-powering) bestehender Anlagen wird sich die Anzahl der Anlagen nur noch um 80 % erhöhen.

Die Erzeugungskosten für Windkraft entsprechen annähernd den durchschnittlichen Strommarkterlösen, der Förderbedarf ist daher verhältnismäßig gering. Aufgrund der hohen Erzeugungsvolatilität und der schweren Prognostizierbarkeit stellt Windkraft jedoch hohe Anforderungen an das Gesamt-Stromversorgungssystem.

Hoher Förderbedarf bei Photovoltaik

Die kumulierte installierte Leistung der Photovoltaikanlagen liegt bei 28 MW_{peak}. Bei durchschnittlich 900 Volllaststunden ergibt sich eine erzeugte Energiemenge von 25 GWh pro Jahr.

Während die Stromerzeugung aus Kleinwasserkraft- oder Windenergieanlagen infolge allgemein steigender Energiepreise mittelfristig konkurrenzfähig sein wird, bestehen im Bereich der Photovoltaik zwar hohe technische Potenziale, welche jedoch noch mit hohem Förderbedarf verbunden sind. Hier sollten die Schwerpunkte vor allem im Bereich F&E gesetzt werden, um die Technologie weiter voran zu treiben.

Solarthermie

Derzeit sind in Österreich etwa 3,6 Mio. m^2 Sonnenkollektoren mit einer Gesamtleistung von. 2.500 MW installiert. Die Gesamtwärmeerzeugung der Sonnenkollektoren summiert sich auf rund. 1.200 GWh pro Jahr. Die jährlich neu installierte Kollektorfläche lag in den letzten Jahren bei 300.000 m^2.

In Kombination mit Förderprogrammen in Bereich der Wohnbauförderung wird für die Solarwärme ein deutliches Ausbaupotenzial in der Warmwasseraufbereitung gesehen. In Verbindung mit notwendigen Technologieentwicklungen bei der Speichertechnologie entstehen aber mittelfristig auch im Raumwärmebereich zusätzliche Anwendungsbereiche.

Wärmepumpe

In Österreich sind in Summe rund 150.000 Wärmepumpen (Brauchwasser-, Heizungs- und Lüftungswärmepumpen) in Betrieb. Die installierte Gesamtwärmeleistung dieser Anlagen beläuft sich auf 860 MW_{th}, wobei davon ca. 580 MW_{th} der Umweltwärmeleistung entsprechen und 280 MW_{el} Antriebsleistung der Wärmepumpen hinzukommen. Die Anlagen leisteten eine thermische Jahresarbeit von etwa 1.500 GWh, die sich aus 1.000 GWh Umweltwärme und 500 GWh elektrischer Energie zusammensetzen (Datenquelle: BMVIT, Erneuerbare Energie in Österreich. Marktentwicklung 2007).

5.4.2 Zielsetzung

Die aktuellen Entwicklungen auf fossilen Energieträgermärkten und die hohe Importabhängigkeit Österreichs verdeutlichen die Brisanz der Herausforderungen für unser Energiesystem. Alle Technologien und Ressourcen für erneuerbare Energien müssen dringend weiterentwickelt und optimal genutzt werden.

Trotz deutlicher Steigerung der absoluten Einsatzmengen an erneuerbaren Energieträgern stagniert der relative Anteil am Gesamtenergiebedarf aufgrund des steigenden Energieverbrauchs. Eine Trendumkehr bei der Bedarfsentwicklung ist daher unerlässlich, eine Reduktion des Gesamtenergiebedarfes muss langfristig angestrebt werden. Die Ziele zur Erhöhung der Versorgungssicherheit und zur Steigerung der Anteile an erneuerbarer Energie sind nur in Kombination mit einer deutlichen Effizienzsteigerung erreichbar. Die pragmatische und konstruktive Entwicklung praxistauglicher Strategien für Effizienzverbesserungen und den gesteigerten Einsatz erneuerbarer Energieträger in allen Sektoren ist dringend notwendig.

Daher gilt es, sowohl auf der Nachfrageseite durch Energieeffizienz als auch auf der Angebotsseite durch Nutzung aller Potenziale für erneuerbare Energie rasch und konsequent optimale Rahmenbedingungen zu schaffen. Dabei hat sich sowohl das Ausschöpfen von Energieeffizienzpotenzialen als auch der Ausbau erneuerbarer Energie grundsätzlich am technisch und ökonomisch realisierbaren Potenzial und an einem kosteneffizienten Mitteleinsatz zu orientieren. Mittelfristig muss es das Ziel sein, erneuerbare Energie in allen Bereichen an die Marktreife heranzuführen.

In Zukunft müssen bei der Förderung erneuerbarer Energie daher verstärkt Innovationsaspekte berücksichtigt werden. Beim weiteren Ausbau müssen die Schwerpunkte richtig gesetzt und auf jene Technologien fokussiert werden, die den nachweislich größten Beitrag zur CO_2-Minderung leisten können.

Bei allen Energieträgern hat die Optimierung der Jahresnutzungsgrade oberste Priorität. Primärenergie sollte vorrangig nach ihrer Wertigkeit eingesetzt werden, wobei der Maximierung des mechanischen Arbeitsvermögens hohe Bedeutung beizumessen ist. Kaskadische Verwertungsmöglichkeiten für die Rohstoffe sind zu beachten. Die energetische Nutzung sollte möglichst am Ende des Stoffkreislaufes auf Basis hocheffizienter Kraft-Wärme-Kopplungsanlagen mit durchgängiger Wärmenutzung stehen. Auch bislang ungenutzte Ressourcen im Bereich energiereicher Abfälle sollten verstärkt genutzt und entsprechend den europäischen Vorgaben als erneuerbar qualifiziert werden.

Das für Österreich festgelegte Ziel von 34 % erneuerbarer Energie bis 2020 ist eines der ambitioniertesten Ziele innerhalb der Europäischen Union. Die Zielerreichung stellt für alle betroffenen Bereiche in Österreich eine große Herausforderung dar und ist angesichts der bereits erbrachten hohen Vorleistungen schwer realisierbar. Ohne rasch wirksame Maßnahmen, die den Zuwachs des Gesamtenergieverbrauchs stoppen, könnte es sowohl kurz- als auch mittelfristig statt einer Anteilssteigerung sogar zu einer Absenkung des Anteils an erneuerbaren Energieträgern kommen.

Die Angaben über die realisierbaren Ausbaupotenziale für erneuerbare Energieträger weichen – je nach verwendeten Eingangsparametern – stark voneinander ab. In einer „Masterstudie" der zuständigen Ressorts wurden die Potentialdarstellungen aus verschiedenen Studien zusammengefasst (Tabelle 5.3).

Tabelle 5.3: Übersicht über die realisierbaren Potenziale für erneuerbare Energien in Österreich bis 2020, in PJ. Quelle: Nakicenovic, Schleicher, 2007

Energieträger	Stand 2005	Insgesamt realisierbares Potenzial bis 2020	
	In PJ	Minimum in PJ	Maximum in PJ
Bioenergie	157	220	262
Großwasserkraft	119	138	138
Kleinwasserkraft	20	26	26
Windkraft	6	16	26
Wärmepumpe	6	23	27
Solarthermie	2-4	10,5	23
Photovoltaik	0,05	3	9
Geothermie	0,5	0,5	0,5
Gesamt	312	437	513

Die zusammenfassende Darstellung der „Masterstudie" zeigt auf, dass das größte Ausbaupotenzials bei den biogenen Energieträgern (max. ca.

105 PJ bzw. 53 %) liegt. Wasserkraft (max. ca. 25 PJ – 13 %), Windkraft (max. ca. 20 PJ – 10 %), Wärmepumpe (max. ca. 21 PJ – 10 %), Solarthermie (max. ca. 20 PJ – 10 %) und Photovoltaik (max. ca. 9 PJ – 4 %) ergeben gemeinsam ein vergleichbares Ausbaupotenzial wie biogene Energieträger. Wesentlich ist die Differenzierung zwischen Technologien ohne Rohstoffeinsatz und Technologien, bei denen es bei den eingesetzten Rohstoffen zu Nutzungskonflikten kommen kann.

Abbildung 5.11: Realisierbares Ausbaupotenzial für erneuerbare Energieträger in Österreich bis 2020, in PJ. Quelle: Nakicenovic, Schleicher, 2007

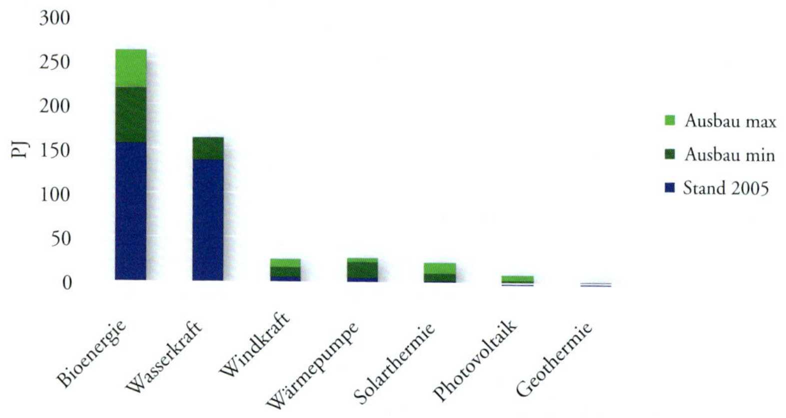

5.4.3 Empfehlungen

Zielvorgaben der EU

- Beachtung und zeitgerechte Umsetzung der ambitionierten Zielvorgaben der Europäischen Union für die Steigerung des Anteils der erneuerbaren Energie am Endenergieverbrauch im Rahmen eines langfristig ausgerichteten energie- und klimapolitischen Gesamtkonzeptes (vgl. Kapitel 5.1 – Masterplan Energie-Klima 2020).
- Periodische Evaluierung der Zielerreichung und Überprüfung der Zielpfade und erforderlichenfalls Anpassungen des Gesamtkonzeptes
- Klare Schwerpunkte für konjunkturwirksame Maßnahmen im Inland (Investitionen, Arbeitsplätze, Wertschöpfung)
- Erhöhte Mittelausstattung für Forschung und Entwicklung im Bereich der erneuerbaren Energie und der Energieeffizienz (vgl. Kapitel 5.5)

Optimierung des Fördersystems

- Schaffung stabiler Rahmenbedingungen in allen Regelwerken. Absicherung von bereits getätigten und noch zu erwartenden Investitionen durch klare Rahmenbedingungen (keine Stop-and-Go-Politik).
- Optimierung bestehender Fördersysteme im Hinblick auf Kosteneffizienz in allen Bereichen (Wärme, Strom und Treibstoffe) und verstärkte Innovationsanreize, mit dem Ziel der Heranführung an die Marktreife. Die Förderungen sind regelmäßig auf ihren Nutzen hin zu evaluieren und gegebenenfalls zu adaptieren. Bei konkurrierenden Rohstoffnutzungen sind höherwertige Nutzungskonzepte zu priorisieren (Food-Feed-Fibre-Fuel)
- Ausreichende Finanzausstattung der Förderprogramme für erneuerbare Energie und Energieeffizienz (UFI, klima:aktiv, etc.) und Konzentration der Fördermittel auf jene Technologien, die bei gegebenem Fördermitteleinsatz den ergiebigsten Beitrag zur CO_2-Minderung und zu anderen energie- und wirtschaftspolitischen Zielsetzungen leisten können (Optimierung des Kosten-Nutzen-Verhältnisses).
- Um die Verbraucher zu entlasten, sollen die Mittel zur Ökostromförderung nicht ausschließlich von ihnen, sondern auch von der öffentlichen Hand (Bund und Länder) aufgebracht werden.
- Abwägung der Vor- und Nachteile von Investitionsfördermodellen gegenüber Tariffördersystemen in jedem einzelnen Förderbereich (Technologien, Größenkategorien, Energieträger)

Wasserkraft

- Rasche Umsetzung des im Mai 2008 präsentierten „Masterplans Wasserkraft“ des BMWA unter Berücksichtigung der schützenswerten Gebiete. Vereinfachung und Verbesserung der gesetzlichen Regelungen sowie anderer Rahmenbedingungen zur Beschleunigung der Planungs- und Genehmigungsverfahren.
- Vermeidung der Verringerung der Stromerzeugung aus Wasserkraft durch zu strenge nationale Umsetzung der Wasserrahmenrichtlinie unter Beibehaltung der Umweltintegrität.
- Re-powering bestehender Wasserkraftwerke bis 2020.

Wärmeversorgung

- Verstärkte Nutzung erneuerbarer Energieträger zur Bereitstellung von Raumwärme im Rahmen eines umfassenden Raumwärmekonzeptes (technologieneutral, Berücksichtigung bei Sanierungen, Mindestanteil bei den in einem Jahr geförderten Wohnbauprojekten).

- Optimale Ausschöpfung der Potenziale für die Fern- und Nahwärmeversorgung unter besonderer Berücksichtigung von Abwärmequellen.
- Forcierung von Energiepflanzen und Maßnahmen zur Holzmobilisierung aus dem Kohäsions- & Strukturfonds.

Alternative Antriebe und Treibstoffe

- Bei der künftigen Ausrichtung der österreichischen Biokraftstoffpolitik ist neben europäischen Zielsetzungen vor allem die Produktion der derzeit bestehenden österreichischen Biokraftstoffanlagen zu berücksichtigen.
- Impulsprogramme zur besseren Marktdurchdringung mit alternativen Antrieben und Treibstoffen im Flottenbetrieb.
- Investitionszuschuss für zwei Jahre für den Aufbau einer Mindestversorgung im Tankstellenetz für alternative Kraftstoffe und Stromtankstellen.[22]
- Ökologisierung der öffentlichen Beschaffung durch Forcierung von Fahrzeugen mit alternativen Antrieben.
- Erweiterung der kennzeichnungsfreien Beimischung von Biokraftstoffen (B7, E10). Angepasste Substitutionsziele sollten im Ergebnis dazu führen, dass in Österreich hergestellte Biokraftstoffe möglichst vollständig auch in Österreich zum Einsatz kommen können, um eine Anrechnung auf die nationalen Verpflichtungen aus dem Kyoto-Protokoll zu gewährleisten.

5.5 Forschungs- und Technologiepolitik

5.5.1 Ausgangslage

Forschung und Entwicklung im Bereich der Erzeugung, Umwandlung, Weiterleitung, Speicherung, Steuerung, effizienten Verwendung und Rückgewinnung von Energie sowie im Bereich energiesparender Produkte, Verfahren und Dienstleistungen sind treibende Kräfte zur langfristigen Sicherung der Energieversorgung und bestmöglichen Energienutzung. Gleichzeitig erschließen neue Forschungsergebnisse und technologische Kompetenzen in der Wirtschaft neue Wachstumspotenziale und Beschäftigung sowie neue Entwicklungspfade und nachhaltige Verhaltensmuster in der Gesellschaft.

---

22) Eine derartige Förderung wurde mittlerweile im Rahmen der Umweltförderung beschlossen.

Die Ergebnisse der Forschung und technischen Entwicklung ermöglichen jene Richtungsänderungen in der Energienutzung, die für das Erreichen klimapolitischer Ziele notwendig sind.

Schließlich bilden sie die Basis für eine Verbesserung der Gesamtproduktivität der Wirtschaft, mit direkten Folgen für Wettbewerbsfähigkeit, Wachstum und Beschäftigung.

Für die Erhaltung der Wettbewerbsfähigkeit des Wirtschaftsraums Europa in der globalisierten Wirtschaft sind Technologieführerschaften generell von großer Bedeutung.

5.5.2 Österreich beim F&E-Aufwand im Mittelfeld[23]

Österreich zählt in der EU im Bereich der Energieforschung trotz der Schaffung des Klima- und Energiefonds 2007 weiterhin nur zum Mittelfeld, während seine klima- und energiepolitischen Ziele überdurchschnittlich ambitioniert sind.

Abbildung 5.12: Forschungsausgaben der OECD-Staaten (außer für Nuklearenergie), bezogen auf das BIP, in Prozent. Quelle: IEA 2007.2

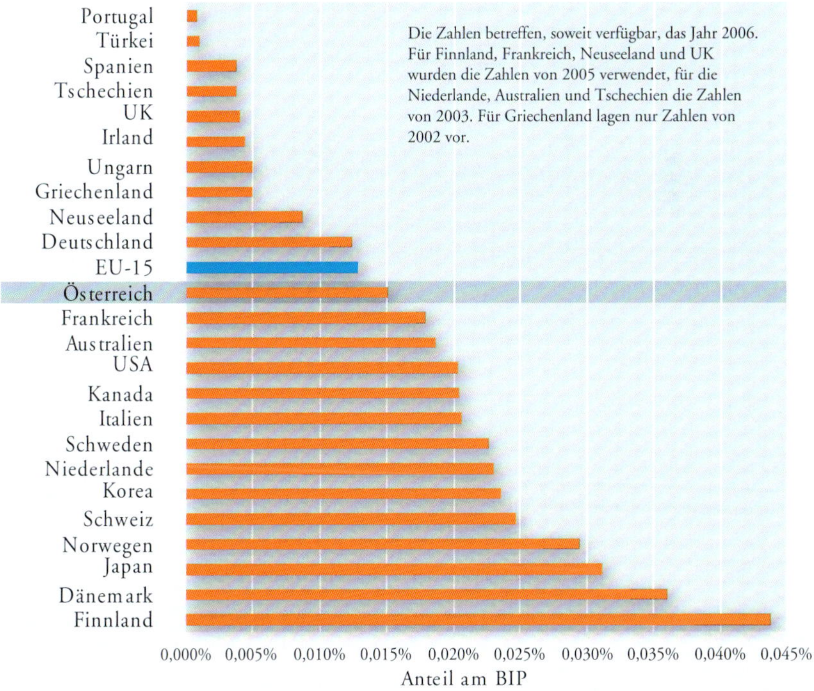

23) Quelle: IEA, Österreichische Energieagentur, zitiert in Energie, Effizient, Wachsen – Umwelt 2020, Vereinigung der Österreichischen Industrie, Juni 2008.

Der Länderbericht 2007 der Internationalen Energieagentur (IEA 2007.2) konstatiert für Österreich ein Ungleichgewicht der Anstrengungen in den Bereichen erneuerbare Energie und Energieeffizienz, wobei bei Letzterem noch großes, kostengünstiges Potenzial gesehen wird. Der Bericht weist auf ungünstige länderspezifische Vorschriften hin, die den Wettbewerb für Architektur- und andere Dienstleistungen und damit die Innovation behindern (z. B. Bauordnungen der Bundesländer, landesgesetzliche Regelungen zur Zulassung, zum Inverkehrbringen von Bauprodukten bzw. zur Akkreditierung von Prüfstellen).

Österreich, so die IEA, sei sehr erfolgreich bei der Entwicklung nachhaltiger Energietechnologien – nicht zuletzt Dank der Erfolge im Programm „Energie der Zukunft". Sie befürwortet den Technologiefokus des 2007 eingerichteten Klima- und Energiefonds (KLI.EN), bei dem sie eine Ergänzung um sozialwissenschaftliche Forschung für ebenso sinnvoll hält wie die Ergänzung durch Forschungsthemen auch im Bereich der fossilen Technologien (z. B. enhanced oil recovery). Sie hält ausdrücklich fest, dass in Österreich die F&E-Anstrengungen neue Technologien stärker in die Nähe der Investitionsmöglichkeit rücken, die Unsicherheit für Investitionen in neue Technologie und Infrastruktur reduzieren und die Effizienz des Energieeinsatzes verbessern sollen. Zur Vermeidung von Doppelgleisigkeiten und zur rascheren Umsetzung von F&E-Ergebnissen in marktfähige Produkte soll die internationale Vernetzung der Energieforschung in Österreich weiter vorangetrieben werden.

Österreich hat eine lange Tradition in der Energieforschung und der Erforschung erneuerbarer Energien (z. B. Wasserkraft) und in der Speicherung elektrischer Energie (z. B. durch Karl Kordesch, den Erfinder der Alkali-Batterie, an der TU Graz). Hier gilt es anzuschließen.

Das Regierungsprogramm für die XXIV. Gesetzgebungsperiode vom November 2008 hält auf Seite 32 unter dem Titel „Energieforschung konzentrieren" fest: „Eine verantwortungsbewusste und klimafreundliche Energiepolitik braucht eine Weiterentwicklung und Fokussierung der Tätigkeiten des Klima- und Energiefonds (KLI.EN). Mit dem KLI.EN setzt die Österreichische Bundesregierung einen wichtigen Schritt zur Reduktion des Energieverbrauchs bzw. der CO_2-Emissionen. Der Klima- und Energiefonds ist mit 150 Millionen Euro pro Jahr dotiert." Zu den Maßnahmen wird dort im Detail ausgeführt: rasche Evaluierung und Gesetzesänderung mit dem Ziel Effizienzsteigerung bei Strukturen und Entscheidungsabläufen (Prüfen von One-Stop-Shops), Vermeidung von Doppelgleisigkeiten, Fokussierung der Forschungs-Tätigkeiten des KLI.EN auf Verbesserung der Energieeffizienz und CO_2-Einsparung.

Da sich das Umfeld des energierelevanten Investitionssystems sehr dynamisch verändert, reicht es nicht aus, einmalig eine Konzeption zu erarbeiten. Vielmehr wird es nötig sein, entsprechend dem Stand der Wissenschaft und Technik, entsprechend den Marktbedingungen und entsprechend der installierten technischen Basis nachzujustieren und neuen Erkenntnissen Rechnung zu tragen. Die Entwicklung der Energieforschung bedarf daher einer kontinuierlichen strategischen Begleitung, mit der neben dem Expertenbeirat des Klima- und Energiefonds auch Stakeholder aus Wirtschaft, Politik und Gesellschaft befasst sind.

5.5.3 Investitionen als Hebel für die Umsetzung von F&E-Ergebnissen

Klima- und wirtschaftspolitisch wirksam werden wissenschaftlich-technologische Erkenntnisse und organisatorische Innovationen erst, wenn ihnen auch Investitionen folgen, mit denen die Energieinfrastruktur oder die Angebots- und Verbrauchsstruktur geändert werden, wobei für Investitionen hauptsächlich betriebswirtschaftliche Kriterien wie etwa Anschaffungs- und Betriebskosten, Wartungskosten, Abschreibungsdauer, Kosten der Primärenergieträger, Marktpotenzial etc. gelten. Die betriebswirtschaftlichen, aber auch die technischen und organisatorischen Anforderungen an die Energieversorgung und -verwendung variieren sehr stark zwischen verschiedenen Eigentümern, Verbrauchern oder Anbietern z. B. je nach dem, ob Energie für die industriell-gewerbliche Produktion, die Heizung von Wohn- oder Arbeitsräumen oder für die Mobilität verwendet wird, oder ob die Produktions- oder Antriebstechnologie eine leichte Substituierbarkeit von Energieträgern erlaubt oder ob die Versorgungssicherheit an einem entlegenen Ort oder an einem Schnittpunkt von Energieversorgungsleitungen zu sichern ist. Damit ergeben sich für Neuinvestitionen im Energiebereich heterogene ökonomische und technologische Anreize in einzelnen Marktsegmenten, denen nicht nur die Förderung von Investitionen, sondern auch die Forschungs- und Entwicklungspolitik Rechnung tragen muss.

Genau diese Erkenntnis findet sich auch im Arbeitsprogramm[24] 2008 „Energy" für das 7. EU-Forschungsrahmenprogramm, wenn es heißt: „Recognising that none of the technologies being developed can make a sufficient difference on their own and that their commercialisation will take place over differing time horizons, a broad technology portfolio approach is adopted, thus greatly reducing the risk and potentially the costs, if one or more technologies fail to make the expected progress."

24) Revised Work Program 2008, Cooperation Theme 5, Energy, The European Commission C(2008) 1598 vom 25. April 2008.

5.5.4 Maßnahmen

Energieforschung muss breit ansetzen, will sie alle Potenziale heben

Ansatzpunkte für die Energieforschung sind einerseits die physikalische und chemische Grundlagenforschung, von der radikale neue Konzepte der Energieumwandlung, -weiterleitung, -speicherung sowie der Energienutzung bei privaten und industriell-gewerblichen Endverbrauchern erwartet werden, und andererseits praktisch alle Bereiche der Ingenieurswissenschaften, des Maschinenbaus und der Steuerungstechnik, in denen technische Konzepte entlang von Umstiegs- und Investitionsszenarien für den praktischen Einsatz entwickelt werden.

Umstiegsszenarien in Richtung eines ökonomisch sinnvollen und klimapolitisch nachhaltigen Umgangs mit Energie halten meist ein Mindestziel für die energetische Verbesserung fest, das dem technischen Risiko und den Anschaffungs- und Lebenszykluskosten einer Neuinvestition beim Umstieg gegenübergestellt wird. Damit werden Amortisationszeiträume und die sonstigen Risiken einer Neuinvestition bewertet. So rechnen Automobilhersteller mit Einsparungspotenzialen und/oder Leistungssteigerungen von 5 bis 20 % bei einer neuen Motorengeneration; Energieversorger mit einer Steigerung der Leistung um bis zu 70 % bei der Neuinstallation von Maschinensätzen in Wasserkraftwerken bei gleicher Arbeitshöhe; Hausbesitzer mit Amortisationszeiträumen von 3 bis 15 Jahren für die thermische Sanierung; Ölfirmen mit einer Steigerung der Förderleistung je Bohrloch von 5 bis 20 % durch neue Fördertechniken; Batterienhersteller mit einer Verbesserung der Speicherleistung und Lebensdauer von 100 % gegenüber alten Technologien. Fluglinien fordern für eine neue Generation von Flugzeugen eine mindestens 25 %ige Treibstoffersparnis, wobei von der Aerodynamik 5 bis 10 %, von den Triebwerken 15 bis 20 % und vom Flugmanagement weitere 5 bis 10 % kommen sollen. Auch wenn die Ziele typischerweise nicht in einem Schritt erreicht werden, gehen sie als Richtgrößen in die Programmforschung ein. Die vielfach zitierten Effizienzverbesserungen um einen Faktor 10, wie das beim Umstieg von Glühlampen auf LED-Beleuchtung möglich scheint, sind eher die Ausnahme als die Regel.

Während die Grundlagenforschung nicht unmittelbar von derartigen Anforderungen geleitet wird, sind solche Ziele für Forschungseinrichtungen und Unternehmen oft Anlass, ihr F&E-Engagement zu bündeln, damit diese Potenziale erschlossen werden können. Der Beitrag zur Zielerreichung kommt dabei oft aus unterschiedlichen Quellen, z. B. einem geringeren Materialeinsatz, einer effizienteren Energienutzung, einer besseren Steuerung oder aus einem besseren organisatorischen Zusammenspiel von Produktion und Nutzung.

Der strategischen Energieforschung kommt als Grundlage für eine Restrukturierung des Energiesystems eine Schlüsselfunktion zu. Entscheidungen im Energiesystem sind durch eine lange Lebensdauer gekennzeichnet, wenn man etwa an Infrastrukturentscheidungen im Bereich Energiebereitstellung, Mobilität oder Gebäude denkt. Dementsprechend muss eine strategische Energieforschung auch auf einen längerfristigen Zeitraum ausgerichtet sein. Dies erfordert finanzielle Mittel, die eine mittelfristige Planbarkeit von Forschungsaktivitäten ermöglichen. Diese Mittel sind auch Voraussetzung für eine enge internationale Vernetzung, die in der Energieforschung unabdingbar ist.

Internationale Vernetzung sichert kritische Größen in der Energieforschung

Ein Policy-Paper des BMVIT[25] zur zukünftigen Forschungsinfrastruktur im Bereich Energie kommt 2007 für Österreich u. a. zum Schluss,

- dass der Mangel an großen Einheiten zur Erreichung der kritischen Masse im Europäischen Umfeld und/oder Anreizen für eine strategischen F&E-Zusammenarbeit eine der markantesten Lücken in der österreichischen Energieforschung darstellt, die sich auch in einer visionären Lücke, einer zu wenig ambitionierten Vorstellung für neue Energie-Systeme, äußert,
- dass die eher inkrementellen Ergebnisse der heimischen Energieforschung und die relative Schwäche bei bahnbrechenden Innovationen durch die kleingliedrige Struktur der heimischen Akteure (Forschungseinrichtungen und Unternehmen) bedingt ist,
- dass technologieübergreifende Demonstrationsprojekte mit Begleitforschung nicht nur am (kleinen) Heimatmarkt, sondern auch am internationalen Markt nötig sind, wobei Maßnahmen zur Überbrückung der Lücke zwischen Demonstrationsprojekten und der Umsetzung am Markt notwendig sind.

Vor diesem Hintergrund kommt einer engen internationalen Vernetzung der heimischen Energieforschung besondere Bedeutung zu. Hier besteht Verbesserungspotenzial.

Nach den im November 2008 vorliegenden PROVISO-Daten[26] für die ersten fünf Ausschreibungen des 7. EU-Forschungsrahmenprogramms 2007 bis 2013 im Bereich der Energieforschung in der Säule „Zusammenarbeit“ gibt es bei jedem fünften aller bewilligten EU-Forschungsprojekte auch eine österreichische Beteiligung (Forschungseinrichtung oder

25) Policy-Paper zur zukünftigen Forschungsinfrastruktur im Bereich Energie, ao Univ.Prof. DI Dr. Christoph Mandl, Lüthi & Partner, Berichte aus Energie- und Umweltforschung Nr. 37 / 2007.

26) 7. EU-Rahmenprogramm für Forschung, technologische Entwicklung und Demonstration (2007–2013), PROVISO-Überblicksbericht Herbst 2008, Wien, November 2008.

Unternehmen). Insgesamt liegt der Anteil österreichischer Beteiligungen (2,3 %) nach diesen Zahlen etwas unterhalb des österreichischen Anteils an der Wirtschaftsleistung der EU (2,6 %). Dabei sind die Projektanträge mit österreichischer Beteiligung überdurchschnittlich erfolgreich. Während 3,6 % aller Anträge mit österreichischer Beteiligung gefördert werden, sind es in der EU insgesamt nur 2,2 %. Leider fungiert bisher kein inländischer Akteur als Koordinator eines EU-weiten Projekts.

Im Zusammenhang mit der angestrebten Veränderung komplexer gegenseitiger Abhängigkeiten kommt der Fokussierung der Energieforschung auf Energiedienstleistungen (für zentrale Bereiche wie Gebäude, Verkehr oder Produktion) statt auf Energieverbräuche und auf Wechselwirkungen zwischen den Bereichen sowie den Auswirkungen auf die Energiebereitstellung und den Materialverbrauch eine hohe Bedeutung zu. Das heißt, strategische Energieforschung geht von einer Zielvorstellung aus (Programmforschung). Der Forschungsfokus liegt auf dem Zusammenwirken unterschiedlicher Aspekte des Energiesystems und schließt die Energienachfrage ebenso ein wie die Energiebereitstellung oder verschiedene Energieträger. Besonderes Augenmerk ist integrierten Aspekten zu schenken wie etwa konkurrierender energetischer und stofflicher Nutzung. Relevant sind auch Wechselwirkungen zwischen Nachfrageänderungen und Versorgungssystemen, die wiederum erheblich von der zur Verfügung stehenden Technologie bestimmt werden.

Bei der Erreichung übergeordneter energie-, klima- und wirtschaftspolitischer Ziele, etwa der Reduktion der Treibhausgase, der Verringerung der Abhängigkeit von fossilen Energieträgern, der Steigerung des Anteils erneuerbarer Energieträger sowie der Teilhabe am Wachstumspotenzial neuer Technologiefelder, sind Forschung und Entwicklung zwei sehr wichtige, nicht aber die einzigen Handlungsfelder.

Die Marktdurchdringung und das Erschließen von Skalengewinnen, von denen wiederum Impulse für eine weitere Innovation ausgehen, spielen in den Umstiegsszenarien eine große Rolle, weil sie direkten Einfluss auf die Kosten und damit auf den Zeitpunkt und das Volumen der Investitionsentscheidungen und die darin umgesetzte Technologie haben. Entsprechende Bedeutung haben Referenz- und Entwicklungsprojekte sowie Investitionsförderprogramme und die Beschaffungsvorhaben wichtiger Akteure und der öffentlichen Hand. Die F&E-Förderpolitik soll daher im Rahmen des EU-Beihilfenrechts ausdrücklich auch diese Aspekte berücksichtigen.

5.5.5 *Empfehlungen*

Entsprechend dieser Analyse werden folgende Empfehlungen für die F&E-Politik ausgesprochen:

- Entwicklung eines strategischen österreichischen Plans für die Energieforschung und seine kontinuierliche Weiterentwicklung, die sich an der Energiedienstleistung als Leitbegriff, am internationalen Stand der Wissenschaft & Technik und an der ökonomischen Realisierbarkeit sowie an den kurz- und langfristigen Zielen des europäischen Plans für Energietechnologie (SET-Plan) orientiert. Ziel der Energieforschung muss es sein, sowohl Einzeltechnologien voranzutreiben als auch im System mögliche Potenziale zu heben.
- Konzentration der Energieforschung wie im Regierungsprogramm vorgesehen unter Anpassung der Rechtsgrundlage des KLI.EN noch 2009, damit eine effizientere Abwicklung der Fördermaßnahmen und ein planbares Finanzierungsvolumen bis 2013 sichergestellt sind.
- Anhebung der öffentlichen Ausgaben für nicht-nukleare Energieforschung auf mehr als 100 Millionen € pro Jahr im Laufe der Legislaturperiode sowie Sicherung von Kontinuität und Planbarkeit der Forschungs- und Technologieförderung.
- Verwendung der Mittel des KLI.EN überwiegend für die Forschung und technische Entwicklung von energieeffizienten Produkten, Verfahren, Dienstleistungen sowie für Maßnahmen, die die Entwicklung von systemischen Lösungen unterstützen. Mit den Fondsmitteln muss eine neue innovative Förderschiene umgesetzt und nicht nur bestehende Förderschienen aufgestockt werden.
- Förderung von energie- und klimarelevanten F&E-Einzelprojekten sowohl mit inkrementellen als auch mit radikalen Innovationsschritten durch die Förderinstrumentarien der FFG und der AWS.
- Verbesserung der „Kundenfreundlichkeit“, Reduktion des administrativen Aufwandes für Förderwerber, Verbesserung der Förderinstrumente und -abläufe.
- Ergänzung des bestehenden Förderinstrumentariums um eine integrierte und übergreifende Information und Beratung über F&E-Fördermaßnahmen sowie die Investitionsförderungen von Bund und Bundesländern.
- Ergänzung des bestehenden Förderinstrumentariums um Instrumente zur Unterstützung in kritischen Entwicklungsphasen, um den Markteintritt neuer Technologien zu beschleunigen bzw. die Lücke zwischen Demonstrationsprojekt und Markteinführung zu überbrücken, wie dies im KLI.EN-Gesetz vorgesehen ist.

- Weiterentwicklung des Programms „Neue Energien 2020“ in Richtung marktnaher F&E. Dabei sollen bestehende Stärkefelder in der Energie- und Ressourceneffizienz und im Bereich der Umwelttechnologien ausgebaut werden, ohne dabei die Grundlagenforschung einzuschränken. Der Fokus sollte auf Schlüsseltechnologien mit hohem Marktpotenzial liegen (z. B. Technologien im Bereich Wasserkraft, Biomasseverwertung, Steuerung und Umwandlung, Green Information and Communication Technology, energieeffiziente IKT-Lösungen, Smart Grids).
- Engere Einbeziehung der nationalen Stakeholder und der internationalen Entwicklungen in die Weiterentwicklung der österreichischen Energieforschungsprogramme.
- Schaffung eines Energienetzwerkes mit Entwicklungscharakter zur Optimierung und Effizienzsteigerung zwischen den Marktteilnehmern in den Bereichen Erzeugung, Übertragung, Verteilung (Systemmanagement) und Versorgung, z. B. in einem Pilotprojekt der digitalen Vernetzung der Marktteilnehmer und technischer Anlagen. Darüber hinaus in Projekten zur intelligenten Netzinfrastruktur, zur intelligenten Regelung und Koordination dezentraler Stromerzeugung, Verbraucher und Speicher (Strom, Gas), intelligente Zähler und Messtechnik (Smart Metering), Automatisierung und Schutztechnik.
- Unterstützung der stärkeren österreichischen Beteiligung im Bereich „Energie“ des 7. EU-Forschungsrahmenprogramms und an der Säule „Intelligent Energy“ des Competitiveness & Innovation Programs (CIP) der EU, einschließlich der österreichischen Beteiligung an sogenannten Knowledge and Innovation Communities (KICs) im Rahmen des European Institute of Technology (EIT) sowie den Maßnahmen des Strategic Energy Technology Plans (SET-Plan).
- Prüfung von Maßnahmen für ein „Joint Programming“ in der Energieforschung mit Deutschland und anderen in der Energieforschung führenden Ländern der EU.
- Verstärkter Aufbau und Vernetzung der heimischen Energieforschungsinfrastruktur, um bei europäischen und internationalen Vorhaben in jenen Bereichen mitwirken zu können, in denen eine heimische Kompetenz und eine industriell-gewerbliche Basis vorhanden sind. Zur Zeit ist Österreich nicht an der jüngst gegründeten europäischen „Energy Research Alliance“ beteiligt.
- Analyse der rechtlichen und ökonomischen Rahmenbedingungen (Studien) für einen raschen Umstieg in energieeffizientere Marktstrukturen (z. B. Gebäudesanierung, Mietrecht, Wohnbauför-

derung, Energieproduktion und -verteilung, Wettbewerb, Baurecht und Produktnormen, Wettbewerb und Innovation, Energiedienstleistungen) sowie Analyse der bestehenden Hemmnisse für die Umsetzung von Maßnahmen in diesen Bereichen einschließlich der Verbesserung der Entscheidungsgrundlagen für die Betroffenen.

- Bessere Umsetzung bereits vorliegender Maßnahmenvorschläge zur Verbesserung des Energieeinsatzes durch eine energieschonende und innovative öffentliche Beschaffung sowie eine innovationsfreundliche Ausgestaltung der Bauordnungen und Wohnbauförderungen.
- Verbesserung des Zugangs zu internationalem naturwissenschaftlich-technischem Knowhow im Energiebereich als ein Fixpunkt einer künftigen Internationalisierungsoffensive.
- Bessere Arbeitsteilung in der energierelevanten Förderung von Innovation und Entwicklung zwischen Bund und Bundesländern, z. B. hinsichtlich Kompatibilität, Konkurrenz, Komplementarität, fördertechnisches Optimum (Förderebene, Verwaltungs- und Kommunikationsaufwand, Fördermodelle zur Ko-Finanzierung), kritische Größen, Hebelwirkung, Planungssicherheit und Flexibilität (Förderdesign).
- Entwicklung von Maßnahmen für eine aktive indirekte F&E-Politik im Energiebereich, insbesondere die Entwicklung innovationsunterstützender Instrumente in der öffentlichen Beschaffung, die Entwicklung von Modellen zur Finanzierung von Referenzanlagen, eine innovationsunterstützenden Regulierung sowie die Vernetzung von Energiedienstleistern und Kunden.
- Qualifikation von Personen sowie Aus- und Aufbau einschlägigen Wissens entlang der gesamten Bildungskette inklusive der beruflichen Aus- und Weiterbildung, um dem heute deutlich spürbaren Engpass bei den Humanressourcen in Wirtschaft und Forschung zu begegnen. Ausreichende Qualifikationen und Personalressourcen sind Voraussetzungen für die Realisierung von Umstiegsszenarien in Richtung eines ökonomisch sinnvollen und nachhaltigen Umgangs mit Energie.

5.6 EU-Energieaußenpolitik

5.6.1 Ausgangslage

Energie ist für das Funktionieren Europas von zentraler Bedeutung. Die Zeiten extrem billiger Energie für Europa scheinen vorbei zu sein. Der

Klimawandel, die zunehmende Importabhängigkeit und höhere Energiepreise stellen alle EU-Mitgliedstaaten vor dieselben Herausforderungen.

Darüber hinaus nimmt die gegenseitige Abhängigkeit der EU-Mitgliedstaaten im Energiebereich zu: Steigende Nachfrage in einem Land hat Preissteigerungen in anderen Ländern zur Folge. Versorgungsunterbrechungen in einem Land wirken sich auf viele andere Länder aus. Die EU muss jetzt gemeinsam handeln, um Energie nachhaltig, sicher und wettbewerbsfähig bereitstellen zu können.

Die Erdöl- und Erdgasreserven in der Europäischen Union haben in den vergangenen Jahren deutlich abgenommen. Lagen die Erdölreserven 1997 bei 8,8 Milliarden Barrel, betrugen sie Ende 2007 nur noch 6,8 Milliarden Barrel (BP 2008). Die Erdgasreserven der EU fielen im gleichen Zeitraum von 3,85 auf 2,84 Billionen Kubikmeter. Die EU wird somit immer abhängiger von Energieimporten. Dies birgt politische und wirtschaftliche Risiken insbesondere bei Importen aus politisch instabilen Regionen.

Die globalen Energieressourcen sind erheblichem Druck ausgesetzt. Die Internationale Energieagentur (IEA) geht davon aus, dass die Energienachfrage zwischen 2006 und 2030 weltweit um 45 % zunehmen wird. Wie die Versorgung mit der Nachfrage Schritt halten soll, ist weitgehend ungelöst. Die IEA stellte in ihrem World Energy Outlook 2008 fest, dass es äußerst ungewiss sei, inwieweit die großen Öl- und Gasproduzenten in der Lage und bereit sein werden höhere Investitionen zu tätigen, um die wachsende globale Energienachfrage von 1,6 % p. a. weltweit befriedigen zu können. Zudem wächst der weltweite Energiebedarf bis 2030 insbesondere in Asien und Afrika sowie im Mittleren Osten. Die Gefahr einer Energieversorgungslücke wächst.

Die Gaskrisen am Anfang des Jahres 2006 und vor allem zu Beginn 2009 zeigten deutlich, wie fragil das Versorgungssystem in einigen europäischen Staaten ist, und dass Mechanismen eingeführt werden müssen, die im Falle einer Energiekrise die Solidarität zwischen den EU-Mitgliedstaaten sicherstellen. Schließlich sind einige Mitgliedstaaten weitgehend oder vollständig von einem einzigen Gaslieferanten abhängig (siehe Tabelle 5.4).

Berechenbarkeit und ein effektives Funktionieren des Gas- und des Elektrizitätsbinnenmarktes sind wesentliche Voraussetzungen für die notwendigen langfristigen Investitionen und für wettbewerbsfähige Verbraucherpreise. Diese Voraussetzungen sind derzeit nicht erfüllt.

Ungeachtet der Zielvorgaben bezüglich Energieeffizienz und erneuerbarer Energien werden Öl und Gas auch künftig mehr als die Hälfte des Energiebedarfs in der EU decken, und beide Sektoren werden auch künftig stark von Importen abhängig sein (im Jahr 2030 beim Öl in einem Umfang von 90 %, beim Gas in einem Umfang von 80 % – EU-Kommission 2008.3). Die Stromerzeugung wird bei der Fortsetzung des derzeitigen Trends in hohem Maße vom Gas abhängig sein. Wenn ein großer technologischer Durchbruch ausbleibt, wird Erdöl weiterhin eine dominierende Stellung im Verkehrssektor einnehmen. Somit wird die Versorgungssicherheit bei Gas und Öl auch künftig für die EU-Wirtschaft von enormer Bedeutung sein.

Tabelle 5.4: Importabhängigkeit bei Öl und Gas (in Prozent des gesamten Aufkommens) sowie Herkunft der Gas-Importe (in Prozent der importierten Menge) in ausgewählten EU-Ländern, 2005. Quelle: Wiener Institut für internationale Wirtschaftsvergleiche 2007

Staat	EU-15	DE	GR	IT	AUT	PT	FIN	GB
Rohöl-Importabhängigkeit	81 %	96 %	100 %	94 %	90 %	100 %	99 %	5 %
Gas-Importabhängigkeit	55 %	82 %	99 %	86 %	83 %	100 %	100 %	7 %
Anteil Gas-Importe aus:								
Russland	32,6 %	53,1 %	83,6 %	36,0 %	70,0 %	0 %	100 %	0 %
Norwegen	25,4 %	40,9 %	0 %	8,8 %	11,6 %	0 %	0 %	95,9 %
Algerien	22,4 %	0 %	16,4 %	42,3 %	0 %	61,9 %	0 %	3,5 %
Nigeria	4,4 %	0 %	0 %	0 %	0 %	38,1 %	0 %	0 %
Sonstige	15,2 %	6,0 %	0 %	12,9 %	18,4 %	0 %	0 %	0,7 %

5.6.2 Empfehlungen des Beirates

Die Europäische Union ist einer der wesentlichen Akteure am globalen Energiemarkt. Zur Aufrechterhaltung einer langfristig sicheren Energieversorgung der EU-Mitgliedstaaten ist ein starkes gemeinsames und koordiniertes Auftreten der EU gegenüber Drittstaaten mit klaren Zielen notwendig. Diese sind vor allem: Sicherstellung zusätzlich benötigter Energie, Diversifizierung der Energielieferanten und der Versorgungsrouten sowie Reduktion der Abhängigkeit von bestimmten Energieträgern.

Die Sicherung einer langfristigen Versorgung ist primär durch eine stärkere Diversifizierung der Energiequellen und Transportwege zu erreichen. Zur Vermeidung einer zu starken Betonung nationaler Energieinteressen sind grenzüberschreitende Marktintegration und Solidaritätsmechanismen zu verstärken. Dies ist die Voraussetzung für eine rasche Realisierung strategisch wichtiger transeuropäischer EU-Infrastrukturprojekte und von in Drittstaaten liegenden Anschlussprojekten (z. B. notwendige Transportrouten, Verflüssigungsanlagen, Erschließung neuer Gasfelder).

Die Bedingungen für Investitionen in internationale Projekte sollen durch Schaffung eines klar definierten und transparenten Rechtsrahmens auf EU-Ebene verbessert werden. Die EU-Außenpolitik ist auf diese Projekte abzustimmen. Ausgestattet mit den richtigen Instrumenten und Mandaten wäre die EU besser in der Lage, sich für die Annäherung der Handels- und Investitionsbedingungen in vor- und nachgelagerten Märkten und für den Zugang zu wichtigen Lieferinfrastrukturen – wie vor allem Pipelines – einzusetzen.

Insbesondere bei Fragen des Marktzugangs, der Versorgungssicherheit oder bei stabilitäts- und demokratiepolitischen Initiativen entfaltet eine geschlossene EU-Politik gegenüber Lieferländern und -regionen eine größere Wirkung als Alleingänge von Einzelstaaten. Wie wenig Wirkung ein nicht koordinierter EU-Außenauftritt hat, haben die Ereignisse in der ersten Hälfte 2009 gezeigt („Gaskrise"). Ein gemeinsamer Außenauftritt, d. h. das Sprechen mit einer „einheitlichen Stimme" ist gegenüber der Durchsetzung einzelstaatlicher Interessen die wesentlich wirkungsvollere und adäquatere Reaktion auf derartige Situationen. Die verstärkte Bewusstseinsbildung der Mitgliedstaaten für eine gemeinsame Energie-Außenpolitik sowie die Verringerung von politischen Alleingängen der Mitgliedstaaten im Hinblick auf bilaterale Verträge müssen klare Ziele sein.

Eine starke gemeinsame EU-Energie-Außenpolitik erfordert die Bündelung wirtschafts-, energie- und außenpolitischer Interessen in einem integrativen Ansatz. Die österreichische Bundesregierung setzt sich aktiv für eine derartige koordinierte und gemeinsame EU-Politik ein.

Der Dialog mit Energie-Produzentenländern und Energie-Verbraucherländern ist unter Nutzung der Rolle Österreichs als internationale Energiedrehscheibe zu verstärken und zu beschleunigen. Die Europäische Union plant eine Intensivierung von Energie-Dialogen und -Partnerschaften mit Drittländern und -regionen.

Mit Russland, dem wichtigsten Lieferstaat der Europäischen Union, wird der Dialog zukünftig intensiviert. Mit Hilfe des EU-Russland-Energie-Dialogs soll das Partnerschafts- und Kooperationsabkommen aus dem Jahr 1997 auf neue Beine gestellt werden. Mit den Staaten der Kaspischen Region plant die EU ebenfalls eine eigene Energie-Partnerschaft, analog zum EU-Russland-Prozess.

Afrika, insbesondere Nordafrika, hat als Energielieferant in den letzten Jahren enorm an Bedeutung gewonnen, verfügt jedoch über ein noch viel größeres Potenzial. Daher ist auch hier die Entwicklung einer umfassenden und gleichberechtigten Energiepartnerschaft zwischen Afrika und der EU geplant. Der Dialog sollte die Versorgungssicherheit, den Technologietransfer in erneuerbare Energie, die nachhaltige Nutzung von Ressourcen, die Transparenz der Energiemärkte und die Einhaltung einer guten Verwaltungspraxis beinhalten. Wie bei allen Partnerschaftsabkommen ist auch hier das Ziel, für beide Seiten vorteilhafte, transparente, diskriminierungsfreie und stabile rechtliche Voraussetzungen für Investitionen in den Energiebereich und den Energiehandel zu schaffen.

Norwegen ist zwar bereits Mitglied des EWR und somit in den europäischen Energie-Binnenmarkt integriert, dennoch ist geplant auch diese Partnerschaft weiter zu entwickeln. Rahmenabkommen werden mit China und Indien sowie lateinamerikanischen und karibischen Staaten entwickelt.

Zur fairen Gestaltung der internationalen Handelsbeziehungen im Bereich Energie setzt sich Österreich innerhalb der EU dafür ein, auf ein verbindliches Mindestmaß an Arbeits- und Umweltstandards mit ihren Energiepartnern hinzuarbeiten.

5.7 Infrastrukturausbau

Eine funktionierende Energie-Infrastruktur ist Basis für nachhaltiges Wirtschaftswachstum und sparsamen Umgang mit Energie. Eine Diversifizierung der Bezugsquellen, ein ausgewogener Energiemix und Maßnahmen zur Steigerung der Energieeffizienz sowie ausreichend dimensionierte Verteil- und Übertragungsnetze, moderne Kraftwerke und eine ausreichend Anzahl an qualifizierten Beschäftigten sind Voraussetzungen für ein hohes Maß an Versorgungssicherheit. Sie sind Basis für leistbare und sichere Energienutzung für Haushalte und Unternehmen und für Wachstumschancen und sichere Arbeitsplätze.

5.7.1 Ausgangslage

Die allgemeine Definition der „Infrastruktur" stellt die Gesamtheit aller Anlagen, Ausrüstungen und Betriebsmittel in der Energieversorgung dar. Im Rahmen dieses Beitrages befassen wir uns mit der Infrastruktur auf den Ebenen

- Erzeugung,
- Lagerung und Speicherung,
- Transport und Verteilung.

Jedes Jahr verbraucht Österreich mehr Energie – von 2002 bis 2006 stieg der jährliche Bruttoinlandsverbrauch an Energie im Durchschnitt um 2,9 % p. a. an. Aufgrund der milden Wetterbedingungen sank der Verbrauch 2007 gegenüber 2006 um 2,9 % auf 1.421.029 TJ. Erdöl stellt im Jahr 2007 mit einem Anteil von 40,8 % am Bruttoinlandsverbrauch nach wie vor den bedeutendsten Energieträger dar, gefolgt von den erneuerbaren Energieträgern (25,3 %), Erdgas (20,8 %) und Kohle (11,4 %). Gemessen am Endenergieverbrauch hat elektrischer Energie einen Anteil von 19,2 %, Gas 16,8 %, erneuerbare Energieträger 14,1 %, Fernwärme 5,4 % und Kohle 2,4 %. Erdöl stellt knapp 42,1 % den wichtigsten Energieträger dar (Statistik Austria 2008).

Abbildung 5.13: Struktur des energetischen Endverbrauchs im Jahr 2007: Anteil der Energieträger in Prozent. Quelle: Statistik Austria 2008, eigene Berechnungen

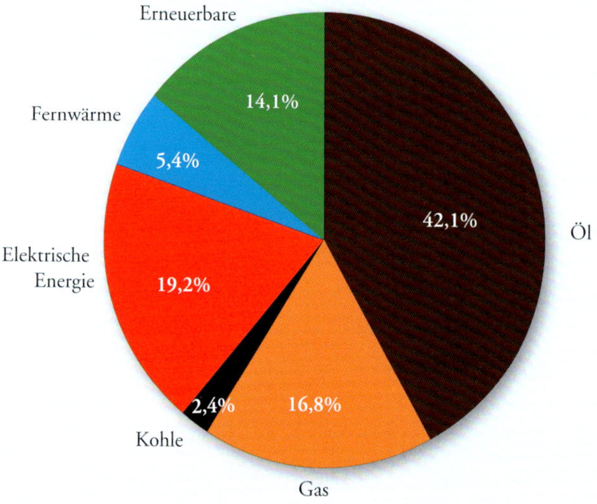

5.7.2 *Erzeugung*

Investitionen in die heimische Erzeugung führen neben einer Verringerung ausländischer Energieimporte auch zur Steigerung der Versorgungssicherheit und zu heimischer Wertschöpfung. Zudem wirken sich ausreichende Kapazitäten auch positiv auf die Energiepreise der Endverbraucher aus, da nur sehr selten auf relativ ineffiziente und damit teure Kapazitäten zurückgegriffen werden muss.

Die heimische Energieversorgung beruht auf einem Mix von traditionellen und neuen Energieträgern. Neben der Forcierung von erneuerbaren Energien (Solar-, Wind- und Wasserkraft, Geothermie und biogene Energieträger) werden aus heutiger Sicht auch fossile Energieträger in den kommenden Jahrzehnten eine wichtige Rolle im Energiemix einnehmen. Bei allen Energieträgern hat dabei die wirtschaftliche, soziale und ökologische Nachhaltigkeit im Vordergrund zu stehen.

Strom

Bis zum Jahr 2001 wurde in Österreich mehr Strom produziert als verbraucht. Seither ist Österreich Nettostromimporteur – 2007 wurden rund 10 % des Jahresverbrauchs von rund 67.375 GWh importiert. Der erwartete Zuwachs des Stromverbrauchs um 2,3 % bis 2,7 % pro Jahr bis 2020 wird zu einer weiteren Zunahme der Importabhängigkeit führen.

Im Jahr 2007 wurden rund 40.000 GWh (ca. 60 %) des Stroms in Österreich durch Wasserkraft (Lauf-, Speicher- und Kleinwasserkraftwerke) erzeugt. Dennoch hat sich der Anteil der heimischen Wasserkraft an der Stromproduktion angesichts des steigenden Stromverbrauchs in den letzten Jahren von 70 % auf derzeit rund 60 % verringert. Nach der Wasserkraft ist Erdgas mit einem Anteil von rund 15 % der wichtigste Primärenergieträger in der Stromerzeugung. Der Anteil der elektrischen Energie aus Steinkohle und Kohlederivate an der Gesamterzeugung beträgt rund 12 %.

Abbildung 5.14: Energieträger für die Elektrizitätserzeugung 2007, Anteile in Prozent. Quelle: E-Control, Marktbericht 2008

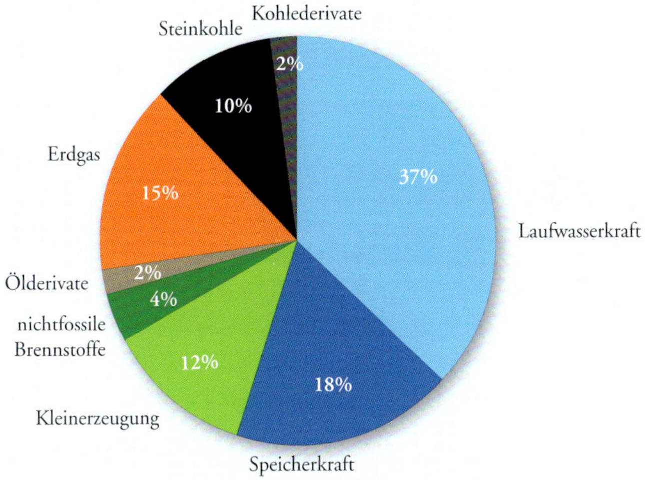

Die Nutzung erneuerbarer Energieträger ist seit Jahrzehnten ein wesentlicher Eckpfeiler der österreichischen Energiepolitik. Beim Ausbau erneuerbarer Energie liegt Österreich am vierten Platz und beim Anteil Erneuerbarer an der Stromerzeugung an erster Stelle.

Nach dem „Masterplan Wasserkraft“ (VEÖ 2008) besteht ein technisch-wirtschaftlicher Ausbauspielraum von 18.000 bzw 13.000 GWh unter

Berücksichtigung von Nationalparks und UNESCO Weltkulturerbestätten. Das realistisch ausbaufähige Potenzial bis 2020 wird auf 4.000 bis 7.000 GWh geschätzt. Im Bereich der Windkraft liegt das geschätzte Ausbaupotenzial bei rund 5.000 GWh.

Österreich verwendet vor allem Wasserkraft zur Abdeckung von Grundlast und hat im europäischen Umfeld durch seine Speicher- und Pumpspeicherkraftwerke zur Abdeckung der Spitzenlast eine besondere Stellung. Für das europäische Stromsystem stellt Österreich damit eine der wenigen „Stromspeicherfunktionen" zur Verfügung, was insgesamt eine bessere Nutzung von Grundlastkraftwerken, aber auch von Windkraftwerken ermöglicht. Weiters kann dadurch der Einsatz kalorischer Spitzenkraftwerke substituiert werden. Dieser komparative Vorteil Österreichs bedeutet auch, dass starke Verbindungsleitungen zu jenen Märkten vorhanden sein müssen, für die wir diese Aufgabe übernehmen (insbesondere Deutschland).

Erdgas

Das Erdgasangebot in Österreich kommt aus den drei Quellen: Import, Speicher und Inlandsförderung. Die Erdgasaufbringung erfolgt zu rund 17 % durch Inlandsförderung, die Importe stammen vorwiegend aus Russland (52 % der Aufbringung).

Rund 83 % des Angebotes werden durch den Import gedeckt:

Abbildung 5.15: Erdgasaufbringung in Österreich 2007 nach Herkunft, in Prozent des Gesamtaufkommens. Quelle: FVMI 2007

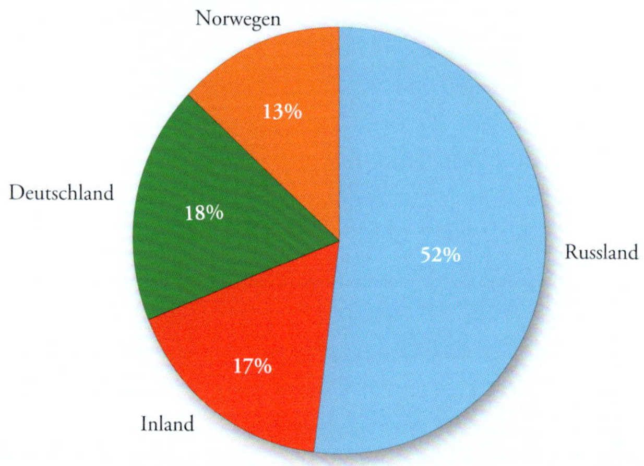

Der wesentliche Treiber für die Höhe des künftigen Erdgasabsatzes sind neue erdgasbefeuerte Kraftwerke. Derzeit wird Strom aus Erdgaskraftwerken mit einer installierten Leistung von rund 3.150 MW erzeugt. Bis 2015 wird von zusätzlichen 3.600 MW installierter Leistung aus erdgasbefeuerter Stromerzeugung ausgegangen. Diese Verdoppelung der Stromproduktion aus Erdgaskraftwerken bis 2015 wurde in der langfristigen Planung, die von AGGM (Austrian Gas Grid Management – Regelzonenführer Ost) zu erstellen ist und von E-Control Kommission jedes Jahr genehmigt wird, mit eingeplant. Dementsprechend wird mit einem Anstieg des Gasverbrauchs in Österreich von knapp 9 Mrd. m^3 auf etwa 14 Mrd. m^3 gerechnet.

Erdöl

Erdöl wird zu über 90 % importiert, nur ein geringer Teil wird in Österreich selbst gefördert. Die wichtigsten Lieferländer, Kasachstan, Russland, Libyen, Irak und Saudi Arabien, liegen außerhalb der EU und befinden sich überwiegend in geopolitisch sensiblen Regionen[27].

Rohöl ist Ausgangsbasis vor allem für Benzin, Kerosin, Diesel und Heizöl. Erdöl ist aber auch wichtiger Grundstoff in der Chemieindustrie sowie in der Textil- und Pharmaindustrie. Die einzige Raffinerie Österreichs, die OMV-Raffinerie in Schwechat, deckt 45 % des österreichischen Mineralölbedarfs ab, 23 % werden exportiert. Insgesamt werden 53 % der Halb- und Fertigprodukten durch Inlandsproduktion aufgebracht. Bei den Mineralölprodukten wird der Dieselbedarf zu 41 % durch Inlandsproduktion gedeckt, der Benzinbedarf zu zwei Drittel. Die wichtigsten Importländer für Kraftstoffe sind Deutschland und Italien[28]. Der Import von Mineralölprodukten erfolgt entweder direkt von grenznahen Raffinerien oder von den grenznahen Lagern. Die wichtigsten Bezugsraffinerien sind im Osten Österreichs die Raffinerie in Bratislava (MOL) und im Westen Österreichs Raffinerien in Bayern.

Der Kraftstoffverbrauch entwickelt sich über die letzten 17 Jahre mehr oder weniger konstant. 2007 betrug der Kraftstoffverbrauch rund 8,3 Mio. t, davon waren knapp 24 % Ottokraftstoffe und 76 % Diesel.

27) Zu beachten ist, dass sich die Lieferländer und die Liefermengen von Jahr zu Jahr ändern.

28) Bundesministerium für Wirtschaft und Arbeit, Länderstatistik Importe 2007

Tabelle 5.5: Mineralölprodukte: Inlandsproduktion und Importe (jeweils in Tonnen und in Prozent des Gesamtaufkommens) im Jahr 2007. Quelle: FVMI 2007, eigene Berechnung

Produkt	Inland		Importe		Gesamt
	in t	in %	in t	in %	in t
Benzin (91, 95, 98)	1.738.135	66,1%	891.200	33,9%	2.629.335
Diesel (inkl. Biodiesel)	3.025.610	41,1%	4.334.050	58,9%	7.359.660
Flugturbinen-kraftstoff	603.800	79,1%	159.203	20,9%	763.003
Heizöl extra leicht	608.337	45,8%	720.310	54,2%	1.328.647
Heizöl leicht	344.619	100,0%	0	0,0%	344.619
Heizöl schwer	426.895	70,1%	182.506	29,9%	609.401
Bitumen	410.873	60,5%	267.873	39,5%	678.746
Sonstige	645.544	71,8%	253.341	28,2%	898.885
Gesamt	7.803.813	53,4 %	6.808.483	46,6 %	14.612.296

Fernwärme

In den letzten 30 Jahren ist die Anzahl fernwärmeversorgter Wohnungen in Österreich von 83.000 im Jahr 1980 auf 625.000 im Jahr 2007 angestiegen. Knapp ein Fünftel aller Wohnungen werden mit Nah- oder Fernwärme beheizt. Die Versorgungsdichte ist in den Ballungsräumen besonders hoch, an der Spitze stehen Linz (60 %), Wien (36 %) und Klagenfurt (30 %).

Die Fernwärmeversorgungsunternehmen betreiben Netze von insgesamt etwa 4.000 Kilometern Länge. Die Wärmeerzeugung lag zuletzt in einer Größenordnung von 11.000 bis 13.000 GWh pro Jahr, wobei etwa drei Viertel aus KWK-Anlagen kamen.

Eine stetig zunehmende Bedeutung haben auch Biomasse-Nahwärmeanlagen im kleinen und mittleren Leistungsbereich, seit 1980 wurden in Österreich mehr als 1.000 Anlagen mit einer durchschnittlichen Heizlast von 1 MW pro Anlage errichtet.

5.7.3 *Speicherung und Lagerung*

Gas

Mit zunehmendem Erdgasabsatz ist es auch notwendig die Speicherkapazitäten auszubauen. Bis 2012 wird daher das Arbeitsgasvolumen durch drei neue Speicherprojekte der OMV, RAG, Wingas und Gazprom von derzeit insgesamt 4,1 Mrd. m³ auf 6,7 Mrd. m³ ausgebaut.

Abbildung 5.16: Nationale Ausbauprojekte für Speicherkapazitäten. Quelle: E-Control 2007

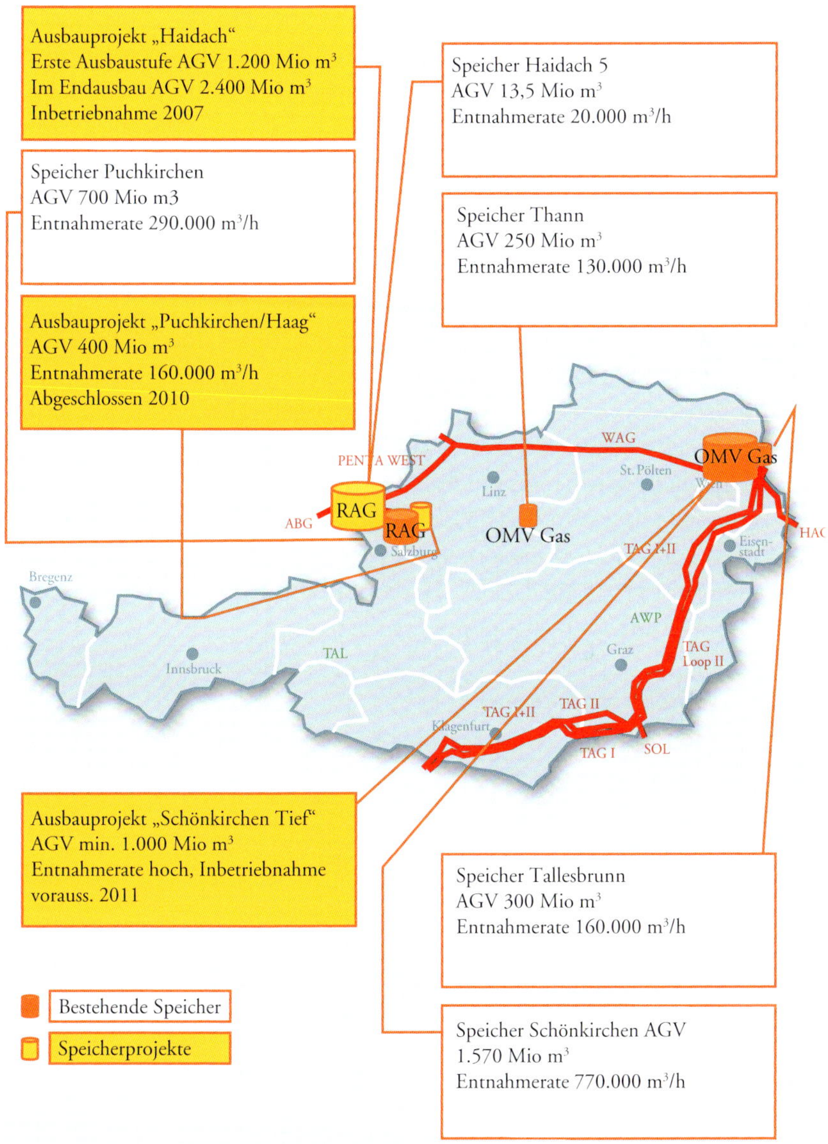

Erdöl

Die Lager für Mineralölprodukte konzentrieren sich primär auf die Räume Wien, Linz, Salzburg, Graz und Klagenfurt. Die größten Lagerkapazitäten befinden sich im Raum Wien, in Niederösterreich und in Oberösterreich. Die Kapazitäten der Lager in Westen Österreichs betragen nur 0,7 % der österreichischen Gesamtkapazität. Die wichtigsten Lager sind das Produktelager St. Valentin und das Tanklager Lobau. Dieses umfasst eine Kapazität von 1,6 Mio. m^3 mit 87 Tanks. Dort lagern auch große Mengen an vorgeschriebenen Mindestreservemengen an Mineralölprodukten. Für die vorgeschriebenen Pflichtnotstandsreserven an Mineralölprodukten gemäß Erdöl-Bevorratungs- und Meldegesetz stehen die Rohöltanklager in Lannach, Kremsmünster, Zisterdorf sowie die OMV-Lager zur Verfügung. Seit April 2008 ist auch die Nutzung von Einrichtungen des Ölhafens Triest zur Haltung der österreichischen Pflichtnotstandsreserven möglich[29].

Mit der wachsenden Importabhängigkeit bei Rohöl und Mineralölproduktion steigt auch die Notwendigkeit von ausreichenden Lagerkapazitäten, um Versorgungsengpässe zu vermeiden. Österreich hat sich aufgrund seiner Mitgliedschaft in der EU und in der Internationalen Energieagentur (IEA) völkerrechtlich verpflichtet, Energiereserven in Form von Erdöl und Erdölprodukten für 90 Tage zu bevorraten[30]. Die Verpflichtung zur Haltung von Notstandsreserven trifft Importeure von Erdöl und Erdölprodukten und ab 1. April 2007 die Importeure von Biokraftstoffen und Rohstoffen zur direkten Erzeugung von Biokraftstoffen.

5.7.4 Transport und Verteilung

Je weiträumiger die Erzeugung verteilt ist, desto wichtiger ist die Transportinfrastruktur. Insofern besteht ein Trade-off zwischen diesen Infrastrukturbereichen.

Der größte Teil der Energieträger wird über Leitungssysteme transportiert:

29) Novelle zum Erdöl-Bevorratungs- und Meldegesetz 1982, veröffentlicht mit 9. April 2008 im BGBl. I Nr. 53/2008.

30) Vgl. Erdöl-Bevorratungs- und Meldegesetz (EBMG).

Abbildung 5.17: Anteil der leitungsgebundenen Energie am Endverbrauch (2006), in Prozent. Quelle: Statistik Austria 2008, eigene Berechnungen

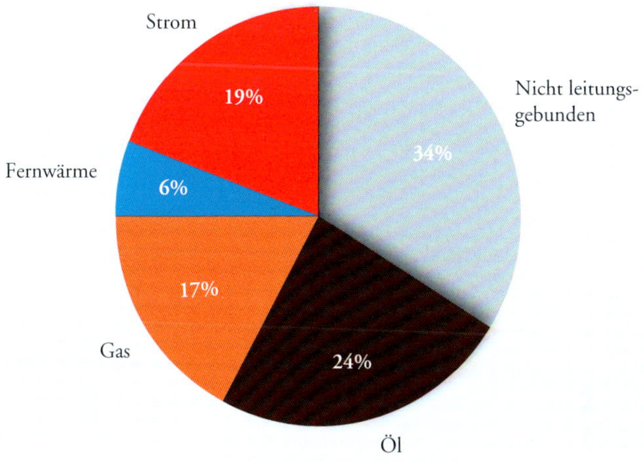

Strom

Im europäischen Vergleich ist Österreichs Versorgungszuverlässigkeit (d. h. kurze Unterbrechungsdauer und rasche Wiederherstellung nach Unterbrechungen) im Übertragungsnetzbereich noch als sehr gut einzustufen. Die jährliche Nichtverfügbarkeit liegt in Österreich bei ca. 48,07 min/a (E-Control: Ausfalls- und Störungsstatistik, Ergebnisse 2006).

Das österreichische Strom-Übertragungsnetz stammt teilweise aus den 1950er- und 1960er-Jahren und wird dem massiv angewachsenen und weiter steigenden Stromverbrauch nicht mehr gerecht. Als wichtige Voraussetzung zur langfristigen Gewährleistung der österreichischen Versorgungssicherheit wird vor allem der Lückenschluss im 380-kV-Netz angesehen.

Probleme ergeben sich zurzeit vor allem bei den Übertragungsleitungen in den Bereichen Steiermark/Burgenland und Salzburg/Oberösterreich. Durch die dynamische Entwicklung, aber auch durch ein geändertes Lastverhalten im europäischen Energiemarkt, sind die Nord-Süd-Leitungen überlastet. In der Folge sind Unternehmen und Haushalte immer häufiger mit Schwankungen und Stromausfällen konfrontiert.

Außerdem führen diese Schwachstellen im Übertragungsnetz dazu, dass eine optimale ökonomische Nutzung des Stromnetzes nicht möglich ist. Allein das Lastmanagement kostet jährlich ca. 20 Mio. €, die sich in den Netztarifen für die Stromkunden niederschlagen.

Der dringend notwendige Ausbau bzw. die Fertigstellung des 380 kV-

Übertragungsnetzes sowie des Gashochdrucknetzes wird derzeit durch die Komplexität der Genehmigungsverfahren erschwert.

Auf europäischer Ebene sind ausreichende Leitungsverbindungskapazitäten Voraussetzung für die Integration der Märkte und im Sinne der Versorgungssicherheit für effiziente Reservehaltung. Preissignale sind für ein effizientes Zusammenspiel von Übertragungskapazitäten und Kraftwerkskapazitäten notwendig. Derzeit gibt es keine Netzkostenkomponenten für Kraftwerke, die entsprechend den verursachten Netzverlusten dieses Zusammenspiel gewährleisten.

Gas

Österreichs Position in der EU wird durch seine Rolle als Erdgastransitland wesentlich gestärkt. Der Ausbau der dafür notwendigen Infrastruktur (Transport und Speicherung) ist daher von strategischem Wert für Österreich.

Der Ausbau des Gastransportnetzes wird von der AGGM geplant und schlussendlich von der Regulierungsbehörde genehmigt.

Abbildung 5.18 zeigt den notwendigen Ausbau des Transportnetzes, um den steigenden Leistungsbedarf (Nm³/h) abdecken zu können. Die notwendige Spitzenleistung steigt von derzeit etwa 2 Mio. Nm³/h auf voraussichtlich etwa 3,5 Mio. Nm³/h im Jahr 2030.

Abbildung 5.18: Absatzdaten Regelzone Ost. Ist-Daten bzw. Prognosewerte für den Erdgasverbrauch (in Mrd. m³, linke Skala, Balken) und maximale Stundenleistung (in 1000 Nm³/h, rechte Skala, Linien) in der Regelzone Ost. Quelle: AGGM 2008

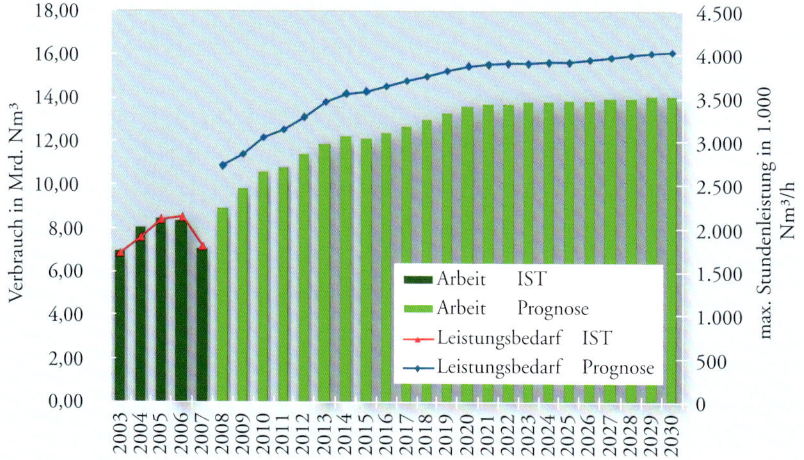

Die Realisierung der „Nabucco"-Gaspipeline ist notwendig, um die österreichische ebenso wie die europäische Energieversorgung auf eine breitere Basis zu stellen.

Die geplante Tauerngasleitung (TGL) soll das mitteleuropäische Erdgasnetz mit der Mittelmeerregion und den Erdgasmärkten in Italien und Südosteuropa verbinden.

Erdöl

Fast der gesamte österreichische Rohölimport erfolgt über die Adria-Wien-Pipeline (AWP) zur Raffinerie Schwechat – ausgehend vom Hafen Triest über die Transalpine Ölleitung (TAL). Über die TAL werden neben Österreich auch Raffinerien im Süden Deutschlands mit Rohöl versorgt. Die AWP hat 2007 7,6 Mio. t Rohöl nach Schwechat gepumpt. Der geplante Bau einer zweiten Öl-Pipeline – Bratislava-Schwechat-Pipeline (BSP) – mit einem Anschluss an die Drushba-Pipeline und damit der Erschließung von Rohöllieferungen aus Russland und dem Kaukasus (geplante Jahreskapazität von 3,6 Mio. t) verzögert sich weiter.

Die Transportmittel variieren nach Länge des Transports: Der überwiegende Teil des Imports von Mineralölprodukten erfolgt per Bahn, meist weiter in die Tanklager. Die Verteilung auf die einzelnen Tankstellen erfolgt per LKW.

Von der Raffinerie Schwechat aus wird der Flughafen Wien-Schwechat über eine eigene Pipeline mit Turbinentreibstoff versorgt. Ebenfalls von Schwechat aus geht die einzige Produktepipeline Österreichs ins 160 km entfernte OMV-Lager St. Valentin; über sie werden jährlich 1,4 Mio. t Kraftstoffe und Heizöle befördert.

Abbildung 5.19: Erdgas- und Erdölfernleitungen in und durch Österreich. Quelle: FVMI 2007

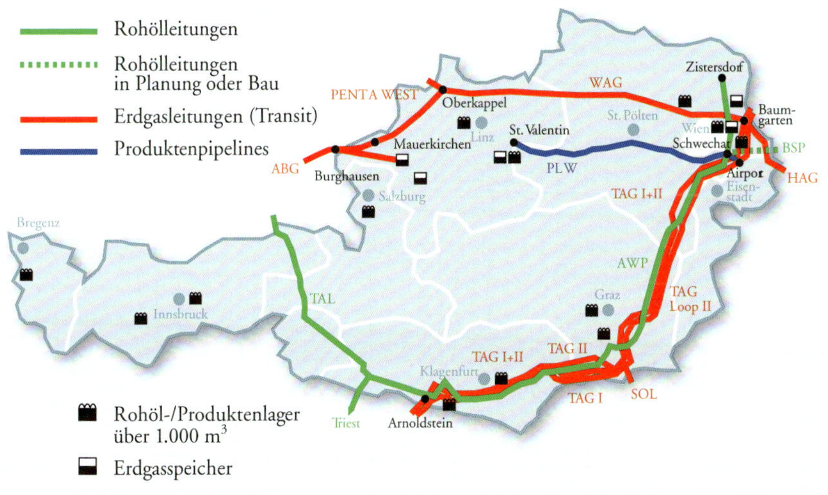

5.7.5 *Empfehlungen des Beirats*

Übergeordnetes und vorrangiges Ziel ist die Erarbeitung eines energiepolitischen Gesamtkonzepts. Dieses muss sowohl Umweltaspekte als auch ökonomische und gesellschaftliche Anforderungen und Entwicklungen berücksichtigen. Widersprüche zwischen Zielvorgaben (z. B. Wasserrahmenrichtlinie versus Energie- und Klimapaket) sind weitestgehend aufzulösen. Alle energiepolitischen Maßnahmen sind unter den Aspekten inländischer Wertschöpfung, beschäftigungspolitischer Ziele und gesamtwirtschaftlicher Auswirkungen zu betrachten und dementsprechend die Prioritäten zu setzen.

Die Energieinfrastruktur ist stetig an die modernen technischen Erfordernisse anzupassen. Dazu sind die Stärkung der heimischen Stromerzeugung, die rasche Schließung des 380-kV-Freileitungsringes, die grenzüberschreitende Stromnetzanbindung sowie ausreichende Leitungskapazitäten notwendig. Dem zügigen Ausbau von überregionalen Infrastrukturprojekten (Kraftwerksbauten, Leitungsbau der Strom- und Gasversorgung, Speicher) stehen vor allem langwierige Genehmigungsverfahren sowie die fehlende Abstimmung im Bereich der Raumordnung entgegen. Zur Realisierung der notwendigen Vorhaben bedarf es stabiler und effizienter Rahmenbedingungen. Dafür sind die Beschleunigung der Planungs- und Genehmigungsverfahren und eine Stärkung übergeordneter gemeinsamer, vor partikularen regionalen Interessen notwendig. Der Umweltschutz, die Bürger- und Anrainerbeteiligung sowie die Grundrechte sollen aber nicht eingeschränkt werden. Eine Verbesserung der Energie-Infrastruktur bedarf aber auch einer vorausschauenden und effizienten Bundesraumordnung zur zeitgerechten Ausweisung und Sicherung von Infrastrukturprojekten.

Versorgungssicherheit, Energiekosten, Nachhaltigkeit und Energieeffizienz sind integriert zu betrachten, um den künftigen Anforderungen des Wirtschaftsstandortes gewachsen zu sein und eine langfristige Energieversorgung Österreichs sicherzustellen. Energie muss gleichermaßen für Konsumenten und Unternehmen leistbar sein. Auf die Standortsicherung der energieintensiven Industrie ist großes Augenmerk zu legen.

Für die Infrastruktur impliziert dies vor allem folgende Ziele und Maßnahmen:

- Die hohe Qualität der Netze (Übertragungs- und Verteilernetze) ist aufrechtzuerhalten und zu verbessern. Dies erfordert insbesondere eine rasche Fertigstellung des 380-kV-Rings in Österreich, denn das österreichische Hochspannungsnetz erreicht immer öfter die Grenzen seiner Belastbarkeit. Zudem erfordert der Ausbau der erneuerbaren Energien ein starkes, überregionales Höchstspannungsnetz.

- Die Infrastruktur hat ein ausreichendes Maß an Substituierbarkeit in Bezug auf die Energieträger zu ermöglichen. Ebenso ist ein Mindestmaß an heimischer Produktion bei den Energieträgern sicherzustellen. Die Infrastruktur sollte verstärkt die Möglichkeit der Anbindung an die europäischen und internationalen Energiequellen und -märkte sicherstellen. Die Bepreisung der Infrastruktur hat kostengerecht bzw. marktkonform zu erfolgen (u. a. Produktionskosten, Netztarife, Speicherpreise).
- Beim Ausbau neuer Erzeugungs- und Förderkapazitäten ist ein ausgewogener Energiemix sicherzustellen.
- Die Effizienz bestehender und neu zu errichtender Anlagen muss durch optimale Nutzung von Wärme- und Abwärmequellen sowie Anpassung raumordnungsrechtlicher Vorschriften verbessert werden.
- Neue thermische Kraftwerke sind nur noch als hocheffiziente KWK-Anlagen unter Berücksichtigung von Mindestnutzungsgraden zu errichten.
- Der effiziente Einsatz erneuerbarer Energieträger ist mit besonderem Augenmerk auf das technisch und ökonomisch realisierbare Potenzial konsequent weiterzuentwickeln.
- Die Fördersysteme für erneuerbare Energieträger sind unter Berücksichtigung des kosteneffizienten Mitteleinsatzes und mit dem Ziel der Heranführung an die Marktreife zu optimieren. Die Förderungen sind regelmäßig auf ihren Nutzen hin zu evaluieren und gegebenenfalls zu adaptieren.
- Die Anreizregulierung zur Schaffung einer effizienten Netzinfrastruktur hat mit Augenmerk auf die Erhaltung der Versorgungssicherheit (Revitalisierung, Investitionen ins Netz) zu erfolgen. Weiters sind dabei Incentives für rasche (Ersatz)Investitionen zu setzen und Mindestqualitätsstandards für Verteilernetze festzulegen.
- Strategisch wichtige Schlüsselprojekte wie insbesondere die Erdgasleitung Nabucco, die leitungstechnische Anbindung an vorhandene bzw. projektierte LNG-Terminals (Tauern-Gas-Leitung) sowie die Ölpipeline von Bratislava nach Schwechat sind zu errichten. Neue Speicherkapazitäten im Gasbereich sind an das österreichische Transportnetz anzubinden (z. B. Haidach).
- Der Bundesgesetzgeber soll durch eine Rahmenkompetenz die Möglichkeit haben, für überregionale Energie-Infrastrukturprojekte grundsätzliche Bestimmungen der Raumplanung zu erlassen sowie Planungs- und Koordinationspflichten zu regeln und damit die Raumordnung der Länder an bestimmte Mindestanforderungen zu binden.

- Nach dem Vorbild des Bundesstraßengesetzes soll der zuständige Wirtschaftminister die Möglichkeit erhalten, per Verordnung ein „Übertragungsleitungsplanungsgebiet" festzulegen. Innerhalb dieses Korridors sollten Umwidmungen sowie Neu-, Zu- und Umbauten nur in einem bestimmten Rahmen vorgenommen werden dürfen. Dabei ist einer grundrechtskonformen Umsetzung des Infrastrukturausbaus besondere Bedeutung zuzumessen.
- Vereinbarungen zwischen Bund und Ländern (Art.15a B-VG Vereinbarung) mit wechselseitigen Informations-, Koordinations- und Kooperationsverpflichtungen bei raumwirksamen Planungen und Maßnahmen zwischen Bund und Länder.
- Beim Austausch von Turbinen in Wasserkraftwerken soll die UVP-Pflicht entfallen, wenn damit keine erhebliche Veränderung des Wasserabflusses einhergeht.
- Entwicklung von Raumordnungskonzepten mit klaren Prioritätensetzungen für die Nah- und Fernwärmeversorgung in Vorranggebieten.
- Notwendig ist eine Reform des Energielenkungsgesetzes, wodurch die Interdependenzen zwischen den unterschiedlichen Energiemärkten (vor allem Fernwärme, Gas und Strom) umfassend behandelt werden können. Derzeit unterliegt insbesondere die Fernwärme nicht der Regelung des Energielenkungsgesetzes und ist damit auch weitgehend von Informationspflichten ausgenommen. Weiters sollten auch notwendige Maßnahmen im Vorfeld einer Krise rechtlich besser abgedeckt werden.
- Smart Metering (diese digitale Systeme sammeln und übertragen Informationen, die zur Optimierung des Energieverbrauchs, zur Unterstützung des Kunden beim Lieferantenwechsels und zur Systemoptimierung der Netzbetreiber erforderlich sind) ist unter der Voraussetzung, dass es zu keiner Kostensteigerung für die Endkunden führt, flächendeckend einzuführen. Die technischen Möglichkeiten – wie Information der Kunden, Steigerung der Energieeffizienz, Versorgungssicherheit usw. – sind dabei voll auszunützen.
- Die Fördersysteme für Nah- und Fernwärmeprojekte sind unter Einbeziehung von periodisch aktualisierten Benchmarks zur Effizienzsteigerung der Gesamtsysteme und des kosteneffizienten Mitteleinsatzes zu optimieren. Die Verdichtung und der weitere Ausbau des Nah- und Fernwärmeverteilernetzes soll in Zukunft intensiviert werden.

5.8 Energiebesteuerung

5.8.1 Ziele der Steuerpolitik im Bereich Energie

Wirtschaftspolitische Zielsetzungen und Energiepolitik

Die Besteuerung von Energie in ihren verschiedenen Formen wird heute überwiegend unter umweltpolitischen Aspekten diskutiert, insbesondere mit Bezug auf den Ausstoß von Treibhausgasen durch den Energieverbrauch. In konkretisierter Form sind diese Ziele festgelegt durch das Kyoto-Protokoll und – daraus abgeleitet – in der EU-Klimapolitik, bezüglich Energieträgermix und CO_2-Emissionen bis 2020.

Dies bedeutet allerdings nicht, dass die Steuerpolitik von einem einzelnen Ziel dominiert wird, dem die anderen Ziele prinzipiell untergeordnet sind. Vielmehr behalten die allgemeinen Ziele der Wirtschaftspolitik Wirtschaftswachstum, Vollbeschäftigung, ausgewogene Einkommensverteilung, Preisstabilität, internationale Wettbewerbsfähigkeit, ihre grundsätzliche Bedeutung. Es ist zu untersuchen, inwiefern ein Konflikt zwischen dem Ziel der Reduktion von Treibhausgasen und den genannten Zielsetzungen besteht. Die Wirkung von bestimmten Maßnahmen zur Erreichung quantitativ definierter Reduktionsziele auf die anderen Zielsetzungen ist bei jeder Entscheidung zu berücksichtigen.

In der älteren energiepolitischen Diskussion war der Beitrag der Energiepolitik bzw. von steuerlichen Maßnahmen in diesem Bereich für die Erreichung des Ziels einer ausgeglichenen Leistungsbilanz ein wichtiges Thema[31]. Dies ist erklärbar aus der damaligen Situation heraus, die dadurch charakterisiert war, dass die starke Ölpreiserhöhung das gerade erreichte, aber immer noch prekäre Gleichgewicht in der Leistungsbilanz Österreichs zu gefährden drohte. Heute ist die Situation in dieser Hinsicht völlig verändert. Österreich hat keine eigene Währung mehr. Die Folge eines Leistungsbilanzdefizits wäre nicht mehr ein zunehmender Druck auf den Wechselkurs zur Abwertung, sondern eine zunehmende Außenverschuldung mit der Notwendigkeit höherer Zinszahlungen und Rückzahlungen in der Zukunft. Faktisch stellt sich die Problematik nicht, da Österreich seit längerem einen Überschuss in der Leistungsbilanz und zuletzt auch in der Handelsbilanz hat. Der Überschuss betrug 2006 2,4 % und 2007 3,2 % des BIP.

Im Sinne einer merkantilistischen Wirtschaftspolitik kann ein hoher Leistungsbilanzüberschuss aus wachstumspolitischen Gründen angestrebt

31) Beiratsstudie „Längerfristige Aspekte der Energieversorgung" (1982), S 17, S. 77ff.

werden. Die wohlfahrtssteigernde Wirkung des Wachstums ist allerdings nur dann gegeben, wenn die Vermeidung von Energieimporten oder die Substitution von importierter durch eigenproduzierte Energie zu einem vorteilhaften Austauschverhältnis erfolgt. Bei höheren Kosten durch die Vermeidung oder die Substitution ist der Wohlfahrtseffekt negativ. Es müssten andere nicht-ökonomische Gründe für eine Reduktion der Energieimporte geltend gemacht werden, z. B. die Versorgungssicherheit.

Zahlreiche Beispiele zeigen, dass die Erhöhung von Energiesteuern auch zur Erzielung zusätzlicher Staatseinnahmen verwendet wird, meist im Zusammenhang mit Budgetkonsolidierungsmaßnahmen.

Zielkonflikte

Das Ziel der Senkung des Ausstoßes an Treibhausgasen betrifft die fossilen Energieträger, also mehr als drei Viertel des Energieverbrauchs in Österreich. Zielkonflikte sind dann nicht zu erwarten, wenn für die Substitution fossiler Energieträger funktional gleichwertige erneuerbare Energieträger zu gleichen Kosten zur Verfügung stehen. Dies ist in der Realität in der Regel nicht der Fall, vielmehr ist die Substitution mit einer Erhöhung der Energiekosten verbunden.

Die Senkung der Emissionen durch Besteuerung bzw. höhere Besteuerung von fossilen Energieträgern kann erreicht werden durch

- Reduktion/Dämpfung des Verbrauchs
- Förderung von Substitution innerhalb der fossilen Energieträger zu solchen mit geringeren Emissionen
- Erhöhung der Energieeffizienz: Hier geht es darum, einen gleichen Wirkungsgrad des Energieeinsatzes in der Produktion von Gütern und Dienstleistungen oder einen gleichen Nutzen des Energieeinsatzes für den Haushalt als Verbrauchseinheit des privaten Konsums durch den Einsatz einer anderen Technologie mit einem geringeren Verbrauch fossiler Energieträger zu erzielen. Dies erfordert in der Regel Investitionen, welche den Kapitaleinsatz pro Produktions- oder Nutzeneinheit erhöhen. Dabei muss zwischen Effizienzsteigerung im technischen und im wirtschaftlichen Sinn unterschieden werden. Ab einer bestimmten Grenze sind technische Effizienzsteigerungen wegen zunehmender Kapitalkosten nicht mehr wirtschaftlich, d. h. sie erfordern einen größeren Ressourceneinsatz als die anderen möglichen Technologien. Bei gegebenen Rahmenbedingungen wird das Ziel der „Erhöhung der Energieeffizienz" im technischen und im wirtschaftlichen Sinn erreicht, wenn die Investitionskosten für die Implementierung der anderen Technologie oder für die technische Veränderung, jeweils verteilt über die Nutzungsdauer, nicht höher sind als die fortgesetzte Anwendung der bisherigen

Form des Energieeinsatzes. Diese Rahmenbedingungen sind nicht „objektiv" – d. h. nach Kriterien der Naturwissenschaft oder Technik – gegeben, sondern werden nach gesellschaftlicher Akzeptanz und wirtschaftlicher Möglichkeit von der Politik definiert. Die Erhöhung umweltpolitischer Standards lässt bis dahin nur technisch effiziente Verfahren auch wirtschaftlich effizient werden. Dabei ist der Spielraum durch die Auswirkungen auf die internationale Wettbewerbsfähigkeit begrenzt.

Energieeffizienz und Wirtschaftswachstum/Beschäftigung

Eine bloße Reduktion des Energieverbrauchs bei gleichbleibendem Verhältnis von Energieeinsatz und Produktion hat negative Auswirkungen auf Wachstum und Beschäftigung, wenn die Kostenerhöhung die Einstellung von Produktionen und die Einschränkung des privaten Verbrauchs erzwingt.

Ziel von Maßnahmen im Bereich der Besteuerung von Energie sollte daher primär die Steigerung der Energieeffizienz sein.

1. Produktionsbereich: Wenn die Einführung neuer Technologien beschleunigt wird, können die Beeinträchtigung der internationalen Wettbewerbsfähigkeit und damit negative Wachstums- und Beschäftigungseffekte vermieden werden. Der Einsatz neuer Technologien erfolgt durch Kapitalinvestitionen – dies hat eine Erhöhung der Investitionsneigung und damit des Wirtschaftswachstums und der Beschäftigung zur Folge.
2. Bereich des privaten Konsums: Auch hier können Investitionen ausgelöst werden (vor allem im gebäudetechnischen Bereich), welche die Kostenerhöhungen kompensieren und positiv auf Investitionen und Wachstum wirken; weiters werden Anreize zur Anschaffung bzw. vorgezogenen Anschaffung neuer langlebiger Konsumgüter mit geringerem Energieverbrauch (z. B. Kühlschränke, Waschmaschinen, Glühbirnen, etc.) gesetzt.
3. In beiden Bereichen ist zwischen kurz-, mittel- und langfristigen Wirkungen zu unterscheiden. Die Entscheidung über Investitionen kann aus verschiedenen Gründen (z. B. Fremdfinanzierungserfordernis, Unsicherheit durch mangelnde Erfahrung mit neuen Technologien) Zeit brauchen, während die Kostenwirkung einer Erhöhung von Energiesteuern unmittelbar eintritt. Entsprechend treten dann die nachfrageseitigen positiven Wirkungen verzögert ein.

Die Steigerung der Energieeffizienz kann auf der anderen Seite auch durch steuerliche Begünstigung von energiesparenden Investitionen gefördert werden. Solche steuerlichen Förderungen (betragsmäßig beschränkt) gibt es in Österreich derzeit für private Haushalte im Rahmen von § 18 Einkommensteuergesetz (Sonderausgaben für Wohnraumsanierung). Sie erleichtern die Finanzierung und verringern das Risiko einer Schuldenaufnahme.

Verteilungswirkungen von Energiesteuern

Die verteilungspolitischen Aspekte von Energiesteuern sowie insbesondere von deren Erhöhung sind vieldimensional: zwischen Unternehmungen und Haushalten, zwischen Kapital und Arbeit, zwischen durch eine Vielzahl von sozialen Merkmalen abgegrenzten Bevölkerungsgruppen, die von solchen Maßnahmen betroffen sind. Wird der Energieverbrauch beim Treibstoff besteuert, so ist die Verteilung der Belastung zwischen Unternehmungen und Haushalten zu beachten; ebenso die unterschiedliche Verteilungswirkung bei Personen, die den PKW zur Fahrt zur Arbeit benützen müssen, und bei denjenigen Arbeitnehmern, die öffentliche Verkehrsmittel benützen; um nur einige zu nennen.

Eine Abgeltung der Belastungen ist theoretisch möglich, allerdings ist die Treffsicherheit von Kompensationen begrenzt. Eine Abgeltung vermindert auch die Verbrauchsreduktion erheblich, da erfahrungsgemäß der Substitutionseffekt (resultierend aus der Erhöhung des Energiepreises relativ zu allen andern Preisen) sehr gering ist und lediglich der Einkommenseffekt (Realeinkommenseinbuße durch Energiepreiserhöhung) wirkt, aber kompensiert wird. Dies ist eine der Erklärungen für die beobachtete geringe Preiselastizität der Nachfrage nach Energie.

Energiesteuern und Inflation

Eine Erhöhung der Energiebesteuerung erhöht die Inflationsrate. Dies bedeutet aber keine absolute Grenze, denn das Ziel der Preisstabilität wird im Sinn einer mittelfristig moderaten Inflationsrate verstanden, die mit einer stabilen Wachstumsentwicklung kompatibel ist.

Sicherheit der Besteuerung

Die EU-Klimapolitik führt zur Notwendigkeit des Kaufs von Zertifikaten. Diese Zertifikate sind Steuern im Sinne von Zwangsabgaben, wobei die Kosten dieser besonderen Form der Steuer im Vorhinein nicht feststehen, weil die Zertifikatspreise ständigen Schwankungen unterliegen und sich die Höhe erst zu einem späten Zeitpunkt (Beschaffungszeitpunkt), oft erst am Ende der Handelsperiode, rückwirkend ergibt. Dies widerspricht dem Grundsatz der Sicherheit der Besteuerung.

5.8.2 Das Energiesteuersystem in Österreich

Mineralölsteuer und Energieabgabe

Bis in die neunziger Jahre wurde Energie in Österreich mit der Ausnahme der Mineralölprodukte nicht ökobesteuert. Ziel der Besteuerung war damals, Energie nur dann zu besteuern, wenn sie importiert werden musste. Die Ölkrise in den siebziger Jahren hatte die Importabhängigkeit Europas aufgezeigt. Durch die Steuern wollte die Politik in Europa im Gegensatz zu den USA den maßvollen Verbrauch – Mineralölprodukte sollten nicht zu billig sein – steuern.

Erst in den letzten zwanzig Jahren kam es vermehrt zur Besteuerung von Energie in Österreich. Die österreichischen Energiesteuern sind als Mengensteuern gestaltet und so von der Preisentwicklung von Energieträgern unabhängig. Im Gegensatz dazu sollte erwähnt werden, dass die Umsatzsteuer den gesamten Preis des Energieprodukts inklusive des Anteils der Energiesteuer erfasst. Die politische Diskussion über die Umbasierung des Steuern- und Abgabensystems in Österreich (hohe Lohnnebenkosten versus Ökoabgaben), aber auch steigende Staatsausgaben führten zu einer neuen Ausrichtung des österreichischen Steuersystems.

In diesem Zeitraum veränderten sich jedoch die Rahmenbedingungen für Österreich in unglaublicher Geschwindigkeit. Im Jahre 1996 wurde neben der Mineralölsteuer (MöSt) erstmals eine Mengensteuer auf Elektrizität und Erdgas eingeführt. Der Steuersatz betrug vorerst für Erdgas 4,36 Cent je m^3 und für Elektrizität 0,73 Cent je kWh.

Kohle wurde zu Beginn noch nicht besteuert. Ab Mitte des Jahres 2000 wurde der Steuersatz für Elektrizität bereits mehr als verdoppelt.

Eine weitere deutliche Veränderung des österreichischen Energiesteuersystems erfolgte mit der Umsetzung der EU-Energiesteuerrichtlinie 2004: die Mineralölsteuersätze wurden an die festgelegten Mindeststeuersätze angepasst und die Steuersätze nach dem Schwefelgehalt der Mineralölprodukte gestaffelt. Der Steuersatz für Erdgas wurde auf 6,6 Cent je m^3 angehoben und Kohle erstmals in die Besteuerung einbezogen (5 Cent je kg). Vollständigkeitshalber sollte erwähnt werden, dass es, obwohl nun viele fossile Energieträger besteuert werden, aus unterschiedlichen politischen Motiven noch immer Energieträger gibt, die nicht besteuert werden, wie z. B. Flugbenzin (Kerosin) oder Schiffsdiesel auf internationalen Gewässern (wie Neusiedler See und Bodensee). Nachwachsende Energieträger, wie zum Beispiel Holz, sind von der Verbrauchsteuer befreit.

Derzeit liegen alle österreichischen Energiesteuersätze über den geforderten Mindestsätzen der EU-Steuerrichtlinie (vgl. Tabelle 5.7).

Tabelle 5.6: Entwicklung der Energiesteuersätze in Österreich, 1999, 2005 und 2007, in Euro pro Mengeneinheit (ME).

Energieträger	Mengen-einheit	1999	2005	2007	Steigerung zwischen 1999 und 2005	Steigerung zwischen 1999 und 2007
Elektrizität	kWh	0,0073	0,015	0,015	114 %	114 %
Erdgas (Heizstoff)	m^3	0,0436	0,066	0,066	51 %	51 %
Kohle	kg	Keine	0,05	0,05	NEU	NEU
Flüssiggas zum Verheizen	kg	0,043	0,043	0,043	seit 1999 unverändert	
Benzin bleifrei	l	0,407	0,432	0,462	6 %	14 %
Diesel	l	0,282	0,325	0,375	15 %	33 %
Diesel mit Beimischung von Biodiesel	l		0,297	0,297	seit 2005 NEU	
Heizöl	kg	0,036	0,06	0,06	67 %	67 %
Flüssiggas als Treibstoff	kg	0,261	0,261	0,261	seit 1999 unverändert	

* Mit dem Ökologisierungsgesetz 2007 kam es zu einer Spreizung der Besteuerung. Für 1.000 l gekennzeichnetes Gasöl mit einem Schwefelgehalt von höchstens 10 mg/kg beträgt der Steuersatz 98 Euro und mit einem Schwefelgehalt von mehr als 10 mg/kg 128 Euro. Die Mineralölsteuer für Heizstoffe beträgt für 1.000 l mit einem Schwefelgehalt von höchstens 10 mg/kg 98 Euro und mit einem Schwefelgehalt von mehr als 10 mg/kg 128 Euro.

Zur Entlastung der energieintensiven Unternehmen der Sachgüterproduktion wurde mit dem Energieabgabenvergütungsgesetz eine Plafondierungsregelung eingeführt. Diese Regelung musste aufgrund ihrer Einschränkung auf die Sachgüterproduktion überarbeitet werden. Am 4. Juni 2004 wurde im Parlament eine entsprechende Regierungsvorlage zur richtlinienkonformen Umsetzung eingebracht, die nun die gesamte energieintensive Wirtschaft umfasst. Rückwirkend ab 1. Jänner 2004 sind nun folgende Rahmenbedingungen vorgesehen: Neben elektrischer Energie, Erdgas und Kohle werden auch Heizöle und Flüssiggas in die Energieabgabenvergütung einbezogen. Der Anspruch der Unternehmen auf Rückvergütung besteht, wenn die entrichteten Energieabgaben 0,5 % des Nettoproduktionswerts (in der ersten Fassung waren es 0,35 %) übersteigen. Der Mindest-Selbstbehalt wird von 363 Euro auf 400 Euro erhöht. 5 Prozent der Vergütung wird durch das Finanzministerium unterjährig vergütet.

Tabelle 5.7: Unterschiede zwischen den EU-Mindeststeuersätzen und den österreichischen Steuersätzen 2007, in Euro pro Mengeneinheit (ME).

Energieträger	Mengeneinheit	Steuersatz in Österreich in €/ME 2007	EU Mindeststeuersatz für Unternehmen €/ME seit 2004	EU Mindeststeuersatz für Private Haushalte €/ME seit 2004	Unterschied zwischen EU Mindeststeuer und Steuer in Österreich 2007
Elektrizität	kWh	0,015	0,0005	0,001	1400 %
Erdgas (Heizstoff)	m^3	0,066	0,0054	0,0108	511 %
Kohle	kg	0,05	0,004	0,008	525 %
Flüssiggas zum Verheizen	kg	0,043	0	0	keine EU-Mindeststeuer
Benzin bleifrei	l	0,462	0,359	0,359	29 %
Diesel	l	0,375	0,302	0,302	24 %
Diesel mit Beimischung von Biodiesel	l	0,297	0	0	keine EU-Mindeststeuer
Heizöl	kg	0,06	0,015	0,015	300 %
Flüssiggas als Treibstoff	kg	0,261	0,125	0,125	109 %

Durch die Einigung auf Mindeststeuersätze auf EU-Ebene und die nationale Umsetzung wurde ein systematischer und einheitlicher Rahmen für die Energiebesteuerung geschaffen. Damit wurde der Forderung der Wirtschaft nach Planungssicherheit Rechnung getragen. Die Situation für die energieintensive Wirtschaft bleibt aber aufgrund der Kumulierung der Belastungen trotz eines Energieabgabenvergütungssystems, das der internationalen Wettbewerbsfähigkeit Rechnung getragen hat, angespannt. Die Gefahr der steigenden Kosten des Handels mit Emissionszertifikaten und der Ausbau des Ökostromförderungssystems führen einerseits zu einer langfristigen Verunsicherung und/oder zu einer finanziellen Mehrbelastung.

Energieabgabe und Rückvergütung

Die Fälle an Rückvergütung (Buchungen für das betreffende Antragsjahr) sind seit der Einführung der Energieabgaben deutlich angestiegen. Waren es im Jahr 1998 ca. 900 Anträge und in den Folgejahren knapp über 1.000, erhalten mittlerweile jährlich rund 12.000 bis 13.000 Betriebe einen Teil ihrer Energieabgaben rückvergütet. Ein wesentlicher Grund für diesen Anstieg liegt in der Öffnung der Energieabgabenvergütung für alle Betriebe (zuvor nur für Produktionsunternehmen) ab dem Jahre 2002, wovon vor allem der Dienstleistungs- und Transportsektor profitiert hat. Die große Mehrheit der Vergütungsfälle weist ein geringes Erstattungsvolumen auf. Das erklärt auch, weshalb sich das Volumen der Rückvergütung seit 1997 (Energieabgaben wurden 1996 unterjährig eingeführt) nur vervierfacht hat, während die Anzahl der Vergütungsfälle um ein Vielfaches stärker angestiegen ist.

Tabelle 5.8: Energieabgabe und Rückvergütung in Millionen €. Quelle: WIFO; 2006/2007 Brutto und Rückvergütung geschätzt

	Bruttoaufkommen gesamt in Mio. €	Nettoaufkommen gesamt in Mio. €	Rückvergütung in Mio. €
1996	142	142	
1997	615	543	-72
1998	559	397	-162
1999	586	405	-181
2000	745	562	-183
2001	1.004	755	-249
2002	1.023	692	-331
2003	1.093	699	-394
2004	1.216	736	-480
2005	1.270	785	-485
2006	1.250	668	-582
2007	1.300	764	-536

Verteilung des Aufkommens an Energieabgaben

Die folgenden Berechnungen stützen sich auf die Energiebilanz 2006 und die Leistungs- und Strukturstatistik 2005. Tabelle 5.9 zeigt die Brutto- und Nettobelastung (nach Vergütung) der einzelnen Wirtschaftssektoren durch die Energieabgaben inkl. Heizöle. Je nach Belastung einzelner Wirtschaftsbereiche wirkt sich die Energieabgabenvergütung unterschiedlich hoch aus. Der Bereich „Private und öffentliche Dienstleistungen" weist zwar statistisch kein Erstattungsvolumen auf, beinhaltet aber in einem geringen Umfang energieintensive Betriebe. Daher ist davon auszugehen, dass es in einzelnen Fällen ebenfalls zu Rückvergütungen kommt.

Tabelle 5.9: Verteilung des Aufkommens aus Energieabgaben sowie der deckelungsfähigen MöSt aus Heizstoffen. Quelle: Energiebilanz 2006, Leistungs- und Strukturstatistik 2005; Berechnungen der IV

	Brutto in Mio. €	Netto in Mio. €
Produzierender Sektor	591,18	183,14
Private und öffentliche Dienstleistungen	305,50	305,50
Verkehrssektor	65,42	29,64
Haushalte	503,69	503,69
Landwirtschaft	22,37	17,70
Summe	1.488,16	1.039,67

Belastung energieintensiver Branchen

Aus Tabelle 5.10 wird ersichtlich, dass die Bruttoenergieabgabenbelastung für energieintensive Branchen durchaus beachtliche Ausmaße annehmen kann und ohne entsprechende Rückvergütung in bestimmten Fällen existenzbedrohend wäre. Die Bruttoenergieabgabenbelastung kann zwischen 1/4 und 4/5 des Ergebnisses der gewöhnlichen Geschäftstätigkeit (EGT) ausmachen. Das System der Energieabgabenrückvergütung hat daher auch die Funktion, die Wettbewerbsfähigkeit der energieintensiven Industrie zu schützen.

Tabelle 5.10: Bruttobelastung verschiedener Branchen durch Energieabgaben (inkl. MöSt auf Heizstoffe), in Prozent der Wertschöpfung (Nettoproduktionswert, NPW) sowie in Prozent des Ergebnisses der gewöhnlichen Geschäftstätigkeit (EGT)

	in % des NPW	in % des EGT
Eisen- und Stahlerzeugung	3,7 %	29,85 %
Nicht-Eisenmetalle	2,2 %	23,46 %
Chemie und Petrochemie	2,8 %	25,66 %
Steine und Erden, Glas	2,7 %	42,3 %
Papier Erzeugung Verarbeitung	6,8 %	80,3 %

Verteilung des Aufkommens an Mineralölsteuer auf Treibstoffe nach Sektoren

Die Mineralölsteuer ist nach allgemeiner Definition die aufkommensstärkste Energiesteuer im Rahmen der Ökosteuern. Die Energiesteuern setzen sich aus der Mineralölsteuer, der Energieabgabe und der Sonderabgabe auf Erdöl zusammen, wovon die Mineralölsteuer mit 3.553 Mio. € den größten Anteil an den Energiesteuern (4.221 Mio. € gesamt) und etwas mehr als die Hälfte am gesamten Ökosteuervolumen aufweist (6.865 Mio. €; alle Daten für das Jahr 2006; Quelle: Statistik Austria 2007.2).

Tabelle 5.11 zeigt die Verteilung des Aufkommens an der Mineralölsteuer aus Treibstoffen auf die einzelnen Wirtschaftssektoren. Sämtliche Verkehrssegmente (auch der Werksverkehr von Unternehmen und Verkehr von PKW der privaten Haushalte) werden in der Energiebilanz dem Verkehrssektor zugeordnet, während auf den Produktions- und Dienstleistungssektor lediglich die Treibstoffverbräuche von Standmotoren verbucht werden. Aufgrund von Schätzungen ist anzunehmen, dass rund 40 % des Treibstoffverbrauchs im Verkehrssektor auf die privaten Haushalte entfällt.

Tabelle 5.11: Verteilung des Aufkommens an Mineralölsteuer auf Treibstoffe nach Sektoren, in Millionen €. Bruttodarstellung[32].

	in Mio. €
Produzierender Sektor	472,28
Private und öffentliche Dienstleistungen	52,55
Verkehrssektor	3.072,49
Landwirtschaft	97,74
Summe	3.695,06

Die anschließende Übersicht fasst die Verteilung sämtlicher Ökosteuern im Jahr 2006 – nach der Definition von Statistik Austria – für die einzelnen Wirtschaftsbereiche zusammen. Dabei umfassen:

Energiesteuern (E): Mineralölsteuer, Energieabgabe und Sonderabgabe auf Erdöl.

Transportsteuern (T): motorbezogene Versicherungssteuer, Normverbrauchsabgabe, Straßenbenützungsabgabe (mit Einführung des LKW-Roadpricing abgeschafft)

Ressourcensteuern (R): Grundsteuer B (Versiegelung von Boden durch Verbauung von Grundstücken), Jagd- und Fischereiabgabe, Landschafts- und Naturschutzabgaben, Wiener Baumschutzabgabe.

Umweltverschmutzungssteuern (P): Altlastensanierungsabgabe.

32) Es gibt noch Rückvergütungen z. B. in Sachen „Agrardiesel", Schienenfahrzeuge oder andere.

Tabelle 5.12: Verteilung der Ökosteuern 2006 nach Wirtschaftsbereichen, in Millionen € (Rundungsdifferenzen nicht ausgeglichen). Quelle: Statistik Austria 2007.2

Wirtschaftsklasse	Steuereingänge in Millionen Euro				
	E	T	R	P	**Gesamt**
Eisen- und Stahlerzeugung	60,4	1,4	1,3	0,4	**63,6**
Chemie, Mineralölwirtschaft und Kokerei	48,2	5,4	3,3	0,8	**57,7**
Nicht-Eisen Metalle	-	-	-	0,4	**0,4**
Steine und Erden, Glas	52,9	12,3	9,9	0,8	**75,9**
Fahrzeugbau	69,8	10,0	2,9	0,8	**83,5**
Maschinenbau	34,4	8,1	2,8	1,6	**46,8**
Bergbau	36,7	5,1	1,5	-	**43,3**
Nahrungs- und Genussmittel, Tabak	33,8	27,7	7,6	1,6	**70,7**
Papier und Druck	72,1	4,5	3,1	-	**79,6**
Holzverarbeitung	20,5	14,5	3,2	0,8	**39,0**
Bau	314,3	37,7	10,8	1,6	**364,3**
Textil und Leder	11,6	6,5	1,9	-	**19,9**
Sonst. produzierender Bereich	12,9	30,3	10,4	2,4	**55,9**
Eisenbahn					
Sonstiger Landverkehr	1.420,4	63,2	8,7	2,4	**1.494,6**
Transport in Rohrfernleitungen					
Binnenschifffahrt	3,5	-	0,1	-	**3,6**
Flugverkehr	-	0,2	0,1	-	**0,3**
Öffentliche und private Dienstleistungen	230,3	341,1	143,9	58,0	**773,3**
Energieversorgung	-	6,5	11,9	0,8	**19,2**
Private Haushalte	1.700,8	1.454,4	301,7	-	**3.456,8**
Landwirtschaft	98,8	7,4	10,7	-	**117,0**
Öko-Steuern insgesamt (im Sinne der VGR)	4.221,3	2.036,3	535,7	72,1	6.865,4

„Förderentgelte" gem. § 69 Mineralrohstoffgesetz

Der Bund kann die Ausübung des Rechtes zur Aneignung mineralischer Rohstoffe natürlichen oder juristischen Personen, die über die notwendigen technischen und finanziellen Mittel zur Eröffnung und Führung eines Bergbaus verfügen, gegen ein angemessenes Entgelt überlassen (§ 69 MinroG). Für die Dauer der Überlassung der Ausübung des Rechtes des

Gewinnens von bundeseigenen mineralischen Rohstoffen einschließlich des Rechtes zur Aneignung sind ein Feldzins und ein Förderzins zu entrichten.

Für die Dauer der Überlassung der Ausübung der Rechte des Aufsuchens und der Erforschung kohlenwasserstoffführender geologischer Strukturen, die zum Speichern von flüssigen oder gasförmigen Kohlenwasserstoffen verwendet werden sollen, ist außerdem ein Flächenzins zu entrichten. Für die Ausübung des Rechtes zum Speichern ist ein Speicherzins zu entrichten.

Der Förderzins beträgt für flüssige Kohlenwasserstoffe 20 % und für gasförmige Kohlenwasserstoffe 15 % des Wertes, der sich bei Zugrundelegung des durchschnittlichen jährlichen Importwertes loco Grenze pro Tonne Rohöl (für flüssige Kohlenwasserstoffe) und pro TJ Erdgas (für gasförmige Kohlenwasserstoffe) im Kalenderjahr der Förderung ergibt, errechnet auf Grund der Einfuhrstatistik der Statistik Austria.

Der Wirtschaftsminister und der Bundesminister für Finanzen haben gem. § 69 Abs. 4 MinroG erstmals 2000 und in der Folge in Abständen von jeweils einem Jahr gemeinsam zu überprüfen, ob der Förderzins für bundeseigene mineralische Rohstoffe noch ein angemessenes Entgelt darstellt, und, falls dies infolge Änderung der für die betreffenden Bergbauzweige maßgebenden volkswirtschaftlichen, technischen oder lagerstättenbedingten Verhältnisse nicht mehr zutrifft, durch Verordnung Zuschläge zum Förderzins oder Abschläge von diesem festzusetzen.

Mit Verordnung des Bundesministers für Wirtschaft und Arbeit über Förderzinse für Kohlenwasserstoffe (Förderzinsverordnung 2006), BGBl. II Nr. 83/2006, wurde im Einvernehmen mit dem Bundesminister für Finanzen für die ab 1. Jänner 2006 geförderten flüssigen Kohlenwasserstoffe ein genereller Abschlag vom Förderzins mit 36,12 Euro pro Tonne Rohöl festgesetzt.

Für die ab 1. Jänner 2006 geförderten gasförmigen Kohlenwasserstoffe wurde der Abschlag vom Förderzins mit 166,76 Euro pro TJ Erdgas festgesetzt. Für bestimmte begünstigte Fälle (Abbautiefe über 4000 bzw. 5000 Meter, geringe Abbauwürdigkeit etc.) beträgt der Abschlag vom Förderzins 42,49 Euro pro Tonne Rohöl bzw. 254,76 Euro pro TJ Erdgas. Es wird zur Überprüfung der Angemessenheit vom Wirtschaftsminister üblicherweise ein Gutachten in Auftrag gegeben – im Vorjahr hat man darauf verzichtet und die Abschläge gleich gelassen. Auch im heurigen Jahr wurde bis dato keine Änderung der Förderzinsverordnung 2006 vorgenommen.

Als Datenquelle für das Aufkommen aus Flächen-, Feld-, Speicher- und Förderzinse wurden die Teilhefte zu den Bundesvoranschlägen herangezogen. Eine Aufschlüsselung des Gesamtaufkommens auf die einzelnen Zinse erfolgt im Bundesvoranschlag jedoch nicht. Zu beachten ist, dass der Förderzins grundsätzlich gesetzlich festgelegt ist (die Reduktion im Verordnungswege wurde oben bereits aufgezeigt), während Flächen-, Feld- und Speicherzins Gegenstand einer privatrechtlichen Vereinbarung sind.

Tabelle 5.13: Förder-, Flächen-, Feld- und Speicherzinsaufkommen 2003 bis 2006

Jahr	2003	2004	2005	2006	Einheit	Anmerkung
Rohölförderung	922.173	891.254	854.775	856.274	[t/a]	Quelle: Jahresbericht der Mineralölwirtschaft
Rohölimportwert	196	231	317	388	[€/t]	Quelle: Statistik Austria
Rohölförderung zum Importwert	181	206	271	332	[Mio. €]	Bewertung der österreichischen Rohölförderung mit dem Rohölimportwert
Erdgasförderung (mit Erdölgas)	2.029.674	1.962.908	1.637.027	1.819.163	[1000 m³/a]	Quelle: Jahresbericht der Mineralölwirtschaft
Erdgasförderung (mit Erdölgas)	20.297	19.629	16.370	18.192	[GWh/a]	Umrechnung von 1.000 m³ in GWh
Erdgasförderung (mit Erdölgas)	73.068	70.665	58.933	65.490	[TJ/a]	Umrechnung von GWh in TJ
Gasimportwert (mit Erdölgas)	3.449	3.418	4.523	5.807	[€/TJ]	Quelle: Statistik Austria
Erdgasförderung (mit Erdölgas) zum Importwert	252	242	267	380	[Mio. €]	Bewertung der österreichischen Erdgasförderung (mit Erdölgas) mit dem Gasimportwert
Summe Rohöl- und Erdgasförderung zum Importwert	433	446	537	713	[Mio. €]	
Zinsaufkommen	21	30	35	72	[Mio. €]	
Differenz	412	416	502	641	[Mio. €]	

Aus den in der Tabelle 5.13 angeführten Fördervolumina ergibt sich, dass selbst bei Zugrundelegung des Normalabschlages die Abschläge im

Jahr 2006 einen Einnahmenausfall im zweistelligen Millionenbereich zur Folge hatten.

Gesamtaufkommen Energiesteuern

Das Gesamtaufkommen aus der Besteuerung von Energie (Verbrauchsteuern und Förderzins) betrug im Jahr 2006 4,293 Mrd. € und 2007 4,453 Mrd. € respektive 1,6 % des BIP. Gemessen in Prozent des BIP stiegen die Einnahmen zunächst von 1,5 % 1996 bis auf 1,9 % 2004. Danach entwickelte sich das Aufkommen unterproportional, sodass der Anteil bis 2007 wieder auf 1,6 % zurückging.

Tabelle 5.14: Abgabenaufkommen laut Kapitel 52, Bundesrechnungsabschlüsse 1996 bis 2007

Jahr	Nettoaufkommen Energieabgaben	Nettoaufkommen Mineralölsteuer	Förder- und Flächen-Zinse	Zusammen	Energiesteuern
	in Mio. €				in % des BIP
1996	142	2.632	16,1	**2.774**	1,5
1997	543	2.517	16,7	**3.060**	1,7
1998	397	2.591	19,2	**2.988**	1,6
1999	405	2.695	17,8	**3.100**	1,5
2000	562	2.726	21,6	**3.288**	1,5
2001	755	2.881	41,2	**3.636**	1,7
2002	692	3.109	40,0	**3.801**	1,7
2003	699	3.310	21,2	**4.030**	1,8
2004	736	3.594	29,8	**4.360**	1,9
2005	785	3.565	35,3	**4.385**	1,8
2006	668	3.553	71,5	**4.293**	1,7
2007	764	3.689	89,0	**4.453**	1,6

Internationaler Vergleich

Die Mindestsätze für Energiesteuern wurden von der EU in der Richtlinie über die Besteuerung von Energieerzeugnissen und elektrischem Strom (2003/96/EG) festgelegt. Mit dieser Richtlinie wurde das bis dahin bestehende Mindestbesteuerungssystem, das nur bei den Mineralölprodukten galt, auf alle Energieerzeugnisse, einschließlich Kohle, Erdgas und Elektrizität erweitert.

Im EU-Ranking jener Länder, die ein anspruchsvolles System zur Energiebesteuerung eingeführt haben, liegt Österreich im Mittelfeld. Die Mehrheit der EU-Staaten orientiert sich eher an den Mindestsätzen der EU-Energiesteuer-Richtlinie, zum Teil wurde die Richtlinie nur halbherzig in nationales Recht umgesetzt.

Tabelle 5.15: Steuersätze auf Erdgas und Strom in ausgewählten EU-Staaten. Quelle: Europäische Kommission und OECD Environmental Database; *Mengeneinheit umbasiert

	Erdgas		Elektrische Energie	
	€/MWh			
	nicht-gewerbliche Verwendung	gewerbliche Verwendung	nicht-gewerbliche Verwendung	gewerbliche Verwendung
Dänemark	27,10* (inkl. CO_2-Steuern)	27,10* (inkl. CO_2-Steuern)	80,59	89,31
Deutschland	5,50	4,04	20,50	12,30
Finnland	1,72*	1,72*	7,43	2,33
Frankreich	0	1,19	0	0
Italien	17,16 – 3,61* (degressiv gestaffelt nach Verbrauch; regionale Zuschläge bestehen)	11,30 – 6,77* (degressiv gestaffelt nach Verbrauch; regionale Zuschläge bestehen)	4,70	3,10
Niederlande	13,56 – 1 (degressiv gestaffelt nach Verbrauch)	13,56 – 0,8 (degressiv gestaffelt nach Verbrauch)	71,6 – 1 (degressiv gestaffelt nach Verbrauch)	71,6 – 0,5 (degressiv gestaffelt nach Verbrauch)
Österreich	5,96*	5,96*	15	15
Schweden	21,55*	4,07* (für Industrie und L&F)	28,4 (21,86 in Nordschweden)	0,54 (für Industrie und L&F)

Es existieren weitere Ermäßigungen und Rückvergütungen, die in dieser Übersicht nicht abgebildet sind. In Frankreich existiert laut den zur Verfügung sehenden Datenbanken bei elektrischer Energie und teilweise bei Erdgas ein „Nullsteuersatz“. Es ist jedoch anzunehmen, dass hier zumindest die EU-Mindeststeuersätze zum Tragen kommen.

Die Steuersätze der Mineralölsteuer in Österreich liegen zwar über den von der EU-Richtlinie geforderten Mindestsätzen, sind jedoch niedriger als in den Nachbarländern Deutschland und Italien. Dies hat zur Folge, dass LKW auf der Durchfahrt bevorzugt in Österreich tanken, woraus ein zusätzliches Steueraufkommen von geschätzten 800 Millionen Euro (2007) resultiert. Dem steht allerdings eine Verschlechterung der österreichischen Klimabilanz gegenüber, was zu einem zusätzlichen Aufwand für CO_2-Zertifikate führt. Besteuerung von Energie nimmt unter den umweltbezogenen Steuern – international wie auch in Österreich – die prominenteste Stelle ein (Statistik Austria 2007.2). Weitere umweltbezogene Steuern sind die Transport- (Verkehrs-), die Ressourcen- und die Umweltverschmutzungssteuern. 2005 sind in der EU-25 mehr als drei Viertel aller Umweltsteuern auf Energie entfallen. 2005 entfielen 4,2 % des Steueraufkommens in Österreich auf Energiesteuern, gegenüber 5 % im Durchschnitt der EU-15-Staaten.

Wichtigste Kennzahl für die Energiebesteuerung im internationalen Vergleich ist die Relation zur gesamten Wirtschaftsleistung eines Landes, also zum BIP. Nach diesem Kriterium betrachtet, ist Österreich in der Besteuerung der Energie unter dem EU-Durchschnitt. Das Aufkommen aus Energiesteuern erreichte in Österreich im Jahr 2005 1,8 % des BIP, knapp unter dem Durchschnitt der EU-13-Staaten und der EU-25 mit jeweils 1,9 %. Von den Ländern des Eurogebiets (EU-13) weisen 5 (Belgien, Spanien, Frankreich, Irland, Griechenland) einen niedrigeren Wert aus als Österreich, Deutschland, Italien und die Niederlande haben Werte von knapp über 2 %. Bei 2,5 % liegt der Anteil in Schweden und Tschechien.

Tabelle 5.16: Kennzahlen für Energiesteuern für ausgewählte Länder. Quelle: Eurostat, Daten aus 2004

	Energiesteuern		
	in % der Umweltsteuern	in % des Steueraufkommens	in % des BIP
Belgien	63		1,5
Deutschland	84	5,3	2,1
Irland	52		1,2
Griechenland	57		1,3
Spanien	75		1,5
Frankreich	67	3,7	1,6
Italien	79		2,2
Niederlande	52		2,1
Österreich	68	4,2	1,8
Portugal	71		2,2
Slowenien	79		2,6
Finnland	60		1,8
EU-13	73		1,9
Dänemark	40	4,6	2,3
Schweden	86		2,5
Vereinigtes Königreich	79	5,2	2,0
Tschechien	89		2,5
Ungarn	72		2,1
Polen	85		2,3
Slowakei	88		2,2
EU-25	78	5,1	1,9

Die Verteilung der Energiesteuern nach Kategorien des Verbrauchs für ausgewählte Länder ist in Tabelle 5.17 dargestellt.

Tabelle 5.17: Energiesteuern – Anteil der privaten Haushalte in ausgewählten Ländern. Quelle: Eurostat, Statistik Austria

2003	Anteil der privaten Haushalte
Dänemark	60,8
Niederlande	64,2
Vereinigtes Königreich	49,1
Österreich (2006)	40,3

5.8.3 Schlussfolgerungen und Empfehlungen zu den Energiesteuern

Energiesteuer versus Auflagen und Förderungen

Nach modelltheoretischen Überlegungen kann die höchste wirtschaftliche Effizienz von Aufwendungen zur Reduktion der Emission von Treibhausgasen durch eine Verteuerung des Einsatzes kohlenstoffverbrennender Technologien in Produktion und Konsum erreicht werden. Nach diesem Konzept ist ein bestimmtes Emissionsziel dadurch zu erreichen, dass die Besteuerung entsprechender kohlenstoffhaltiger Inputs[33] so weit erhöht wird, bis der Einsatz entsprechend zurückgegangen ist (sog. Kohlenstoffsteuer – „carbon tax").

Die Erzielung einer nennenswerten Wirkung durch eine solche allgemeine Energiesteuer würde allerdings extrem hohe Steuersätze auf die betroffenen Inputs erfordern. Der Energieanteil an der gesamten Wertschöpfung einer Volkswirtschaft ist gering und verteilt sich auf alle Wirtschaftsaktivitäten. Im Durchschnitt der gesamten Sachgütererzeugung macht die Energie 2,5 % des Bruttoproduktionswerts aus (Produktionssparten mit einem hohen Energieanteil an der Bruttowertschöpfung sind u. a. die Eisen- und Stahlerzeugung mit über 15 %, die Papiererzeugung mit 9 %, die Baumaterialienerzeugung, die Grundstoffchemie), sodass sich eine Verteuerung der Energie auf den Preis der meisten Produkte bzw. auf deren Nachfrage nur geringfügig auswirkt. Im Bereich der konsumtiven Endnachfrage, wo Preiserhöhungen stark fühlbar werden (Treibstoff für private PKW, Raumheizung, Haushaltsstromverbrauch) ist die Preiselastizität der Nachfrage kurz- bis mittelfristig sehr niedrig. Erst langfristig können hier größere Verbrauchsreduktionen erwartet werden, da die zur Verbrauchsreduktion notwendigen Investitionen Zeit brauchen (z. B. Erneuerung des Kraftfahrzeugbestandes, Verbesserung oder Erneuerung der Wohngebäudesubstanz, Verlegung des Wohnsitzes näher zum Arbeitsplatz, Infrastrukturbereitstellung, etc.). Dazu kommt noch, dass durch die

33) Kohlendioxid ist nicht das einzige Treibhausgas. Um z. B. den Ausstoß an Methangasen zu reduzieren, wären andere Besteuerungsgegenstände heranzuziehen.

Kosten der Finanzierung des zusätzlichen (Investitions-)Aufwandes sofort anfallen, Kostenentlastungen durch Energieeinsparungen aber in der Zukunft liegen und daher mehr oder weniger unsicher sind.

Alle diese Umstände bringen es mit sich, dass die Reduktion des Kohlendioxidausstoßes durch eine Besteuerung des Kohlenstoffverbrauchs eine Erhöhung der Energiebesteuerung von derzeit ca. 2 % des BIP auf ein Vielfaches erfordern würde, um eine stärkere Reduktion der Treibhausgase zu erreichen. Selbst unter der – unrealistischen – Annahme einer internationalen Harmonisierung (nicht nur in der EU) wäre eine solche Politik mit wirtschaftlichen und politischen Risiken unkalkulierbaren Ausmaßes verbunden. Vor allem wären auch die Auswirkungen in verteilungspolitischer Hinsicht gravierend negativ.

Daher ist eine kombinierte Strategie aus technisch-administrativen Auflagen und gezielten Förderungen, ergänzt um die Forcierung der Entwicklung neuer Technologien, ein energie- und klimapolitischer Ansatz, der nicht nur in einzelnen Bereichen, sondern auch insgesamt rascher Fortschritte bei der Reduktion von Treibhausgasen erwarten lässt. Darüber hinaus hat ein solcher Ansatz den Vorteil, dass die Wirkungen und vor allem auch die unerwünschten, aber unvermeidlichen Nebenwirkungen besser kalkuliert werden können und Maßnahmen zur Kompensation z. B. negativer Verteilungswirkungen schon bei der Konzeption mit eingeplant werden können.

Beitrag spezieller Verbrauchsabgaben und steuerlicher Förderungen in einem „Policy Mix“ zur Erreichung klimapolitischer Zielsetzungen

Einen sinnvollen Beitrag zur Reduktion der Treibhausgase kann die Steuerpolitik durch entsprechende Gestaltung vor allem einzelner spezieller Verbrauchsabgaben zur Erzielung energiesparender Effekte leisten.

- Steuerliche Anreize für Flottenbetreiber durch die Einführung eines CO2-Bonus bei der motorbezogenen Versicherungssteuer
- Stabile steuerliche Rahmenbedingungen; aufkommensneutrale Weiterentwicklung der Steuerspreizung an höhere kennzeichnungsfreie Beimischraten

Steuerliche Anreize

- Differenzierte steuerliche Berücksichtigung von Kosten der Fahrt zum Arbeitsplatz mit PKW und mit öffentlichen Verkehrsmitteln
- Ausweitung der steuerlichen Förderung (Sonderausgaben nach § 18 Einkommensteuergesetz) von Energie sparenden Investitionen im Haushaltsbereich (thermische Sanierung), um die Mehrkosten teilweise auszugleichen
- Investitionsfreibetrag für thermische Sanierung von Betriebsgebäuden

Evaluierung des geltenden Förderentgeltsystems nach dem Mineralrohstoffgesetz
Überprüft werden sollte, ob das gegenwärtige System – angesichts extrem volatiler Rohstoffmärkte – geeignet ist, die vom Gesetzgeber angestrebte Angemessenheit des Entgelts für den Eigentümer zu gewährleisten.

6. VERZEICHNIS VERWENDETER QUELLEN

Abdullah, B., 2005, Peak Oil Paradigm Shift: The Urgent Need for a Sustainable Energy Model, Medianet Limited.

AGGM 2008: Austrian Gas Grid Management AG: Geschäftsbericht 2008

Anderson, K. L. et al. (2008). The Tyndall decarbonisation scenarios—Part II: Scenarios for a 60 % CO_2 reduction in the UK. Energy Policy 36 (10), 3764–3773.

BMF 2007: Bundesministerium für Finanzen: Treibhausgas-Emissionsreduktionen durch die Wo hnbauförderung – Bericht des Bundes und der Länder über die Wirkungen von Maßnahmen zur Treibhausgas-Emissionsreduktion im Rahmen der Wohnbauförderung und der Finanzierungsinstrumente des Bundes im Zeitraum 2005–2006;

BMLFUW 2007: Bundesministerium für Land- und Forstwirtschaft,

EU Kommission 2008.1: Mitteilung der Kommission: EU-Aktionsplan Energiesicherheit und Solidarität. 13.11.2008.

EU Kommission 2008.2: Mitteilung der Kommission: Das 20 %-Ziel erreichen. 13.11.2008.

EU Kommission 2008.3: Europäische Kommission, Generaldirektion Verkehr und Energie: European Energy and Transport – Trends to 2030 – Update 2007. Luxemburg, 2008

EU RL 2006/32/EG: Richtlinie 2006/32/EG des Europäischen Parlaments und des Rates vom 5. April 2006 über Endenergieeffizienz und Energiedienstleistungen und zur Aufhebung der Richtlinie 93/76/EWG des Rates

Europäischer Rat 2007: Schlussfolgerungen des Vorsitzes des Europäischen Rates – Brüssel, 8./9. März 2007.

E-Control 2007: Energie-Control GmbH: 3. Energie-Round Table 2007, Monitoring Report zur Versorgungssicherheit des österreichischen Strom- und Gasmarktes; Unterlage zum Pressegespräch, 12.11.2007

E-Control 2008.1: Energie-Control GmbH: Wettbewerb – Quo vadis? Zur Lage des Strom- und Gasmarktes in Österreich 2007/2008; Unterlage zum Pressegespräch, 8.9.2008

E-Control 2008.2: Energie-Control GmbH: Grünbuch Energieeffizienz – Maßnahmenvorschläge zur Steigerung der Energieeffizienz. Oktober 2008.

FVMI 2007: Fachverband der Mineralölindustrie: Jahresbericht 2007

Götz, R., 2007, Europas Energieversorgung. Zur Debatte um Importabhängigkeit, Ressourcenverfügbarkeit und Lieferantenmonopole, Diskussionspapier FG 5 2007, Forschungsgruppe Russland/GUS, Stiftung

Wissenschaft und Politik, Deutsches Institut für Internationale Politik und Sicherheit, Februar 2007.
Hirsch, R.L. 2005, The Inevitable Peaking of World Oil Production, The Atlantic Council of the United States, Bulletin, XVI, No.3, October 2005.
Holland, S.H., 2008, Modeling Peak Oil, Energy Journal, 29 (2), 61–79.
Hubbert, M. King 1956, Nuclear Energy and the Fossil Fuels, American Petroleum Institute Drilling and Production Practice, Proceedings of Spring Meeting, San Antonio, 7–25.
IEA (Hsg.), 2007, World Energy Outlook, IEA, Paris, November 2007.
IEA 2007.2: International Energy Agency, Energy Policies of IEA Countries – Austria – 2007 Review
IEA (Hsg.), 2008, World Energy Outlook, IEA, Paris, November 2008.
Kratena, K., Meyer, I., 2007, Energieverbrauch und CO_2 – Emissionen in Österreich. Die Rolle von Energieeffizienz und Energieträgersubstitution, WIFO-Monatsberichte, 11/2007, November 2007.
Kratena, K., 2007, Technical Change, Investment and Energy Intensty, Economic Systems Research, (19) 295–314.
Mander, S. L. et al. (2008). The Tyndall decarbonisation scenarios—Part I: Development of a backcasting methodology with stakeholder participation. Energy Policy 36 (10), 3754–3763.
Nakicenovic, N., S. Schleicher et al.: Assessment of Austrian contribution toward EU 2020 Target Sharing: Determining reduction targets for 2020 based on potentials for energy efficiency and renewables. November 2007.
Nakicenovic, N., S. Schleicher et al.: Assessment of Austrian contribution toward EU 2020 Target Sharing: Responding to the energy and climate package of the European Commission. Dezember 2008.
Pacala, S. und R. Socolow (2004). Stabilization wedges: Solving the climate problem for the next 50 years with current technologies. Science, August 13, 2004, Vol. 305. no. 5686, pp. 968–972
Sozialpartner 2008: Positionspapier der österreichischen Sozialpartner: Bausteine einer langfristig orientierten Klimapolitik. 10. April 2008
Statistik Austria 2000: Konsumerhebung 1999/2000. Als Download unter www.statistik.at verfügbar
Statistik Austria 2007.1: Energetischer Endverbrauch 2007 nach Energieträgern und Nutzenergiekategorien für Österreich. Als Download unter www.statistik.at verfügbar
Statistik Austria 2007.2: Ökosteuern 1995 bis 2006, Projektbericht, Wien 2007
Statistik Austria 2008: Gesamtenergiebilanz 1970 bis 2007. Als Download unter www.statistik.at verfügbar

UBA 2005: Berger H. et al.: Energieeffiziente Technologien und effizienzsteigernde Maßnahmen – Praxiserprobte Anwendungen und Innovationen. Umweltbundesamt, Wien, 2005. Monographie M-172.
UBA 2008: Austria's National Inventory Report 2008 – Submission under the United Nations Framework Convention on Climate Change. Umweltbundesamt, Report 152, Wien 2008
VEÖ 2008: Wasserkraftpotentialstudie Österreich – Endbericht. Erstellt von Pöyry Energy im Auftrag des VEÖ. 2008
WIFO 2005: Kratena K., Wüger M., 2005, Energieszenarien für Österreich bis 2020, WIFO Monographien 7/2005. Im Auftrag des BMWA, 2005
WIFO 2009: Kletzan-Slamanig D., Köppl A.: Österreichische Umwelttechnikindustrie. Entwicklung – Schwerpunkte – Innovationen. WIFO Monographien 2/2009
World Bank 2008: State and Trends of the Carbon Market 2008. Washington, Mai 2008

MITWIRKUNG AN DIESER STUDIE

Gesamtleitung:
Dorothea Herzele (BAK, ab Juli 2008)
Gunda Kirchner (BAK, bis Juli 2008)
Stephan Schwarzer (WKÖ)

Mitarbeiterinnen und Mitarbeiter:
Manfred Anderle (GMTN)
Alexander Bachler (LKÖ)
Günther Chaloupek (BAK)
Dieter Drexel (IV)
Benedikt Ennser (WKÖ)
Christina Fürnkranz (IV)
Bernhard Gerhardinger (WK NÖ)
Gernot Haas (IV)
Cristina Kramer (WKÖ)
Kurt Kratena (WIFO)
Rudolf Lichtmannegger (WKÖ)
Johannes Mayer (E-Control)
Isabella Meran-Waldstein (IV)
Kasimir Nemestothy (LKÖ)
Michael Oliver (IV)
Miron Passweg (BAK)
Michael Paula (BMVIT)
Isabella Plimon (WKÖ)
Alexander Rauner (WKÖ)
Anton Reinl (LKÖ)
Stefan Schleicher (WIFO)
Christoph Schneider (WKÖ)
Christian Schuster (GPA-DJP)
Robert Staudinger (AK NÖ)
Christoph Streissler (BAK)
Ernst Tüchler (ÖGB)
Johann Zimmermann (LKÖ)

Endredaktion:
Christoph Streissler (BAK)

Grafik und Layout:
Michael Haderer

PUBLIKATIONEN DES BEIRATS FÜR WIRTSCHAFTS- UND SOZIALFRAGEN

(* = vergriffen)

1*	Untersuchung über die Preis- und Einkommensentwicklung (1964)	vergriffen
2*	Stabilisierungsprogramm (1964)	vergriffen
3	Vorschläge zur Neugestaltung der Budgetpolitik (1964)	€ 0,80
4*	Vorschläge zur Kapitalmarktpolitik, 1. Teil (1964)	vergriffen
5	Vorausschätzung des österreichischen Arbeitskräftepotentials bis 1980 (1965)	€ 0,80
6	Vorschau auf die österreichische Wirtschaft im Jahre 1966 (1965)	€ 0,80
7	Empfehlungen zur Budgetpolitik (1965)	€ 0,80
8*	Vorschläge zur Koordinierung und Stabilisierung in der Bauwirtschaft (1966)	vergriffen
9*	Die Erscheinungen des grauen Marktes und ihr Zusammenhang mit den Formen der Preisbildung (1966)	vergriffen
10	Vorschläge zur Kapitalmarktpolitik. 2. und 3. Teil (1966)	€ 1,80
11*	Zweite Vorausschätzung des österreichischen Arbeitskräftepotentials bis 1980 (1968)	vergriffen
12	Vorschläge zur Kapitalmarktpolitik. 4. Teil (1968)	€ 0,80
13*	Untersuchung des Preis- und Kostenauftriebes in Österreich (1968)	vergriffen
14	Bericht über Teilzeitbeschäftigung (1968)	€ 0,80
15*	Untersuchung über die Probleme der Arbeitszeitverkürzung (1969)	vergriffen
16	Budgetvorschau 1970–1974 (1970)	€ 0,80
17	Vorschläge zur Industriepolitik (1970)	€ 1,40
18	Empfehlungen zur Verbesserung der Konjunkturdiagnose (1971)	€ 0,80
19*	Budgetvorschau 1971–1975 (1971)	vergriffen
20*	Untersuchung über die Abwanderung von Arbeitskräften aus Österreich nach Süddeutschland und in die Schweiz (1972)	vergriffen
21	Gutachten über den Preis- und Kostenauftrieb (1972)	€ 1,80
22*	Vorschläge zur regionalen Strukturpolitik (1972)	vergriffen
23*	Die Verträge mit den Europäischen Gemeinschaften (1972)	vergriffen
24	Klein- und Mittelbetriebe in Wachstumsprozeß (1973)	€ 1,80
25	Frauenbeschäftigung in Österreich (1974)	€ 2,60
26*	Budgetvorschau 1974–1978 (1974)	vergriffen
27	Probleme der Umweltpolitik in Österreich (1976)	€ 1,50
28*	Möglichkeiten und Grenzen des Einsatzes ausländischer Arbeitskräfte (1976)	vergriffen
29	Qualitative Aspekte der wirtschaftlichen und gesellschaftlichen Entwicklung (1976)	€ 2,70
30	Budgetvorschau 1976–1980 (1977)	€ 2,70
31*	Empfehlungen zur Verbesserung der Statistiken zur Einkommensverteilung (1977)	vergriffen
32	Vorschläge zur Industriepolitik II (1978)	€ 3,60
33	Budgetvorschau 1978–1982 (1978)	€ 2,70
34	Kurz- und mittelfristige Fragen der Zahlungsbilanzentwicklung (1978)	€ 5,80
35	Die statistische Differenz in der österreichischen Zahlungsbilanz (1979)	€ 2,90
36	Längerfristige Arbeitsmarktentwicklung (1980)	€ 4,70
37	Budgetvorschau 1980-1984 (1980)	€ 2,90
38	Bericht zur Zahlungsbilanz (1980)	€ 2,90
39	Mittelfristige Fiananzplanung (1981)	€ 4,10
40	Wohnbau (1981)	€ 4,90
41	Längerfristige Aspekte der Energieversorgung (1982)	€ 5,80
42	Untersuchung ausgewählter Ausgabenbereiche des Bundeshaushalts (1982)	€ 4,80
43	Budgetvorschau 1982-1986 (1982)	€ 3,20
44	Methoden der Politikberatung im wirtschaftspolitischen Bereich (1984)	€ 4,80
45	Budgetvorschau 1984-1988 (1984)	€ 3,50